RODULFO GONZÁLEZ

Los Indígenas en el Socialismo del Siglo XXI

First edition

Editing by Juan Rodulfo
Cover art by Guaripete Solutions, Inc

This book was professionally typeset on Reedsy.
Find out more at reedsy.com

Al pemón Salvador Franco, quien murió de desnutrición y falta
de atención médica en una cárcel de la narcodictadura.
Al cacique yukpa, Sabino Romero, asesinado por la Guardia Nazional de la
narcodictadura.
A Zoraida Rodríguez y Rolando García, asesinados por las fuerzas
de exterminio de la narcodictadura.
A todos los hermanos indígenas que han tenido que huir a Brasil y Colombia para
no
morir de hambre, de enfermedades o de una bala disparada por un oficial
desnaturalizado.

Contents

III   AMBIENTE

IV   Un Comodin para el Chavismo

V   PROTECCIÓN LEGAL

Preface

El Capítulo VIII de la Constitución, constante de ocho artículos que van del 119 al 126, garantiza el derecho de nuestros indígenas a existir como pueblos y comunidades, organización social y económica, cultura, usos y costumbres, así como idiomas y religiones.

Además, el 8 de diciembre de 2005 la Asamblea Nacional, presidida por Nicolás Maduro aprobó, firmó y selló la Ley Orgánica de Pueblos y Comunidades Indígenas.

Por otro lado, el 8 enero de 2007 el teniente coronel (r) Hugo Chávez creó un Ministerio para los Pueblos Indígenas con el fin de proteger a los más de 40 pueblos originarios existentes en el país.

De igual modo, la fiscalía general de la República, mediante directiva número 0012, del 21 de julio de 2016, estableció los lineamientos sobre asuntos relacionados con la competencia de la jurisdicción especial indígena.

Sin embargo, esa estructura legal y burocrática, muy al contrario de lo afirmado por la titular de ese despacho en enero de 2020, Aloha Núñez, en modo alguno ha servido a los fines en ella expuesta, porque nuestros aborígenes prácticamente están desamparados en materia social, sanitaria, ambiental, cultural, etc.

En julio de ese año, por arbitraria decisión del Consejo Nacional Electoral, se les privó del derecho a elegir a sus representantes ante el parlamento como lo contempla la Constitución, es decir, mediante el voto secreto y directo. Lo insólito de ese atropello contra los derechos políticos de los pueblos indígenas es que se haya aprobado por unanimidad.

En el socialismo del siglo XXI, las condiciones de los pueblos originarios han empeorado a términos solo comparables a la era colonial.

Nuestros indígenas son despojados de sus tierras, en zonas mineras, por militares de las Fuerzas Armadas en contubernio con bandas delictivas, son asesinados tanto por estos como por grupos irregulares colombianos, son sometidos a esclavitud, son perseguidos inclusive en territorio brasileño y son excluidos de programas de atención alimentaria y sanitaria causando altos grados de mortalidad, desnutrición, etc.

Uno de los caciques de los tiempos coloniales, Guaicaipuro, ha sido convertido en símbolo del chavismo, al extremo de que sus presuntos restos reposan en el Panteón Nacional, identifica a uno de los programas de dádivas del régimen y sustituyó a Francisco Fajardo, hijo de una cacica margariteña como denominación de una importante avenida caraqueña, que el pueblo igualmente sigue llamando por su nombre original.

Asimismo, y con iguales consecuencias, el caraqueño cerro El Ávila pasó a denominarse *wuaraira repano*, nombre indígena.

Además, el régimen emprendió una guerra contra Cristóbal Colón, cuya estatua en el paseo homónimo de Caracas, fue derribada por grupos vandálicos chavistas que lo juzgaron como genocida y el 12 de octubre, que se conmemoraba la fecha del descubrimiento, pasó a ser Día de la Resistencia Indígena, tesis contraria a lo que registra la historia.

"*Ana karina rote*", un grito de guerra de la etnia caribe, que significa: "Sólo los caribes somos gente", y que popularizó el teniente coronel (r) Hugo Chávez durante un discurso pronunciado en la avenida Los Próceres, de Caracas, como lo recuerda el colega Frank Armas es la síntesis racista de la supremacía de un grupo humano sobre el resto de sus congéneres, vale decir, "Sólo los chavistas somos gente" y los "escuálidos", versión venezolana del término peyorativo castrista "gusanos" empleado para referirse al anticastrismo, son nuestros esclavos. El término también fue empleado por el narcodictador Nicolás Maduro para denominar las operaciones militares de su ministro de Defensa Vladimir Padrino López que impedirían una invasión norteamericana en Venezuela, invadida actualmente por chinos, iraníes, rusos, cubanos y guerrilleros colombianos del ELN y las FARC, una de cuyas disidencias derrotaron en Apure, a las Fuerzas Armadas, haciendo prisioneros a varios oficiales y no en condición de rehenes, como declaró ese alto funcionario de la narcodictadura.

Podría pensar un lector desprevenido que la abundancia de leyes y burocracia para favorecer a los pueblos originarios se traduce en bienestar y progreso para ellos.

No es así, como trataré de demostrarlo en esta monografía digital, llamada así porque toda su fuente documental proviene de la Web, constantemente actualizada sobre cualquier tema.

Acknowledgement

En portada Gay García esposa del Cacique Sabino, de la Etnia Yanomami, herida por militares venezolanos en Marzo de 2022, luego de que estos últimos en un intento de iniciar trabajos de minería en espacios completamente vírgenes de la Selva Amazónica, asesinaran vilmente, a varios indígenas y desaparecieran a otros de esa etnia que se opusieron a tal violación de las leyes por parte de los mismos militares que se supone deben ser garantes de ellas[1].

I

POBREZA

A Chávez le encantaba llenarse la boca diciendo que era un firme defensor de los pueblos indígenas. Se empeñó en cambiar nombres, abolir días conmemorativos y hasta aplaudió cuando sus hordas tumbaron la estatua de Cristóbal Colón que estaba en Plaza Venezuela porque aseguraba que quería darle el protagonismo que se merecen y defenderlos de todos los que les han hecho daño. Pero nunca en la historia contemporánea los indios han tenido un enemigo más feroz que el chavismo...

Los Waraos no quieren morir de hambre y enfermedades

El 5 de junio de 2020 el portal *Costa del Sol*, con información de la periodista Sebastiana Barráez, de *Infobae*, reportó:

-Siete organizaciones del pueblo indígena solicitaron auxilio para que se solidaricen con su causa internacionales para que se solidaricen con su causa, para que no los dejen morir de hambre, de enfermedades, por agua contaminada de mercurio y cianuro de la minería, que contamina sus sembradíos. Le piden "a los cuerpos de seguridad fronteriza, a la Armada y a la Guardia Fronteriza, que vigilen los accesos, rutas y caños fronterizos por la entrada de foráneos que son una amenaza de contagios", ante el Covid-19, para sus comunidades.

La periodista agregó:

-Eso lo hicieron a través de un comunicado suscrito por el Grupo Cambalache de Ciudad Guayana, la Organización Comunitaria "Ka Ubanoko" de Boa Vista, la Comunidad Migrante Warao de Manaus del Refugio "Alfredo Nacimiento", la Comunidad Migrante Indígena De "Janokoida" Pacaraima, Migrantes Warao desde Brasil, la Comunidad Indígena Warao de Buja, estado Monagas y el Medio Digital La Voz Indígena.

Tras lo cual indicó:

-Actualmente la población indígena de los Waraos se calcula en aproximadamente 30 mil, distribuida en los cuatro municipios que conforman el estado Delta Amacuro y en mayor proporción hacia las zonas adyacentes a las desembocaduras de los caños.

Dentro del Territorio Fronterizo en San José de Amacuro, la Línea, Wausa u otros están los Cuerpos de Seguridad divididos en diferentes casas o comandos, también está la Fuerza Armada Nacional Bolivariana con la Guardia Nacional Bolivariana (GNB) y la Armada, que son los que están ubicados en los caños fronterizos; cada uno en su espacio.

Después apuntó:

-En un Conversatorio, realizado el sábado 30 de mayo de 2020, por vía virtual, analizaron la difícil situación que viven las comunidades del Pueblo Indígena Warao de los estados Bolívar, Delta Amacuro, Monagas, Sucre y los migrantes que viven en Brasil.

En ese evento, consideraron que "las comunidades Indígenas Warao estamos ubicados en zonas urbanas y rurales de los diferentes estados, en su mayoría a orillas del río Orinoco", por lo que ante la situación del Covid-19 "está agravando de una manera crítica la mala situación que ya vivía nuestra población en todas las dimensiones".

Además, indicaron:

-Los Centros Ambulatorios de las Comunidades Indígenas no están capacitados para atender casos de contagios, tampoco se cuenta con médicos, ni insumos médicos. Ningún Centro de Salud de las Comunidades cuenta con Ambulancias Fluviales y Terrestres para traslados de pacientes que se requiera trasladar.

Igualmente destacaron que "no existe vigilancia sanitaria en las zonas y caños donde se acceden a las comunidades indígenas", por lo que "la llegada de foráneos de Trinidad y Tobago y guyaneses navegan en nuestros ríos, exportando nuestras fauna y flora, signo visible de que no existe vigilancia en las zonas fronterizas por parte de los entes de seguridad policial".

El comunicado relató también que "las comunidades indígenas de zonas rurales no tienen automercados ni lugares donde ir a abastecerse de alimentos" y "Por ello viajan a canaletes y en sus canoas a las ciudades, para poder conseguir los productos básicos de primera necesidad, emprendiendo un viaje de hasta 5 días navegando".

En cuanto al problema de la cuarentena, Barráez aseveró que "no hay transporte, por lo que al llegar a las zonas urbanas los indígenas caminan por sectores vecinos para realizar trueques con sus artesanías y pescas". Pero "Otros caminan 25 kilómetros aproximadamente para poder llegar al centro de la ciudad y comprar sus alimentos".

De igual modo citó que entre las cosas graves que les ocurre es que "el agua que se consume en las comunidades indígenas es directamente del río, esto contaminado por mercurio y cianuro provenientes de las actividades mineras".

Al respecto expresó:

-Antes de que apareciera el virus Covid-19 "la situación país ya había estado afectando las condiciones de las comunidades Warao y por eso la migración constante de los indígenas. Estos se han refugiado en Brasil, Guyana y Trinidad y Tobago".

En el documento "Califican de lamentable "la situación de los Migrantes Warao, ante esta cuarentena", porque están viviendo "situaciones irregulares y una atención no adecuada, con carencias en los servicios básicos, seguridad sanitaria y estabilidad alimentaria, situaciones que visibilizan la pobreza y la falta de atención que viven las comunidades indígenas Warao".

En consecuencia, piden que se "respete la Cosmovisión e Identidad Cultural de nuestras comunidades Warao y dejen de seguir discriminado, oprimiendo y manipulando a las comunidades".

Exhortan a las Direcciones Regionales de Salud, a los entes gubernamentales e instituciones responsables de salud, "atender y abordar las comunidades indígenas, implementar estrategias de prevención, equipar los centros ambulatorios con medicamentos, personal médico y ambulancia que son vitales para nuestras comunidades".

Piden el control de "las rutas y caños donde los indígenas navegan a la ciudad, con equipo médico para realizar pruebas y diagnóstico ante posibles contagios de indígenas que regresan a sus comunidades".

Requieren que se les aborde "de manera urgente, con ayudas de servicios básicos, alimentos, medicinas, agua potable, atención médica. En las comunidades indígenas, muchos niños y ancianos están falleciendo de desnutrición".

Consideran necesaria "la distribución de "pastillas purificadoras o bombas de agua para tratar el agua y así los niños, adolescentes, jóvenes y adultos tengan acceso al agua saludable".

Recomiendan a las Instituciones, Organizaciones y Grupo de trabajos que acompañan a la comunidad migratoria a ser sensibles, tener espacios de escucha y diálogo con los Migrantes Indígenas para en conjunto con ellos dar respuestas a las situaciones que viven y padecen ante esta pandemia.

Solicitar inmediatamente a los organismos internacionales, a la Corte Interamericana de DDHH, a la ONU, a la Relatoría Indígena y las Instituciones que deseen solidarizarse con nuestra causa. Necesitamos Ayuda Humanitaria Internacional, escucha y abordaje ante estas realidades, nuestros niños fallecen de desnutrición, de Enfermedades Maláricos, de VIH y Tuberculosis, nuestros ríos se contaminan por la actividad minera, nuestras siembras crecen en ambientes contaminados, las instituciones educativas están piso abajo, los centros hospitalarios no tienen ni comida para ofrecer a los pacientes y otras numerosas y penosas situaciones que vivimos".

Invitan a los indígenas Warao en Venezuela y los que están fuera del país "que nuestras realidades, carencias, problemas y situaciones son similares: no perdamos las esperanzas, somos un pueblo que ha vivido durante milenarios de años a orillas del Río Orinoco, es tiempo de seguir trabajando, sembrando, resistiendo y exigiendo nuestros derechos y deberes".

Finalizan diciendo que "no es hora de desfallecer, es hora de levantarnos y hacer valer nuestras voces y costumbres. Que nuestros ancestros y el Gran Abuelo 'Ka Nobo' nos oriente y nos acompañe en esta lucha de supervivencia en medio de la pandemia del Covid-19".

La Malaria en la Etnia Yukpa

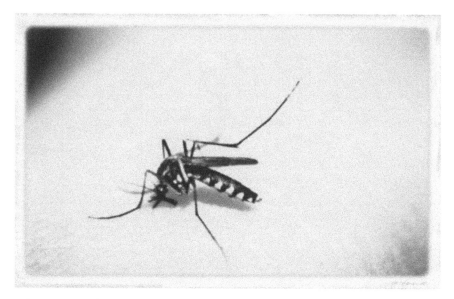

La malaria o paludismo, como se conoce popularmente esta enfermedad, erradicada por el doctor Arnoldo Gabaldón entre los años 1950 y 1960, al organizar la primera campaña nacional en el mundo contra la misma, mediante la utilización de dicloro difenil tricloroetano (DDT), que convirtió a Venezuela en el primer país en erradicarla, reapareció en el socialismo del siglo XXI.

El 7 de julio de 2019 Kelvin Méndez, de *SuNoticiero*, escribió un extenso reportaje sobre el regreso de esta terrible enfermedad a una comunidad indígena.

–La espesura de la selva venezolana –comenzó diciendo. no le da calor.

José Gregorio tiene frío. "Me duele el cuerpo, la cabeza, tengo fiebre", se queja este indígena. El diagnóstico: malaria, un mal erradicado hace años entre los yukpas, pero que volvió con la crisis, como en el resto de Venezuela.

Y agregó:

- "Empezó a sentirse mal, le dolían los huesos, comenzó a vomitar, no comía; ahora tiene cuatro o cinco días sin comer", dice su esposa, Marisol.

El bebé de ambos, Gregorio José, de cuatro meses, balbucea junto a su padre en la cama.

"Ya me dieron tratamiento. Varias veces me enfermé", murmura José Gregorio con la vista perdida, incapaz de seguir una telenovela en la televisión.

"A mí también me ha dado. Y después cayó el bebé", cuenta Marisol. "Antes no era así aquí, solamente había chikungunya y dengue. El paludismo (malaria) volvió el año pasado", lamenta.

En los siguientes párrafos Méndez precisó:

"Aquí", es El Tukuko, un pueblo al pie de las montañas que cruzan la frontera con Colombia, a más de tres horas en auto desde Maracaibo, la capital del Estado Zulia (noroeste).

Con 3.700 habitantes, es el asentamiento más grande de indígenas yukpa. Y, como dice Marisol, la malaria está "de vuelta" allí, como en todo Venezuela, un país que podía presumir hasta ahora de ser el primero en el mundo en erradicar la enfermedad en 1961.

El autor del reportaje igualmente explicó que no hay estadísticas oficiales sobre la malaria en El Tukuko, ni sobre el número de muertes que causa.

- Pero el médico Carlos Polanco señala, desde la sala de la misión católica donde atiende, que de cada 10 personas que van al laboratorio a hacerse la prueba de paludismo (malaria) "entre cuatro o cinco salen positivo, o hasta más. Es una cifra alarmante".

Nelson Sandoval, un fray capuchino que preside la misión, agrega: "Antes de ser fraile conocía esta comunidad y nunca había visto ningún caso de malaria aquí. Esto es una pandemia".

El Tukuko es afectado por el Plasmodium vivax, una forma de malaria menos letal que la otra cepa, Plasmodium falciparum, que prevalece en las regiones amazónicas del sureste de Venezuela.

Según Sandoval y Polanco, la razón de la vuelta de la enfermedad es simple. Hace unos años, el gobierno venezolano enviaba regularmente empleados para fumigar. Esos humos atacaban a los mosquitos Anopheles, transmisores de la malaria, y la enfermedad estaba bajo control.

Pero estas campañas de fumigación se detuvieron, según Sandoval, y al aumentar la población de mosquitos, "vino el paludismo corriendo".

Y como si dicha enfermedad no fuera suficiente calamidad para los yukpas, a ella se suma la desnutrición.

–Anteriormente (los yukpas) variaban su consumo porque había un poco más de accesibilidad a los insumos. Pero ahorita no es fácil variar. La situación de inflación no les permite", explica Polanco. Y "se contentan con consumir lo que cultivan, como yuca y plátano", ejemplifica.

Rosa sabe de desnutrición. Tumbada en el suelo de su casa, con una camisa demasiado grande, lo pasa mal. A los 67 años, esta es la tercera vez que padece malaria. "El médico me pesó: 37 kilos; antes pesaba 83", dice.

El 17 de noviembre de 2019 Migdalis Santiago, presidente de la Fundación Ojenke, denunció por intermedio de Radio Fe y Alegría que los pueblos Yukpas, ocupantes de la Sierra de Perijá, Estado Zulia, se enfrentan al paludismo y a la crisis.

Migdalis Santiago también denunció la precaria calidad de vida de estos indígenas quienes no cuentan con los medicamentos ni con los hospitales necesarios para sobrevivir.

Igualmente apuntó que la crisis de salud en esta comunidad se agudiza cada vez, a raíz de las fuerte lluvias caídas recientemente que dejaron como saludo fatal cinco niños fallecidos y decenas de familias sin hogar.

Durante la entrevista, publicada en El Nacional, la presidente de la Fundación Ojenke, que se dedica a documentar la violación de los derechos humanos, indicó además que el pueblo Yukpa enfrenta enfermedades erradicadas en el resto de la población y altos índice de desnutrición. Además, no cuenta con medicamentos y no hay servicios hospitalarios ambulatorios.

La denuncia la hizo en el marco de la IV Feria de Derechos Humanos del Estado Zulia, donde igualmente aseguró que hay medicamentos que nunca se utilizaron y están vencidos desde 2008.

-En junio del pasado año –precisó- las cifras señalaron que al menos 70% de 3.000 personas que habitan en la comunidad Tokuko, estaban infectadas con paludismo. No se visibilizan los problemas: hace más de un año que empezó nuevamente el brote de paludismo, una enfermedad que ya debía esta estar erradicada. Aún mueren personas por esta causa.

La defensora de Derechos Humanos recordó, además, el deslave ocurrido en Machiques de Perijá a principios de octubre y sobre esta situación aseguró que el Estado nunca brindó la ayuda suficiente.

-Hace falta –afirmó- que la gente se involucre verdaderamente por los pueblos Yukpas. Necesitamos proyectos sustentables para esta comunidad.

El 10 de julio de 2021 también informó El Nacional:

- Los caciques yukpas de la Sierra de Perijá, en el Estado Zulia, denunciaron que los cuerpos de seguridad no les dejan llegar a Maracaibo. Pretenden denunciar en la capital de la entidad las condiciones infrahumanas en las que viven: no hay medicinas, la inseguridad los tiene aterrados y hay peligro por las lluvias. Amenazan con cerrar la carretera Maracaibo-Machiques. Salieron a las 6:30 am del viernes y los tienen represados en el kilómetro 18 de la vía a Perijá, muy cerca de Maracaibo.

La fuente añadió:

-Quieren hablar con el gobernador Omar Prieto, que los escuche, ya que en Machiques no tienen soluciones, dijo un vocero.

"Maira Guerrera nos echó mentiras", dijo uno de los caciques yukpas, en referencia a una representante del Ministerio del Interior que conversó con ellos y les prometió que enviarían unas máquinas para arreglar la carretera y encausar las aguas del río Yaza, que está desbordado.

Amenazaron con cerrar el paso si no los atienden. "Nuestra protesta es pacífica", señaló.

En el chavismo la normativa legal en materia de protección de los pueblos indígenas es letra muerta para los funcionarios. A los verdaderos dueños del territorio zuliano el gobernador Omar Prieto les impide entrar a Maracaibo

Dificultades en el Transporte

E l 9 de mayo de 2021, *El Nacional* reportó, con información de PROVEA, que los indígenas caminan hasta siete horas por falta de transporte en el Estado Amazonas.

–Muchas comunidades en Venezuela –explicó– han sido afectadas por los diferentes problemas que enfrenta el país. Debido a la falta de unidades de transporte público o efectivo para cubrir los pasajes, algunos indígenas de Amazonas optan por entre 6 y 7 horas para llegar

a sus destinos.

Agregó que muchos nativos aseguran ser discriminados y marginados, de acuerdo con los reclamos y las denuncias públicas que se han dado a conocer gracias a los medios locales. Inclusive, algunos líderes comunitarios han acudido a instancias gubernamentales esperando algún tipo de apoyo al problema del transporte.

-Nadie nos resuelve el problema, -dijeron- entonces tenemos que buscar la forma trasladarnos para vender los productos los fines de semana, al menos para comprar algo y medio comer", dijo Gregorio Morillo, habitante de la comunidad indígena Limón de Parhueña. Además, agregó que en algunas ocasiones debe pernoctar en Puerto Ayacucho en la casa de algún familiar hasta finalizar todas las diligencias que lo requieren en el sitio.

Reveló igualmente que los transportistas reciben 40 litros de gasoil a precio subsidiado. Sin embargo, Jesús Pineda, dueño de una ruta de colectiva y chofer de su unidad, asegura que no es suficiente combustible y que hay otros gastos que deben ser considerados al fijar el precio del pasaje como la compra de combustible en divisas y el mantenimiento de las unidades cuyo pago, asegura, es en moneda colombiana o dólares.

La Asociación Civil *KAPE-KAPE*, Observatorio de Derechos Humanos Indígenas, indica en cambio que la razón del problema es que no hay respeto por parte de ningún organismo encargado de fijar las tarifas de transporte.

La pobreza de los Pueblos Indígenas

E l indigenismo ha servido al chavismo para derribar estatuas de Cristóbal Colón, rebautizar el cerro El Ávila de Caracas y la avenida Francisco Fajardo en la misma ciudad, denominar programas sociales excluyentes y organizar congresos internacionales de los pueblos originarios, que en modo alguno benefician a nuestros ancestros aborígenes.

El 30 de octubre de 2019, el portal *Enterate24* reportó:

-El diputado a la Asamblea Nacional (AN), José Prat, publicó un vídeo donde muestra el estado de "extrema pobreza" en la que vive la población indígena en Ciudad Guayana, Bolívar.

A través de la red social Twitter, Prat difundió un audiovisual grabado a 10 minutos del Parque La Llovizna, luego de que el Partido Socialista Unido de Venezuela (PSUV) anunciara el inicio del Congreso Internacional de los Pueblos Originarios que se lleva a cabo en la entidad, como parte del Foro de Sao Paulo, donde participan otros 20 países.

El portal agregó:

> *–A ver qué dicen de esto, los que participan en el show de "**pueblos originarios**" montado por el régimen aquí en #Guayana, aquí está la realidad que todos conocemos, hambre, enfermedades y abandono de nuestros indígenas", agregó el parlamentario.*

El Nacional, el 6 de enero de 202, reportó:

> *–A Chávez le encantaba llenarse la boca diciendo que era un firme defensor de los pueblos indígenas. Se empeñó en cambiar nombres, abolir días conmemorativos y hasta aplaudió cuando sus hordas tumbaron la estatua de Cristóbal Colón que estaba en Plaza Venezuela porque aseguraba que quería darle el protagonismo que se merecen y defenderlos de todos los que les han hecho daño. Pero nunca en la historia contemporánea los indios han tenido un enemigo más feroz.*

El chavismo los ha engullido como si fuera una fiera hambrienta. Los ha golpeado de muchas maneras, y quizás el ejemplo más simple es la imagen de los indígenas pidiendo limosna en los semáforos y plazas de Caracas. Han tenido que dejar sus tierras, han tenido que rendirse a otras costumbres para poder sobrevivir bajo un régimen que ni siquiera los toma en cuenta.

En ninguna parte del mundo se ha golpeado tanto a los indígenas como en Venezuela, y por eso Salvador Franco y un grupo de sus hermanos a finales de 2019 trataron de tomar instalaciones militares en el estado Bolívar. Al régimen eso le pareció un acto de terrorismo y por eso los pusieron presos en una de las cárceles más terribles del país.

El 5 de enero de 2021 *TalCual* reportó que las autoridades de Rodeo II, donde

Salvador Franco permaneció encarcelado durante todo 2020, le negaron acceso a atención médica y descuidaron su alimentación

-El Certificado de Defunción del indígena pemón Salvador Franco, preso político del régimen desde el 30 de diciembre de 2019, detalló que la autopsia concluyó que su muerte se produjo a causa de un edema cerebral, shock séptico y otras reacciones producto de una tuberculosis no tratada, además de un cuadro de desnutrición que padecía desde hace meses.

La víctima indígena de la crueldad chavista falleció el 3 de enero de 2021.

La pobreza en los pueblos originarios se traduce en desnutrición, mortalidad, deterioro de la salud, ejercicio de la mendicidad en Caracas y otras ciudades del país, migraciones internas y externas, diversas modalidades de explotación, etc.

En riesgo Dos Mil Familias Indígenas por crecida del Río Orinoco

El 17 de julio de 2021 *TalCual*, con información de *Correo del Caroní*, reportó:

-19 comunidades indígenas de Delta Amacuro están amenazadas por la crecida del río Orinoco, Protección Civil en el estado no ha acudido a auxiliar a las comunidades, según reporta la asociación civil *Kapé-kapé*.

Una de las comunidades más afectadas es Araguaimujo, ubicada en el Municipio Antonio Díaz. La crecida del río arrasó con la mayoría de los sembradíos familiares. Por la falta de combustible para trasladar los rubros hasta Tucupita para venderlos, los indígenas han tenido que hacer trueques con la poca cosecha que les queda.

A cambio de productos como arroz, harina de trigo y queso, intercambian las cosechas de cambur, plátano, topocho y yuca. Ante la amenaza de perderlo todo por la crecida del río, los 380 habitantes de la comunidad resguardan lo que pudieron cargar en el liceo principal del poblado o en la escuela Divina Pastora.

De acuerdo con *Kapé-Kapé*, los habitantes de las riberas del río Orinoco han alertado sobre las inundaciones en reiteradas ocasiones. Temen perder sus casas, bienes y sembradíos.

TalCual recordó, además, que, a principios de julio, la organización advirtió que todas las comunidades del Delta están en riesgo de quedar sumergidas en el Orinoco. -Al menos 2.000 familias —expresó *Kapé-Kapé*- corren riesgo con la crecida del río los meses de julio, agosto y septiembre.

En el Estado Bolívar, la crecida del río este año afectó directamente a 15 familias pemón de Gran Sabana. En estas comunidades, la autoridad indígena habilitó refugios este año.

En Moitaco, Municipio Sucre, el Orinoco inundó la casa de 20 familias. Mientras la crecida del río Caura, amenaza algunas comunidades de Maripa, la capital del municipio. En el sector Bajo Caura, al menos 45 familias se han visto afectadas por la temporada de lluvia.

Un mes antes, concretamente el 21 de junio, la Oficina de Naciones Unidas para la Coordinación de Asuntos Humanitarios (OCHA) prestó apoyo en Venezuela a 1.400 personas de la comunidad indígena Yukpa, que habita entre la nación caribeña y Colombia, afectada por inundaciones y deslaves.

El esfuerzo de varias organizaciones humanitarias, en coordinación con autoridades locales, permitió movilizar ayuda para unas 1.400 personas de la comunidad Yukpa", escribió la OCHA en su cuenta de Twitter y agregó que los indígenas residen en Macoita, que forma parte del Municipio Machiques de Perijá, en el noroccidental Estado Zulia (fronterizo con Colombia).

Señaló igualmente que "Varios medios de comunicación regionales informaron que, en las últimas semanas, ha habido fuertes lluvias en la zona, lo que ha provocado el desborde del río Macoita, que da nombre al sector".

Por último. indicó con información de EFE y Noticias de Venezuela:

-El pasado 14 de mayo, el diario regional Panorama reportó que la alcaldesa, Betty Zuleta, había informado acerca de la muerte de un adulto y dos menores de edad que fallecieron al ser arrastradas por la crecida del río.

II

VIOLENCIA

*El 29 de noviembre de 2019 el medio alemán Deutsche Welle
reportó la rueda de prensa ofrecida por Olnar Ortiz,
representante para comunidades indígenas de la ONG Foro
Penal, quien indicó que los nativos se encuentran en
campamentos de la Oficina de la ONU para los Refugiados
(ACNUR), y que cientos de indígenas de la etnia pemón han
buscado refugio en Brasil tras fuerte "persecución política" y
violencia derivada de la minería ilegal a manos de grupos
armados afines al régimen de Nicolás Maduro*

Indígenas Asesinados

Nuestros aborígenes, como en los tiempos de la conquista española, siguen siendo asesinados en el socialismo del siglo XXI para arrebatarles sus tierras, aguas y minas, no con lanzas y otros armamentos por ellos desconocidos, sino con fusiles de alta letalidad, bombas, revólveres y pistolas, contra flechas, una relación de desventaja armada que los hace más vulnerables que cuando llegaron los españoles, a todo lo cual se añade que quienes constitucionalmente deberían protegerlos, es decir, las Fuerzas Armadas, se convierten en sus agresores activos y pasivos.

El 21 de junio de 2021, el coordinador de la ONG FundaRedes en el Estado Apure, Juan Francisco García, denunció el asesinato de seis indígenas en el Estado Apure por parte de las disidencias de las FARC en el sector Macanilla, ubicado en el Municipio Pedro Camejo.

Según García, la muerte de los aborígenes se suscitó luego de que supuestamente estas personas habrían saqueado un camión de comida que se trasladaba desde San Juan de Payara hasta una iglesia en Puerto Páez, en la Parroquia Codazzi, el pasado 15 de junio.

Radio Fe y Alegría confirmó el viernes 25 de junio que los seis indígenas asesinados eran de la tribu Jivi de dicho estado y responsabilizó de esas muertes a presuntos elementos irregulares que operan en la zona y que Fundaredes señala de disidencia de las FARC.

Las víctimas mortales fueron identificadas como Jean Carlos González Herrero (32 años), Andrés Eulogio Ortiz Cuervo (75 años), Manuel Gallardo (24 años), Jesús Perdomo (28 años), Carlos Rodríguez (37 años) y Luis Pérez (34 años).

Según FundaRedes, los indígenas se habrían llevado alimentos de las cajas CLAP, pero "la acción natural de investigación por los organismos de seguridad del Estado fue usurpada por las FARC, llevando al asesinato de los seis indígenas".

El vocero de FundaRedes, Juan Francisco García denunció que los indígenas que están radicados en la Macanilla y Capanaparo no tienen protección social alguna por parte del Estado y se han presentado varios inconvenientes en esa población como desnutrición y violaciones a jóvenes de 12 y 13 años por elementos de la disidencia de las FARC.

–Tenemos –indicó igualmente- casos de desnutrición (...), de esclavización moderna por parte de las FARC a los indígenas desde narcotráfico a otro tipo de actividades ilegales que realizan los grupos irregulares. (Toda esta información fue publicada por el portal *TalCual*)

El 25 de enero de 2021 Prensa *Provea* reportó:

– "**Masacre de Santa Elena de Uairén:** ocho indígenas han sido asesinados por policías y militares en protestas realizadas entre 2017 y 2019" / Ocho indígenas, pertenecientes a las etnias Pemón, Warao y Jivi, fueron asesinados por agentes de la fuerza pública venezolana en protestas realizadas en los estados Delta Amacuro, Apure y Bolívar, entre los meses de septiembre de 2017 y abril de 2019.

Provea agregó que "Los presuntos responsables, efectivos de la Guardia Nacional Bolivariana (GNB); Dirección General de Contrainteligencia Militar (DGSIM) Marina y Policía de Delta Amacuro, actuaron conforme al ya habitual patrón de uso excesivo de la fuerza para contener dichas manifestaciones, empleando armas de fuego y ocasionando estas lamentables muertes".

En el intertítulo "*Represión y muerte para silenciar el hambre*" la Nota de Prensa de *Provea* recordó que "El 23 de septiembre de 2017 los indígenas Warao José Gregorio Moraleda Zambrano (21) y Jomas José Alcántara (19) se convirtieron en las víctimas 140 y 141, de las 142 personas fallecidas en el contexto de protestas realizadas en 2017".

Igualmente indicó:

-Ambos fueron asesinados por impactos de balas presuntamente disparadas por funcionarios de la Guardia Nacional Bolivariana y de la Policía de Delta Amacuro, mientras reprimían una manifestación en demanda de alimentos, que se desarrollaba en las adyacencias del centro de acopio de Mercal, situado en la parroquia José Antonio de Sucre del municipio Tucupita, capital de la entidad.

"Los waraos comenzaron a retroceder y a correr en busca de resguardo, sin embargo, los efectivos disparaban directo a la masa y cayeron los waraos", declararon testigos de los hechos. Un habitante de la localidad declaró que "no fue ningún enfrentamiento, como lo quiere hacer ver el Gobierno. La policía del estado y la Guardia Nacional dispararon a mansalva a los indígenas que reclamaban comida. "Se escucharon varios disparos y en el acto cayó uno de los jóvenes, hubo cinco heridos, todos los cuales presentaron impactos de balas".

Provea explicó luego:

-La protesta se originó debido que la comunidad warao ubicada en Janokoseve, tenía 45 días sin recibir alimentos de los Comité Locales de Abastecimiento y Producción (CLAP).

El Ministerio Público imputó a 10 funcionarios policiales y el Tribunal 3°

de Control dictó medida de privativas de libertad a los efectivos policiales y militares involucrados en lo ocurrido. Los funcionarios investigados son Joel María González (22), Lesguar Alexander González Morillo (34), Ledymar del Valle Sánchez Martínez (23), Jonnattan de la Cruz Trinitario (37), José Gregorio Martínez Call (25), Carlos Rafael Azócar (22), Rigson Boanerge Martínez Rojas (25), Gleyvins José Flores Álvarez (28), Jesús Rafael Gascón Pereira (27) y Yoenner Figueroa (23).

El Ministerio Público de la narcodictadura posiblemente haya puesto en libertad a los responsables de estos crímenes, tanto activos como pasivos, porque los funcionarios cumplen órdenes de sus superiores inmediatos, asesinar a todo el que proteste, a fin de desalentar nuevas manifestaciones.

En otra parte de la Nota de Prensa Provea especificó:

–El pasado 8 de diciembre de 2018, un grupo de funcionarios de la Dirección General de Contrainteligencia Militar (DGSIM) hirió con armas de fuego a cuatro indígenas pemones de la comunidad de Arekuna en Canaima, estado Bolívar. Uno de los indígenas, identificado como Carlos Peñazola, resultó asesinado en los hechos. "Los funcionarios ingresaron esta madrugada al sector del Campo Carrao. Cuatro indígenas presentaron heridas por armas de fuego en el pecho. Estos fueron Charly y Carlos Peñazola, ese último falleció", indicó la periodista del Correo del Caroní Pableysa Ostos.

La fuente agregó:

–Los heridos fueron trasladados al Complejo Universitario Hospitalario Ruiz y Páez en Ciudad Bolívar, mientras que la Fiscalía 6° del Ministerio Público abrió las investigaciones sobre el hecho. En respuesta por lo ocurrido, la comunidad indígena retuvo y desarmó a dos funcionarios del DGSIM.

El 12 de diciembre, el Consejo de Caciques Generales del Pueblo Pemón difundió un vídeo en respuesta a las afirmaciones hechas por el ministro de Defensa, Vladimir Padrino López, quien aseguró que la muerte del indígena pemón fue responsabilidad de las «mafias del oro que ocupan el Parque Nacional Canaima». En un comunicado dirigido a la opinión pública, los miembros del Consejo desmintieron a Padrino López y lo acusaron de "cobarde", "ladrón", "mentiroso", "asesino" y "mafioso", al tiempo que lo exhortaron a renunciar a su cargo.

Por supuesto que Padrino López, sostén de la narcodictadura, no renunció al cargo; tampoco lo hizo por honor, virtud que éste desconoce, cuando efectivos de las FAES asesinaron a varias personas en Apure y luego vistieron del uniforme guerrillero para justificar los crímenes contra humildes venezolanas, víctimas de los irregulares colombianos y las Fuerzas Armadas, que, en vez de defender el territorio nacional, los apoya.

La nota de prensa de Provea también aseguró que el régimen de Nicolás Maduro

Al efecto detalló:

-Durante los días 22 y 23 de febrero del 2019 la Guardia Nacional Bolivariana y presuntos miembros de agrupaciones paramilitares, reprimieron con excesiva violencia las manifestaciones registradas en Santa Elena de Uairén, extremo sur del Estado Bolívar, en apoyo al ingreso de ayuda humanitaria, en el marco de la convocatoria realizada por el presidente de la Asamblea Nacional, Juan Guaidó.

Después apuntó:

-En los hechos 58 personas fueron detenidas (16 indígenas pemón y 4 adolescentes) y trasladados al Fuerte Escamoto. El Hospital General de la localidad de Boa Vista en Brasil reportó que había recibido 23 heridos de bala -13 de ellos de gravedad-, entre el 22 y el 24 de febrero. Siete personas murieron a consecuencia de los disparos efectuados por los funcionarios militares, cuatro de ellos indígenas pemones identificados como: Zoraida Rodríguez (46), José Esley Pérez Márquez (20), Kleyber Pérez (24) y Rolando García Martínez (51). Las muertes de estas siete personas se produjeron entre los días 23 de febrero y 03 de marzo, toda vez que muchos de los fallecidos se encontraban gravemente heridos en el hospital de Boa Vista.

Por otro lado, apuntó:

-Testigos afirmaron a Provea que, en horas de la mañana del 23 de enero, pobladores de Santa Elena de Uairén, marcharon pacíficamente a la frontera con Brasil para apoyar el ingreso de la ayuda humanitaria en el marco de las actividades convocadas por el parlamento venezolano. Frente a la entrada del Fuerte Escamoto la GNB impedía el paso hacia la frontera. A medida que comenzaron a acercarse y concentrarse para tratar de pasar, fueron reprimidos en un primer momento con bombas lacrimógenas y perdigones, pero posteriormente los militares empezaron a dispararles con armas de fuego hiriendo a decenas de personas.

Después puntualizó:

-Al mismo tiempo, se desarrollaba una protesta pacífica en el casco central de Santa Elena de Uairén exigiendo la entrada de la ayuda humanitaria, allí la represión se desarrolló con igual patrón, pero los disparos provenían -según testigos-, de armas automáticas de gran calibre y con participación de civiles armados. Los disparos iban directo al cuerpo y la cabeza. La represión se prolongó toda la mañana hasta mediodía.

En la tarde, la GNB instaló varias alcabalas en diversos sectores acabando con las protestas. Apostados también en las entradas de los hoteles, realizaron requisas y allanamientos ilegales buscando al alcalde de Gran Sabana, Emilio González, y a diputados y líderes indígenas y no indígenas. El Hospital Rosario Vera Zurita reportaba al menos 30 heridos, los más graves transferidos al estado de Roraima en el vecino Brasil. Sumaban 25 detenidos entre el Fuerte Escamoto y la comandancia de la GNB. En total habrían sido detenidas al menos 58 personas entre el viernes 22 y el sábado 23 de febrero.

En los dos siguientes renglones reveló:

-El 28 de febrero la Comisión Interamericana de Derechos Humanos (CIDH) adoptó la Resolución 7/2019, mediante la cual otorgó medidas cautelares a favor de indígenas de la etnia Pemón de la comunidad San Francisco de Yuruaní o "Kumaracapay" del Municipio Gran Sabana en el Estado Bolívar, y el defensor indígena baré Olnar Ortiz, tras considerar que se encuentran en una situación de gravedad y urgencia de riesgo de daño irreparable a sus derechos.

En un comunicado de prensa difundido en su portal web la CIDH informó que al momento de tomar su decisión « valoró el contexto excepcional que atraviesa el Estado de Venezuela y tomó en cuenta que los eventos de riesgo alegados se habrían producido presuntamente como resultado de las acciones realizadas por la comunidad para recibir "ayuda humanitaria" en la frontera entre Venezuela y Brasil, y debido a un presunto uso excesivo de la fuerza y la participación de grupos que los solicitantes denominan "Colectivos".

En el intertítulo "Marina invade territorios y asesina en Apure", Provea informó:

Wilmer Antonio Mirabal (38) fue asesinado de un disparo el 10 de abril de 2019 a manos de efectivos del Comando Fluvial de Marina, situado en el sector La Macanilla, municipio Pedro Camejo del estado Apure. Mirabal, miembro de la etnia Jivi, participaba en una protesta junto a integrantes de su comunidad, exigiendo el retiro de la presencia militar en sus territorios ancestrales. Fueron reprimidos con armas de fuego por los militares que se encontraban en la zona. Por estos hechos, fueron privados de libertad los tenientes: Edwuar Antonio Ysambertt (36) y Oswaldo Enrique Carrasco (32), y los sargentos: Roniel Francisco Velásquez (26) y Kervin José Hernández (26).

En el intertítulo "Tensiones, abusos y asesinatos en el contexto de militarización y exclusión" se lee:

-Desde 2013 Provea ha insistido permanentemente en los graves riesgos que conlleva la militarización de territorios y comunidades indígenas, sin previa consulta, libre e informada como dicta la Constitución y los estándares internacionales, con los pueblos afectados. Desde el año 2010, fecha en la que se produjo la militarización de los territorios indígenas Wayúu en La Guajira venezolana, se han reportado cientos de abusos que incluyen más de 19 asesinatos de indígenas Wayúu y Añú; cientos de casos de torturas y tratos crueles contra indígenas; detenciones arbitrarias y allanamientos ilegales a viviendas de las localidades de Paraguaipoa y La Raya en la frontera con Colombia.

Y en el siguiente renglón señala la fuente:

-El 24 de febrero de 2016, Nicolás Maduro, en Consejo de ministros, promulgó el Decreto nro. 2.248 mediante el cual se creó la llamada Zona de Desarrollo Estratégico Especial Arco Minero del Orinoco, un proyecto de megaminería que se desarrolla en la franja sur del río Orinoco entre los estados Bolívar y Amazonas, en vastas regiones habitadas por comunidades indígenas. Dicho proyecto se impuso sin respetar el derecho a la consulta previa, libre e informada de los pueblos indígenas afectados y sin ningún tipo de estudio de impacto ambiental. La militarización de los territorios indígenas para salvaguardar los intereses económicos de las corporaciones nacionales y transnacionales que explotan los recursos naturales en esta zona aumentó los abusos y las tensiones entre el Estado y los pueblos originarios.

Más adelante expresó:

–En 2017, al cumplirse un año del asesinato de la activista indígena hondureña, Berta Cáceres, Provea y la ONG Laboratorio de Paz, advirtieron que las decisiones unilaterales e impositivas, así como la violación al derecho a la demarcación, a los estudios de impacto ambiental y cultural, el acceso a la información, la actuación de buena fe, la consulta previa libre e informada y el consentimiento previo de modelos extractivos, generaron las condiciones para el asesinato de Cáceres y lamentablemente se estaban repitiendo en Venezuela. A partir de la imposición del AMO, decenas de líderes, lideresas y miembros de comunidades indígenas del estado Bolívar comenzaron a ser hostigados y coaccionados para incorporarse a este proyecto.

Al final comentó:

–El despojo de territorios y las condiciones de exclusión derivadas de una situación de Emergencia Humanitaria Compleja, pone en riesgo la existencia de poblaciones en condición de vulnerabilidad como los pueblos indígenas Pemón, Warao, Wayúu y Añu, entre otros. Esa situación de desplazamiento territorial, sometimiento al hambre y desconocimiento de derechos empujo a los Waraos de Delta Amacuro a protestar en 2017, a los Pemones de Canaima a plantar cara al DGSIM en 2018 y a los Pemones de Santa Elena a exigir el ingreso de la ayuda humanitaria en 2019. Para todos ellos la respuesta fue la misma: la represión y los abusos que revictimizan a los más excluidos.

INDÍGENAS ASESINADOS

★ ★ ★ ★ ★ ★ ★ ★
CONSEJO DE CACIQUES GENERALES
DEL PUEBLO PEMÓN
SECTORES II-III-V-VI-VII-VIII
MUNICIPIO GRAN SABANA

Oficio Comisión de Política Interior N° 527

DECLARACIÓN DEL PUEBLO PEMON, ANTE LAS DECLARACIONES DEL MINISTRO DEL PODER POPULAR PARA LA DEFENSA, ANTE LOS SUCESOS LAMENTABLES EN CANAIMA QUE DEJO EL SALDO DE 1 FALLECIDO Y 2 HERIDOS EN UNA OPERACIÓN MILITAR.

A toda la opinión pública nacional e internacional queremos desmentir las declaraciones del Ministro del Poder Popular para la Defensa, Vladimir Padrino López, ante el suceso lamentable en la comunidad indígena de Kanaimö:

1. El Ministro de Defensa, confirma que se realizó una operación militar después de 4 días pasadas del suceso, por lo que se le considera, como un **COBARDE** al haber negado la responsabilidad del gobierno venezolano desde el primer día.

2. El Ministro de Defensa dice; que la práctica de la minería es ilegal, que sólo se practicaba en la colonia, para llevarse los recursos, maltratando a los indígenas. ¿Quién maltrató a los indígenas, en una operación militar y se llevó las pertenencias de los hermanos indígenas del Carrao?, es usted un Ministro **COLONIZADOR Y LADRÓN**.

3. El Ministro de Defensa, dice que hay un plan integral donde se está llevando un dialogo con los pueblos indígenas y que no incluye una operación militar. Lo que sucedió en el carrao, ¿no es una operación militar?. Aparte de cínico, usted es un Ministro **MENTIROSO**.

4. El Ministro de Defensa dice; que el Arco Minero Orinoco, es un plan, un legado por el Comandante Hugo Chávez, que se debe construir con dialogo y de manera consciente, ¿una operación militar es un método de dialogo donde muere 1 persona y 2 heridos?, sangre en sus manos tiene, por lo tanto, es usted, un Ministro **ASESINO**.

5. El Ministro de Defensa dice; que hubo enfrentamiento armado. ¿Cuál enfrentamiento si los hermanos indígenas no tenían armas?, en definitiva, usted es; Ministro **DIFAMADOR**.

6. El Ministro de Defensa afirma; que el culpable de la muerte del hermano, es la mafia y los indígenas sus victimas. ¿Quiere usted decir, que la operación militar es la mafia y los indígenas las victimas? La verdad, usted es un Ministro **MAFIOSO**.

Pemon pata tu namaieko

526 Años de Resistencia Indígena
16 Años de reconocidos en la Carta Magna de la República Bolivariana de Venezuela
11 Años después de la Publicación de la LOPCI
Teléfono Móvil: 0416-2960522

CONSEJO DE CACIQUES GENERALES
DEL PUEBLO PEMÓN
SECTORES II-III-V-VI-VII-VIII
MUNICIPIO GRAN SABANA

7. El Ministro de Defensa dice; que los pueblos indígenas antes de la Revolución Bolivariana no existían. Ministro **IGNORANTE**, los pueblos indígenas existíamos, existimos y existiremos en resistencia permanente, y lo que hoy sucede es la profundización de la lucha libertaria y una verdadera revolución antiimperialista.

8. El Ministro de Defensa, hace un llamado al dialogo al pueblo Pemón y justifica que su operación está basado en la constitución. ¿Cuál dialogo y cual constitución? ¿la operación militar es dialogo? ¿asesinar un indigena en una operación militar no es violar la constitución? ¿Y dónde queda el derecho a la vida? Ministro es usted un **CHARLATAN**.

9. Al Ministro de Defensa, **RENUNCIE** a su cargo, que le queda muy grande. La fuerza armada bolivariana es protector de su pueblo y no su verdugo y asesino.

10. Nosotros el pueblo pemon, no dependemos de las ONG, **NI OTRAS INSTANCIAS INTERNACIONALES**. ya que como principio tenemos mantener nuestra identidad ancestral, manteniendo el paralelismo con la autosustentabilidad destacando muchas de nuestras habilidades en areas como el turismo, la actividad agrícola, la artesanía.

Declaración que emiten las autoridades legitimas junto a su Bravo Pueblo, a los 11 días del mes de diciembre de 2018, en la Comunidad Indígena de Kanaimö

Pemon pata tu namaieko

526 Años de Resistencia Indígena
18 Años de reconocidos en la Carta Magna de la República Bolivariana de Venezuela
11 Años después de la Publicación de la LOPCI
Teléfono Móvil: 0418-2088022

30

La narcodictadura ataca al Pueblo Pemón

El primero de marzo de 2019 Vanessa Moreno Losada @MORELOSA-DAV publicó, bajo el título de "Muerte y represión a indígenas en Bolívar tiene una semana de impunidad", registró que "Zoraida Rodríguez, de 45 años, fue asesinada" y. "Su esposo, Rolando García, se debate entre la vida y la muerte". Para esa fecha, "Un total de 35 personas recibieron tiros en sus cuerpos y 58 personas, de ellos 16 indígenas, fueron apresados irregularmente". Recordó que "el viernes 22 de febrero, comenzó la represión al sur del estado Bolívar y ninguna autoridad del Estado se ha pronunciado por las violaciones de derechos humanos".

Ni el Ministerio Público, ni la Defensoría del Pueblo. Ni el Ministerio de Defensa, ni el gobernante Nicolás Maduro. Solo han rechazado la dramática situación en el municipio Gran Sabana la Asamblea Nacional, el presidente encargado Juan Guaidó y el encargado de Venezuela ante la Organización de Estados Americanos (OEA), Gustavo Tarre Briceño.

Esta represión fue ejecutada por efectivos de las Fuerzas Armadas, según la siguiente cronología:

-22 de febrero

-Una caravana de nueve convoyes de las Fuerzas Armadas se trasladaba hasta Santa Elena de Uairén y pasó por la comunidad Kumarakapay, en San Francisco de Yuruani, ubicada en la troncal 10, a 95 kilómetros del lugar de destino de los militares.

Al encontrarse con un grupo organizado de indígenas, los militares accionaron sus armas. Hirieron a 18 personas. Una de ellas falleció y fue identificada como Zoraida Rodríguez de 45 años. Estaba en su casa y fue víctima de una bala perdida.

Su esposo, Rolando García, intentó sacarla para que recibiera atención médica. Los militares también le dispararon. Ahora se encuentra recluido en la terapia intensiva del hospital de Boa Vista, estado de Roraima (Brasil).

Después del ataque a la comunidad indígena se registró un enfrentamiento en el aeropuerto de Santa Elena de Uairén. Los indígenas desalojaron del lugar a los militares. Su objetivo era evitar que los uniformados intervinieran en la entrada de la ayuda humanitaria.

De estos incidentes quedaron lesionados con balas 14 personas.

23 de febrero

Decenas de personas, acudieron a "La Línea" para esperar los camiones con la ayuda humanitaria desde Roraima, Brasil.

Nuevamente los militares arremetieron contra la población. Ese día mataron a tres personas más: José Hernández (25), José Pérez (20) y José Barrios (23).

El hospital de Santa Elena de Uairén fue rodeado por funcionarios de la FANB y civiles armados, identificados con el gobierno de Nicolás Maduro. A las 3:00 pm dispararon hacia la zona del estacionamiento y para las 7:00 pm lanzaron bombas lacrimógenas.

Al final, la ayuda humanitaria no entró, según el informe de la Asamblea

Nacional.

24 de febrero

La Secretaría Estatal de Salud de Roraima, del Gobierno de Roraima, informó que 20 pacientes venezolanos han recibido atención médica en Hospitales de Roraima, según reseñó el Gobierno local. Todos productos de la represión con los cuerpos de seguridad. No reportaron muertes.

Las fuerzas de seguridad del Estado permanecieron en la zona y sostuvieron la persecución. Perpetraron incursiones en viviendas de los líderes pemones y otros habitantes.

Uno de los perseguidos era el alcalde Emilio González. Tuvo que irse de su comunidad para resguardarse.

Habitantes denunciaron que en la comunidad Kumarakapay, en San Francisco de Yuruani, hubo allanamientos a quienes sobrevivieron al ataque militar del 22 de febrero.

27 de febrero

Se pudo confirmar que 58 las personas estaban detenidas desde el 23 de febrero en Santa Elena de Uairén. Gonzalo Himiob y Alfredo Romero, indicaron que del total de detenidos que permanecen en el Fuerte de Escamoto son cuatro los adolescentes arrestados. También hay 16 indígenas entre los aprehendidos.

En el aeropuerto de Santa Elena de Uairén hubo un nuevo hecho de violencia. Los militares irrumpieron para recuperar el control de la pista. Se llevaron detenidas a cuatro personas, que más tarde liberaron con signos de tortura.

Kliver Pérez falleció después de pasar cinco días en terapia intensiva en Boa Vista. Es el tercer indígena fallecido por la represión militar en el municipio Gran Sabana.

28 de febrero

Gustavo Tarre, representante del presidente encargado de Venezuela, Juan Guaidó, ante la Organización de Estados Americanos (OEA), consideró que la represión contra el pueblo indígena pemón se "acerca" al genocidio.

"Tenemos en la frontera con Brasil algo que podríamos, no me gusta incurrir en exageraciones, pero que se está acercando al genocidio con las comunidades indígenas de los pemones que viven en esa zona", afirmó Tarre.

El 9 de julio de 2019 el portal *A Todo Momento* reportó:

–La Organización de Estados Americanos (OEA) anunció la culmi-nación del primer informe técnico sobre el ataque militar contra el pueblo pemón entre el 22 y el 27 de febrero en el Municipio Gran Sabana del Estado Bolívar, lo cual formaría parte de la represión sistemática del régimen contra la población venezolana, que ese organismo y el Instituto Casla han denunciado como posibles crímenes de lesa humanidad. El documento será presentado ante la Corte Penal Internacional.

Y agregó:

–Distintas comunidades de la etnia pemón y los habitantes de la capital del Municipio, Santa Elena de Uairén, fueron objeto de un ataque militar desmedido y cruel, así como de un desplazamiento forzoso, en el marco de la represión sistemática que el régimen de Nicolás Maduro mantiene contra la mayoría de la población venezolana, señala el resumen del informe, elaborado conjuntamente por la OEA y el Instituto Casla.

El documento afirma que la represión contra la comunidad pemón data de años, pues el proyecto de poder de Maduro pretende controlar el territorio de la Gran Sábana debido a su riqueza mineral.

A Todo Momento señaló también:

–La OEA considera que este año Maduro redobló el esfuerzo por controlar a la región, debido a que las comunidades indígenas se organizaron en un trabajo conjunto con el Consejo de Caciques, la alcaldía y la guardia territorial, para sobrevivir ante el caos por la explotación desmedida de los minerales, que ha traído consigo daños ecológicos.

El régimen de Nicolás Maduro ordenó el despliegue de por lo menos 5.000 efectivos militares y civiles traídos de zonas foráneas para reprimir, bajo órdenes de una cadena de mando que incluía a un ministro de gobierno, dos gobernadores, un mayor general, dos generales de división, dos generales de brigada, cuatro coroneles y dos comandantes", indica el resumen.

Afirma que, además de impedir el ingreso de la ayuda humanitaria, con esa operación se pretendía hacerse con el control territorial de la región, suposición basada en el hecho de que el primer ataque se produjo en Kumarakapay, que se ubica a más de 80 kilómetros de la frontera brasileña.

La fuente indicó igualmente que los habitantes de Santa Elena de Uairén y otras comunidades "fueron atacados de forma despiadada por los organismos represivos y de inteligencia del Estado, donde participaron miembros de la Fuerza Armada Nacional, el FAES, los colectivos armados, personas pertenecientes a los sindicatos mineros y presuntos presos comunes".

Igualmente reveló:

–Con base en testimonios, el informe observa que las cifras de asesinatos y heridos difieren de las oficiales.

El propio alcalde habló de por lo menos 22 personas asesinadas, otro testigo clave habló de por lo menos 55 personas fallecidas y múltiples testigos entrevistados, incluyendo heridos de bala en las manifestaciones, y capitanes de las comunidades comentaron cómo habían visto caer a su alrededor a personas heridas de bala, que las mismas tanquetas de la GNB recogían, y que nunca se supo a dónde fueron trasladados.

Con base en los testimonios, la OEA contabiliza 60 personas detenidas, entre ellas algunos menores de edad, y calcula que al menos otras 36 fueron sometidas a torturas, y que todas recibieron tratos crueles.

En la intervención y ejecución de los tratos crueles intervino de manera directa el propio gobernador del estado Bolívar y su secretario de Seguridad Ciudadana.

El día anterior, el periodista Jhoan Meléndez, del portal *Noticiero Digital*. Había reportado:

–El secretario general de la OEA, Luis Almagro, junto al Instituto Casla, anunciaron este lunes que han culminado el informe sobre los crímenes de lesa humanidad contra la comunidad Pemón.

El referido funcionario aseveró en su cuenta en Twitter que "La Corte Penal Internacional debe investigar estos y todos actos criminales cometidos por la dictadura".

En otra parte del reportaje Meléndez puntualizó:

-La Secretaría General de la Organización de los Estados Americanos y el Instituto Casla, han elaborado un primer informe técnico sobre los hechos cometidos por el Régimen de Nicolás Maduro, ocurridos los días 22 de Febrero y siguientes de 2019 en el Municipio Gran Sabana del Estado Bolívar, donde distintas comunidades de la etnia Pemón y los habitantes de la capital del municipio, Santa Elena de Uairén, fueron objeto de un ataque militar desmedido y cruel, así como de un desplazamiento forzoso, dentro del marco de la represión sistemática que el régimen de Nicolás Maduro mantiene contra la mayoría de la población venezolana, que tanto la Secretaria General de la OEA, como el Instituto Casla han denunciado como "posibles crímenes de lesa humanidad".

Los Pemones contra el Narcodictador

l 4 de enero de 2019 Guillermo D. Olmo, de BBC Mundo, enviado especial a Canaima, Estado Bolívar, dio a la luz pública un extenso reportaje en el cual explicó quiénes son los indígenas pemones, cómo viven y por qué están en rebeldía contra el régimen de Nicolás Maduro. Ellos aseguran que resistirán cualquier ataque del ejército y se preparan para nuevas medidas de presión.

"Aquí el gobierno somos nosotros", me dice uno de los hombres armados con arco y flechas que vigilan entre el grupo de indígenas que han tomado el control del aeropuerto de Santa Elena de Uairén, en las cercanías de la frontera sur de Venezuela con Brasil.

Son pemones, el pueblo que habita las tierras de la Gran Sabana y el Parque Nacional Canaima, un gran espacio natural protegido en el sureste de Venezuela, y que hace semanas se alzó en una rebelión general contra el gobierno de Nicolás Maduro.

Los pemones llevan siglos viviendo de acuerdo con sus leyes y cos-tumbres en esta tierra que cuenta con maravillas como el Salto Ángel, la caída de agua más alta del mundo y una de las postales más reconocibles de Venezuela, y con gran riqueza mineral.

-Pero el pasado 8 de diciembre, -explicó- el pueblo indígena saltó a los titulares tras un turbio episodio.

La prensa local informó de la muerte del joven pemón Charly Peñaloza, de 21 años, abatido en la zona del campamento El Arenal, junto al Río Carrao, por un comando de la Dirección General de Contrainteligencia Militar (DGSIM).

Según el relato de medios locales, Peñaloza cayó cuando defendía a otros indígenas atacados con armamento de guerra por un operativo encubierto en el que, además de la DGSIM, participaron medios de la Corporación Eléctrica Nacional (CORPOELEC), la empresa eléctrica de Venezuela.

-Los lugareños –indicó– acabaron reduciendo a los funcionarios gracias a su superioridad numérica y capturaron a algunos de ellos.

También se hicieron con las armas y explosivos que portaban los asaltantes.

Los líderes pemones califican la muerte de Peñaloza de "asesinato", descripción compartida por la organización Amnistía Internacional, que ha exigido el fin de los ataques del gobierno contra las comunidades indígenas.

Guillermo D. Olmo señaló después que el día 12 fue cuando Maduro enmarcó lo ocurrido en "el combate contra la minería ilegal que ha hecho un daño terrible en el Parque Nacional Canaima" y aseguró que "hay grupos armados que han conseguido infiltrar algunas comunidades indias".

Asimismo, observó:

-Pero no sólo hay un interés ecológico.

Del mismo modo recordó que en 2016 el régimen de Maduro decretó la creación de la Zona de Desarrollo Estratégico Nacional Arco Minero del Orinoco, con la que su gobierno busca una alternativa en las minas de esta vasta zona, que se extiende hasta la frontera con Guyana al este y con la de Brasil al sur, y en la que, además del oro, abundan el hierro, la bauxita, los diamantes y el coltán.

-Maduro —escribió- ha suscrito en los últimos dos años acuerdos con Turquía para enviar allí el oro venezolano y evitar así que sea inmovilizado por otros estados a causa de las sanciones.

Varias voces en pro de la conservación de la naturaleza han alertado de que las explotaciones mineras sin control que han proliferado en los últimos años amenazan no solo la cuenca del Orinoco, sino también el paraíso habitado por los pemones, tres millones de hectáreas de pura naturaleza reconocidas como Patrimonio de la Humanidad por la UNESCO, donde se alzan los famosos tepuyes, unas de las formaciones geológicas más antiguas y singulares de la Tierra.

Ese decreto significó en la práctica la destrucción de selvas y en-venenamiento de las aguas con mercurio, el despojo de la tierra a sus legítimos dueños, los indígenas, la presencia de guerrilleros colombianos, la trata de personas y otras calamidades en contubernio con oficiales de las Fuerzas Armadas, todas ellas en detrimento de la calidad de vida de quienes ocupan ese extenso territorio nacional, convertido en tierra de nadie

En el siguiente segmento del reportaje su autor aseveró que los pemones acusan al gobierno de que con el pretexto de la defensa del medio ambiente no busca sino justificar la militarización de la zona para asegurarse el control de sus recursos. El Ministerio de Comunicación no respondió a la petición de información de BBC Mundo sobre la situación en Canaima.

Explicó igualmente que para conocer la realidad sobre el terreno y las razones del pueblo pemón emprendió con un equipo de la BBC un largo viaje desde Caracas hasta Canaima, en el corazón del parque, al que se accede solo en avionetas.

-Iba a necesitar –confió– del permiso de los caciques pemones, los jefes de las comunidades, para volar desde Santa Elena y acceder a sus tierras.

Llegar a Santa Elena me llevó dos días por las peligrosas carreteras venezolanas. Fueron casi 1.300 kilómetros de baches, neumáticos reventados y controles policiales. Atravesando poblaciones como Tumeremo, Las Claritas o El Callao, comprendí la importancia que han adquirido el oro y la minería ilegal en el Estado Bolívar.

En medio de la crisis venezolana, con muchas familias sufriendo para obtener comida, medicinas y otros artículos de primera necesidad, muchos han encontrado en la extracción de oro una fuente de sustento

En Santa Elena nos esperaba un miembro del Consejo de Caciques, la entidad en la que se reúnen los jefes de las comunidades pemones. Se le veía nervioso y agotado por los días de tira y afloja tras la muerte de Peñaloza. "Esto no es una broma, estamos luchando contra el Estado", nos dijo.

En otra parte del reportaje se lee:

-Atendiendo a la llamada de sus hermanos de Canaima, centenares de indígenas de otras comunidades se habían trasladado allí para apoyarles ante el peligro de una nueva incursión militar que muchos daban por segura.

Circulaba incluso el rumor de que un equipo de combate del ejército estaba ya listo.

Otras aseguraban que el ministro Vladimir Padrino llegaría ese mismo día a Canaima para resolver la crisis.

Los pemones estaban muy nerviosos después de días lejos de casa y preparados para cualquier escenario. No eran pocos los que se decían convencidos de una "guerra" inminente y dispuestos a morir en ella.

Mientras los caciques seguían en sus interminables reuniones, los tres miembros de la DGSIM capturados permanecían bajo custodia de las autoridades indígenas a la espera de que se decidiera su suerte.

Por otro lado, Achimiko, de 32 años, aseguró que lo que su gente necesita es que lleguen turistas, no militares enviados por el gobierno.

-Mi familia –dijo- ha trabajado toda la vida recibiendo a los turistas, pero desde que está este gobierno ya no vienen. El gobierno es el que nos ha obligado a irnos a las minas. No lo hacemos porque queramos, sino por necesidad.

Igualmente manifestó estar indignada con Maduro.

-Nos acusan de vender el oro en el extranjero, -expresó- cuando en realidad se lo estamos vendiendo al mismo gobierno. Lo que quieren es tener un solo mando aquí para tener ellos el control.

Al hijo de Maduro, Nicolás, lo acusan de comprar oro a bajo precio, que luego vende al Banco Central de Venezuela al valor que tiene internacionalmente esta piedra preciosa

Pero Padrino López no apareció en Canaima, como esperaban los pemones. ¿Miedo o desinterés por conocer de primera mano la realidad de esta etnia azotada por militares y la delincuencia minera? Guillermo D. Olmo no dice nada al respecto, pero sí señala que tuvo un breve encuentro con los caciques, quienes tenían esperanza de que éste hiciera acto de presencia en Canaima para decirle que, al contrario de lo que afirma el gobierno, no tienen armas y son gentes de paz.

De igual modo reveló que los pemones le pedían que se quedara hasta que llegara allí la mediación internacional que habían solicitado para protegerse de posibles nuevas acciones hostiles del Ejército.

-Finalmente, -afirmó- salí de allí tras una apresurada despedida y convencido de que doblegar a los pemones no será fácil.

Al día siguiente, mientras rodaba de regreso a Caracas, llegó a mi teléfono un video que reafirmó esa impresión.

Sobre el escenario del auditorio comunal, los tres funcionarios de la DGSIM capturados aparecían cabizbajos y maniatados.

Sentado entre docenas de pemones, un general de la Fuerza Armada Nacional desplazado a Canaima para negociar con los indígenas escuchaba las palabras que le dirige José Luis Galletti, uno de sus más respetados líderes.

Galletti anuncia que devolverán el armamento intervenido a los miembros de la DGSIM, pero advierte: "Nosotros damos nuestra vida por nuestro pueblo. Si llegara a ocurrir otra incursión dentro de nuestro territorio y contra nuestro pueblo tenga por seguro que no va a terminar así. O nos matan o los matamos con sus armas".

El militar escucha impasible. Es, por ahora, la última imagen del conflicto de los indígenas con el Estado.

¿Terroristas los Pemones?

E l 1 de diciembre de 2020 José Rivas, de *Correo del Caroní*, reportó:
-Los 13 pemones detenidos en diciembre de 2019 por el asalto al Batallón 513 de Infantería de Selva Mariano Montilla, en el sector Luepa en el Municipio Gran Sabana del Estado Bolívar, pasarán a juicio tras aceptarse las pruebas presentadas por la Fiscalía. La decisión fue tomada este viernes 27 de noviembre.

Al respecto, Stefania Migliorini, abogada de Foro Penal, afirmó que "La decisión no tuvo que haber sido la que tomó el juez", y señaló que la acusación de la Fiscalía carece de claridad en cuanto a modo, tiempo y lugar de los hechos. "No especifican cómo fue que los indígenas hicieron, realizaron o estuvieron en ese asalto militar", expresó, subrayando que hay declaraciones presentadas por la Fiscalía que son contradictorias, ya que, aunque se habla de unos indígenas, el testigo militar no logra identificar el rostro de los 13 detenidos, y por lo tanto no pueden determinar que fueron estos 13 pemones los que actuaron en dicho asalto.

-Esa acusación -aseguró- no tiene ni pies ni cabeza. No hay elementos de convicción suficientes que demuestren que esos indígenas pemones cometieron tales hechos.

Rivas adicionó:

-De acuerdo con la abogada, 250 de las 300 hojas que contiene la acusación son actas policiales. "Tú no puedes promover unas actas policiales como pruebas, eso te lo dicen miles de sentencias y está establecido en nuestra legislación". Advirtió que ya han visto que en otros casos políticos las actas policiales están hechas desde antes que ocurran los hechos.

El fiscal de la narcodictadura es responsable de la muerte de uno de los pemones, Salvador Franco, por falta de asistencia médica y desnutrición, y de las condiciones inhumanas en que tanto éste como los otros 12 detenidos por las fuerzas de exterminio del régimen se encontraban en la cárcel Rodeo II, siendo una de sus atribuciones, máxime si creó en la Fiscalía una unidad para atender a los indígenas en materia criminal.

Sobre el mal estado de la salud de Salvador Franco, quien murió después, había alertado la abogada de Foro Penal.

-Los pemones recluidos en el Rodeo II, -alertó- al estar en estado de hacinamiento han sufrido sintomatología de COVID-19 y enfermedades estomacales por no tener acceso a agua potable.

El penal no brinda garantías de alimentación ni salud, por lo que Franco ha bajado de peso y está presentando problemas respiratorios, declaró la abogada. Esperan que el traslado a un centro de salud pueda concretarse esta semana, tras la solicitud realizada por la defensa.

Por otro lado, en junio de este año, Amnistía Internacional exigió al Gobierno nacional que rectificara las condiciones de reclusión de los 13 indígenas, denunciando que los 13 estaban siendo procesados desconociéndose la Constitución y estándares de derechos humanos que establecen la obligación del Estado de respetar los sistemas de justicia indígenas.

En un documento publicado en la Web Amnistía Internacional exigió que este traslado se realice de manera urgente para evitar mayores afectaciones a los derechos humanos de estas personas y cumplir la restricción preventiva, algo que hasta ahora no ha sido cumplido.

Rivas apuntó después:

—La defensa también solicitó en la audiencia preliminar previa que fueran cambiados de centro de reclusión. Entre las propuestas estaban la cárcel de Ramo Verde, la sede del Servicio Bolivariano de Inteligencia Nacional (SEBIN) o de la Dirección General de Contrainteligencia Militar (DGSIM). Sin embargo, el juez negó el cambio de centro por ser Ramo Verde una cárcel militar.

De los 13 indígenas privados de libertad, ocho se entregaron el 22 de diciembre y el resto fue arrestado entre el 28 y 30 de diciembre de 2019. Durante la detención fueron golpeados frente a sus familiares.

Los primeros ocho fueron presentados el 10 de enero en el Tribunal Cuarto de Control con competencia en terrorismo en Caracas, mientras que los restantes fueron presentados a finales de febrero, casi dos meses luego de su arresto. Durante este proceso no se les respetaron los tiempos procesales ni se le permitió el derecho a defensa privada.

Posterior a esto sufrieron el diferimiento de tres audiencias, dos de estas por falta de traslado hasta tribunales e intérprete. A los abogados no se les permitió acceder al expediente luego de ser juramentados.

La abogada informó a finales de octubre que al primer grupo de ocho se les acusaba de conspiración en forma política, sustracción de armas de fuego con municiones en resguardo, terrorismo y asociación para delinquir. Al grupo presentado posteriormente le suman el cargo de financiamiento al terrorismo.

Igualmente expresó que demostrarán la inocencia de los pemones en el juicio, las irregularidades de los testigos que presentó la Fiscalía y las nulas pruebas que vinculan a los indígenas con el asalto militar.

Presos políticos indígenas en Rodeo II no reciben atención pese a grave estado de salud

El 22 de diciembre de 2020 *La Patilla* reportó:

-Alfredo Romero director de la ONG Foro Penal, a través de su cuenta en la red social Twitter, informó que el indígena Pemón, Salvador Franco, preso político de la dictadura de Maduro se encuentra delicado de salud.

Romero explicó que, por solicitud de Foro Penal, defensa de Franco, un juez ordenó traslado para su atención médica y de otros 12 indígenas presos en el Rodeo II, la cual no se ha realizado.

"Indígena pemón #PresoPolítico Salvador Franco (44 años) en muy grave condición de salud. Por solicitud de defensa @ForoPenal juez ordenó traslado para atención médica de él y los otros 12 indígenas presos en Rodeo 2, lo cual no se ha realizado. Estado es responsable", dijo Romero a través de la red social.

Los indígenas fueron detenidos a finales de 2019 tras ser señalados de participar en el asalto a dos instalaciones militares en el estado Bolívar, siendo acusados de "terrorismo", sustracción de armas de fuego o municiones en resguardo y enviados a juicio.

En la misma fecha, *TalCual* reportó:

-Al menos una docena de presos políticos indígenas con problemas de salud no han sido llevados a un centro de atención médica a pesar del dictamen del juez, que autorizó el traslado.

Y agregó:

-El coordinador nacional de pueblos indígenas de Foro Penal, Olnar Ortiz Bare, informó que el indígena pemón Salvador Franco, preso político desde el 22 de diciembre de 2019, se encuentra en un delicado estado de salud y necesita atención médica urgente, pero las autoridades se niegan a trasladarlo.

Otros 12 indígenas recluidos en Rodeo II también padecen cuadros de salud complicados, por lo que el juez a cargo del caso ordenó el traslado de este grupo, una orden que no se ha acatado aún.

"El indígena pemón preso político Salvador Franco, de 44 años, está en muy grave condición de salud. Por solicitud de la defensa, el juez ordenó su traslado para la atención médica de él y otros 12 indígenas presos en Rodeo II, lo cual no se ha realizado. El Estado es responsable", publicó en su cuenta de Twitter.

Ese mismo vocero, según *TalCual*, a finales de septiembre, denunciaba que se violaban los derechos de estos trece pemones, ya que las autoridades penitenciarias no les otorgaban alimentación y los mantenían aislados en Rodeo II.

"El centro penitenciario no está garantizando hoy por hoy el derecho a la alimentación de todos los reclusos, pero en este caso, de los hermanos indígenas", afirmaba.

Pese a esta denuncia, menos de tres meses más tarde, todos padecen cuadros de salud delicados y tampoco le permiten acceso a atención médica.

Los indígenas fueron detenidos durante las protestas en Bolívar por el asesinato de varios miembros de la etnia pemón, y también como represalia tras el asalto de un grupo de indígenas al Batallón 413 de Infantería de Selva Mariano Montilla, en el Municipio Gran Sabana del Estado Bolívar.

El 4 de enero de 2021 el Comisionado Presidencial para las Relaciones Exteriores, Julio Borges, en una Nota de Prensa emitida por el Centro Nacional de Comunicación se refirió a la muerte del preso político indígena Salvador Franco, debido a la negativa de sus carcelarios de prestarle la atención médica que requería, asegurando que Nicolás Maduro les declaró la guerra a los pueblos originarios; por lo que llamó a la comunidad internacional a no ser espectadora de esta tragedia y tomar acciones para prevenir más muertes de inocentes.

-La muerte de Salvador Franco —reiteró- es responsabilidad de la dictadura, le negaron la atención médica pese a que conocían que padecía un cuadro de salud muy delicado. Fue torturado por el régimen, le habían diagnosticado anemia y bajo conteo de plaquetas. Su caso demuestra que Nicolás Maduro les declaró la guerra a los pueblos indígenas.

Borges agregó que Maduro persigue, reprime y asesina a los representantes de los pueblos originarios.

-Un proyecto político —afirmó- que alardeaba con la defensa de los pueblos indígenas se ha convertido en su verdugo. Maduro ha causado el peor ecocidio del planeta en territorio de los pueblos originarios, los ha sometido a la más grave crisis humanitaria y no conforme con ello, los persigue y asesina, o bien por omisión como ocurrió con Salvador Franco, o bien por la acción de grupos narcoterroristas que ejercen el control de los territorios.

Cuatro días después *El Nacional* reportó que indígenas de la Gran Sabana rechazaron los atropellos del régimen dictatorial de Nicolás Maduro contra ellos y las acusaciones de terrorismo.

Según esta fuente, la comunidad Aretauka señaló que por el asalto al Batallón 513 Mariano Montilla, ubicado en Luepa, un grupo de ciudadanos fue detenido ilegalmente y sin ninguna prueba contundente.

En un comunicado, esta comunidad denunció las graves violaciones de derechos humanos cometidas en contra de las comunidades indígenas de la Gran Sabana, Estado Bolívar, por parte de los cuerpos de seguridad del régimen de Nicolás Maduro.

El documento, que fue difundido por el Comisionado Presidencial para el Arco Minero y Ambiente de la presidencia interina de la República, acusó a los cuerpos de seguridad leales al chavismo de asesinar indígenas.

–Pasó –aseveraron- en las comunidades indígenas Canaima, Ikabarú y en Kumarakapay. Nosotros mismos fuimos testigos de cómo funcionarios militares uniformados procedentes del batallón de infantería Luepa hicieron armas contra nuestra comunidad sin importar la presencia de los niños, mujeres y ancianos".

Agregó que, como resultado de las acciones armadas, murieron 3 miembros de la comunidad y 11 resultaron heridos por disparos de fusil, provocando un trauma psicológico en sus hijos y un estado de terror en los habitantes.

Asimismo, los indígenas pidieron que se castiguen a los responsables de los crímenes que se cometieron, ya que "Por estos casos no hubo ni detenidos, ni culpables".

En el referido comunicado, indicaron, además, que por el asalto al Batallón 513 Mariano Montilla, ubicado en Luepa, un grupo de ciudadanos fue detenido ilegalmente y sin ninguna prueba contundente, señalándolo como culpable y acusándolo de terrorista.

–Nos acusan –expresan- de asociación para delinquir, nos mantienen privados de libertad en un recinto penitenciario, donde somos tratados como delincuentes y nos vemos obligados a tratar de llevar una convivencia que no es propia de nuestras costumbres indígenas.

Nosotros los indígenas no somos terroristas, ni conspiradores políticos y tampoco nos asociamos dentro, ni fuera de nuestra comunidad para realizar acciones que no sean de nuestro interés y en beneficios de nuestra comunidad, nos consideramos un pueblo indígena auto determinado por nuestras costumbres y tradiciones ancestrales.

Lo que reveló un video sobre masacre de Indígenas

La organización *Robert F. Kennedy, Human Rights Watch* y la entidad venezolana sin fines de lucro *Foro Penal* publicaron este viernes imágenes de lo que parece ser un ataque de fuerzas del gobierno contra el poblado de indígenas pemón, en que al menos siete indígenas murieron y 57 resultaron lesionados.

Así fue reportado por la Redacción Web del diario *El Carabobeño* el 13 de julio de 2019, agregando que un video dado a conocer por las referidas organizaciones muestra nuevas y brutales imágenes de una masacre contra un poblado indígena en el sur de Venezuela que salieron a la luz, casi cinco meses después que el gobierno envió soldados para evitar que la asistencia internacional entrara al país.

-Los ataques ocurrieron —explicó *El Carabobeño*- en medio de un intento en febrero de 2019 por entrar a Venezuela asistencia humanitaria procedente de Brasil y Colombia. El gobierno usó soldados para impedir la entrada de la asistencia. Aunque buena parte de la cobertura noticiosa se ha centrado en la frontera entre Colombia y Venezuela, los enfrentamientos en el sur de Venezuela fueron mucho más letales.

La confrontación comenzó el 22 de febrero, cuando soldados venezolanos que entraron al poblado fueron confrontados por la comunidad pemón. Según un informe de la ONU publicado el 4 de julio, tres pobladores fueron abatidos y 12 heridos ese día. Además, cuatro soldados fueron capturados y maltratados por la comunidad.

El medio señaló después:

-El día siguiente, la Guardia Nacional de Venezuela regresó, usando "fuerza excesiva" dentro y en los alrededores del poblado de Santa Elena, cuando los soldados "dispararon indiscriminadamente a corta distancia desde vehículos blindados, así como ataques contra un hospital", informó la ONU.

Debido a la falta de insumos médicos, los lesionados tuvieron que ser llevados a Brasil, a más de 120 millas de distancia, para tratarlos. El área sigue militarizada y más de 900 habitantes pemón han huido, según Foro Penal.

En este ataque mortal contra los pemones que estaban contribuyendo para que la ayuda humanitaria ingresara al país hubo un silencio cómplice de los organismos oficiales en cargados de velar por el bienestar de los pueblos indígenas

El 10 de julio del mismo año, *Primer Informe*, con información de la revista de aventuras *Outside*, reportó el asesinato, por órdenes del narcodictador Nicolás Maduro, del guía pemón Rolando García que sirvió como baquiano durante décadas en la Gran Sabana y guía de la élite mundial de escaladores de montañas.

Las fuerzas represivas de la narcodictadura lo privaron de la vida en febrero pasado. También fue asesinada su esposa Zoraida, ambos por efectivos de la Guardia Nacional en un enfrentamiento entre indígenas pemones desarmados y miembros de ese siniestro organismo.

Los cinco hijos del matrimonio se vieron obligados a huir a Brasil para evitar correr la misma suerte de los padres.

-La agitación se había desatado —especificó Primer Informe- en enero cuando el líder de la oposición y presidente de la Asamblea Nacional, Juan Guaidó, invocó la constitución para juramentarse como el presidente legítimo, citando irregularidades en la reelección de Maduro en 2018. Reconocido por Washington y más de 50 gobiernos como el líder legítimo de Venezuela, Guaidó comenzó a coordinarse con los Estados Unidos, Brasil y Colombia para brindar ayuda humanitaria a los ciudadanos empobrecidos del país. Maduro vio la llegada de alimentos y medicamentos extranjeros como una amenaza para su régimen y envió fuerzas militares para impedir que los envíos de ayuda ingresaran al país. Los líderes de la etnia Pemón declararon su intención de intervenir pacíficamente en apoyo de la ayuda humanitaria, pero sin querer estaban preparando el escenario para un enfrentamiento con el gobierno de Maduro.

Las fuerzas del régimen ingresaron a Kumaracapay en las primeras horas del 22 de febrero, en su camino para bloquear la ayuda humanitaria que ingresaría a través de la frontera con Brasil. Los aldeanos intentaron detenerlos. No está claro si crearon una barrera física o humana. En un video de un teléfono celular que se tomó esa mañana, más de una docena de soldados armados de la Guardia Nacional Bolivariana ingresaron a la aldea a pie. Se puede escuchar a un indígena dirigiéndose a los soldados con calma: "Si quieres entrar, tienes que dejar tus armas atrás". A medida que los soldados continuaron avanzando, los pemones les suplicaron que "respetaran a la gente". Entonces comenzó el tiroteo.

Primer Informe apuntó después:

-Zoraida Rodríguez, esposa de Rolando, enfrentó a los soldados pidiéndoles que se fueran. Le dispararon y murió a solo unos pasos de la puerta de su casa. García corrió en su ayuda y recibió un disparo en el abdomen. Sobrevivió mientras lo transportaron durante seis horas en automóvil a un hospital en Brasil, pero murió el 2 de marzo después de una semana en cuidados intensivos.

Primer Informe igualmente puntualizó:

-Además de García y Rodríguez, la Guardia Nacional agredió a Kliber Pérez, un guía de montaña de 24 años, quien murió el 27 de febrero en un hospital de Boa Vista, Brasil. Otros once resultaron heridos. Más tarde, ese mismo día, el asalto a los manifestantes continuó en la ciudad cercana de Santa Elena de Uairén, en la entrada sur del parque. En total, *Foro Penal* estima que siete personas murieron, más de 40 resultaron heridas y más de 60 fueron detenidas ilegalmente durante los ataques contra las dos aldeas.

Por otro lado, el gobernador del Estado de Bolívar, miembro del gobernante Partido Socialista, culpó a los pemones por los ataques, en una entrevista con *Reuters* en marzo pasado, calificando las acciones de los residentes de Kumaracapay como "actos terroristas".

Muchos de los pobladores del pueblo de García han huido a Brasil por temor a más represalias del gobierno. Este éxodo incluye a sus cinco hijos, que pudieron unirse a su padre cuando éste se encontraba en su lecho de muerte. Desde que se contactaron con amigos de la familia para anunciar la muerte de sus padres, se han escondido más en Brasil y están fuera de contacto. Intenté alcanzarlos varias veces, pero no tuve éxito.

Huir a Brasil para salvar sus vidas

E l 29 de noviembre de 2019 el medio alemán Deutsche Welle reportó la rueda de prensa ofrecida por Olnar Ortiz, representante para comunidades indígenas de la ONG Foro Penal, quien indicó que los nativos se encuentran en campamentos de la Oficina de las Naciones Unidas para los Refugiados (ACNUR), y que cientos de indígenas de la etnia pemón han buscado refugio en Brasil tras fuerte "persecución política" y violencia derivada de la minería ilegal a manos de grupos armados afines al régimen de Nicolás Maduro.

Ortiz denunció igualmente que "Son más de 900 hermanos pemones que están desplazados", y explicó que el éxodo se aceleró tras la muerte de siete personas en la comunidad indígena de Kumarakapay, en el fronterizo Estado Bolívar, durante el fallido intento de pasar por la frontera donaciones de Estados Unidos en alimentos e insumos médicos el pasado 23 de febrero.

-Los incidentes –expresó– dejaron además 57 heridos por arma de fuego y 62 detenidos entre el 22 y el 28 de febrero, Los cargamentos habían sido gestionados por Juan Guaidó, jefe del Parlamento de mayoría opositora reconocido como presidente encargado de Venezuela por más de medio centenar de países, encabezados por Estados Unidos.

En esa rueda de prensa, reportada por el medio alemán, el vocero de Foro Penal recordó de igual modo que el gobierno de Nicolás Maduro bloqueó las donaciones, que la oposición también intentó ingresar desde Colombia, al denunciarlas como "una excusa" para iniciar una intervención militar en Venezuela.

También destacó que el desplazamiento de comunidades indígenas venezolanas hacia Brasil está igualmente relacionado con la acción de "grupos armados" que se disputan el control de la minería ilegal en Bolívar, región con ricos yacimientos de oro.

Asimismo, apuntó:

-Un indígena murió y tres resultaron heridos en diciembre pasado en un operativo militar en Canaima. Varios hechos de violencia se han registrado en la zona en los últimos años. El 10 de febrero de 2018, otra incursión militar en una mina de la localidad de Guasipati se saldó con 18 muertos, y en agosto de 2017 un choque entre presuntos delincuentes y militares en El Callao dejó ocho fallecidos.

En su dialecto warao significa "hombre de agua", y hasta 2016, con aproximadamente 30 mil pobladores, era la segunda etnia indígena más numerosa del país.

Pero desde ese año recorren cerca de 500 kilómetros desde el Delta del Orinoco hacia Brasil en busca de una vida menos riesgosa. Sin embargo, la crisis sanitaria por el coronavirus los ha dejado sin lugar donde guarecerse.

Un reportaje con la autoría de Shari Avendaño, María Victoria Fermín y

Edgar López, publicado en el portal saludconlupa.com el 30 de julio de 2020, reveló que el 11% de la población se ha refugiado en Brasil.

-Mientras que al mundo entero se le recomendaba quedarse en casa para evitar el contacto con un nuevo virus letal y contagioso, -explicaron- los waraos, la segunda etnia más numerosa de Venezuela, no tenían un lugar seguro para confinarse. Son los habitantes más antiguos del estado de Delta Amacuro, al noreste venezolano. Un pueblo originario que se formó a orillas del río Orinoco, el más grande del país, y que subsistió por siglos gracias a la pesca. Warao significa "gente de agua". Aunque como toda comunidad indígena, su identidad y cosmovisión están muy relacionadas con la tierra que habitan, en el 2016 los waraos no tuvieron más opción que huir en un éxodo masivo hacia la frontera con Brasil.

Más adelante señalaron:

-En realidad, los nativos del Delta Amacuro migran desde la década de los sesenta, cuando empezaron las políticas arbitrarias de control hidrográfico, como el cierre del Caño Mánamo, que cambió el curso natural de uno de los brazos del río Orinoco, salinizando sus aguas y empobreciendo la calidad de sus suelos. Además, aparecieron epidemias como el cólera, la malaria y el sarampión, que golpearon ferozmente a sus pobladores. Sin embargo, fue la crisis venezolana que desató el gobierno de Hugo Chávez, lo que multiplicó la migración. Miles de waraos se encontraron sin alimento, atención médica ni empleos para sobrevivir. En la actualidad, según el Alto Comisionado de las Naciones Unidas para los Refugiados (ACNUR), en Brasil viven más de cinco mil indígenas venezolanos. El 66% son waraos. Se calcula que el 11% de la etnia ya se ha mudado al país vecino. Lamentablemente, durante la pandemia, ya sea en Venezuela o en Brasil, los waraos se encuentran en peligro constante.

Por otro lado, para la Pastoral Indígena del Pueblo Warao una orden misionera de la Consolata, su mayor preocupación es la restricción del comercio y transporte de alimentos.

-Algunos waraos -indica- tienen sembradíos de ocumo o plátano, pero su consumo único y repetido les causa problemas estomacales. El rendimiento agrícola es mínimo en esta zona por la calidad de sus suelos. Además, los waraos beben agua contaminada por el proyecto de minería a gran escala que impulsa el gobierno de Nicolás Maduro, el Arco Minero del Orinoco, que también ha mermado la actividad pesquera de los nativos de la zona.

Esa institución, considera además que el 80% de las comunidades warao desconoce la gravedad del nuevo coronavirus y cómo prevenirlo y apunta que en la página web del Ministerio de Pueblos Indígenas se invita a leer un libro titulado "Consejos basados en la ciencia del manual de prevención de coronavirus que podrían salvar su vida", traducido del chino al español, pero aún está pendiente la traducción a lenguas originarias, como el warao. Mientras tanto, el gobierno mantiene colgado un manual en línea para ayudar a los indígenas que ningún indígena puede entender.

–Esa falta de empatía –observa– no es un resultado repentino de la crisis sanitaria. En el total de ciento noventa y cinco notas de prensa publicadas entre el 9 de marzo y el 6 de julio en el sitio web covid19.patria.org, a través del cual el gobierno nacional informa sobre la pandemia, no aparecen las palabras indígenas, warao ni alguna otra que sugiera que el Estado toma en cuenta la identidad y las necesidades de sus pueblos originarios al crear las políticas públicas para prevenir el COVID-19.

Por eso, los wisidatu, los curanderos waraos, están combatiendo al nuevo coronavirus con la misma estrategia con la que enfrentan otras siglas desde hace años. Al igual que el VIH/Sida, la COVID-19 para los waraos es una jebu, una enfermedad que afecta a muchos y que la trae un mal viento. Y las jebus se eliminan con un canto ritual al que llaman joa.

Esa joa fue recopilada por el sacerdote Josia Kokal, de la mencionada orden de la Consolata, quien ha acompañado y seguido a la etnia desde hace más de una década.

Para ese misionero, los waraos tienen más posibilidades de que el viento escuche sus ruegos que el gobierno, porque la gestión de Nicolás Maduro ni siquiera se ocupa de la mayor amenaza para la salud de esta comunidad, el VIH/Sida, menos sabrán que hacer ahora con una nueva enfermedad.

Por otra parte, aunque la prevalencia del VIH ha disminuido en los últimos años, el infectólogo Mario Comegna recuerda que algunas comunidades waraos, como Jeukubaka, fueron totalmente diezmadas por el sida.

-Y los que aún están enfermos, -confirmó a Salud con Lupa-, no reciben actualmente un tratamiento integral. Flor Pujol, viróloga molecular del Instituto Venezolano de Investigaciones Científicas, explica que la asistencia espasmódica del Estado es contraproducente: "Si el tratamiento con antirretrovirales, que es de por vida, no se administra con regularidad, resulta peor que la enfermedad. Si lo comienzas a tomar, pero lo interrumpes, el VIH crea resistencia".

Sin embargo, huir a Brasil en procura de mejores condiciones de vida no ha sido una solución sostenible para los waraos. Y menos en el contexto de la pandemia, pues Brasil es el país de América Latina con mayores registros de personas contagiadas y fallecidas por COVID-19.

Según la Acnur, nueve indígenas venezolanos han muerto por esta enfermedad en lo que va del año. La neumonía es la principal causa de mortalidad (24%) entre los que huyen a Brasil. Otro 8% muere de tuberculosis. Ambas enfermedades respiratorias que afectan a los waraos son condiciones de salud preexistentes que los dejan aún más frágiles frente al nuevo coronavirus.

El 7 de mayo de 2020 el Ministerio Público Federal de Paraíba, un estado brasileño, confirmó que cuarenta waraos alojados en el Centro Social Arquidiocesano San José, en la localidad Joao Pessoa, habían contraído COVID-19 y las personas contagiadas fueron trasladadas y confinadas en el Centro de Actividad y Ocio Padre Juárez Benicio Gramame. La mayoría presentó síntomas leves. La más grave fue una mujer con treintaiuna semanas de embarazo, que requirió cuidados intensivos, pero logró superar la enfermedad. No se registró ningún fallecido.

En el primer trimestre de 2021, al menos 700 waraos migraron a Brasil, reportó, TalCual, con información de Correo del Caroní, el 16 de julio de ese año.

-La asociación civil promotora de derechos indígenas Kapé alertó en su más reciente boletín que al menos 700 indígenas de la etnia Warao migraron a la frontera de Venezuela con Brasil tan solo en el primer trimestre de 2021.

Según la información recabada por la mencionada organización, se está registrando un alza en la migración de los waraos y de las comunidades que residen en el bajo Delta del Orinoco, del Estado Delta Amacuro, a lugares cercanos a las fronteras como Santa Elena de Uairén, Trinidad y Tobago, y la zona limítrofe con el Esequibo.

Las personas parten en su mayoría desde las parroquias Manuel Renauld y Padre Barral, del municipio Antonio Díaz en Delta Amacuro, siendo Guyana uno de los destinos más recientes para los desplazados. Allí se comprobó que son obligados a realizar trabajos forzados que están vinculados con la minería.

Luego explicó:

−Para llegar a su destino, los waraos deben caminar al menos por un mes o bien navegar por canalete por más de dos días, donde se deben enfrentar situaciones que ponen en riesgo sus vidas.

El destino predilecto de los waraos continúa siendo Brasil, el objetivo de 65% de los migrantes, 6% viajan hacia Guyana, y 29% a otros países como Trinidad y Tobago o Colombia.

Kapé-Kapé señala que uno de los daños más graves de la migración indígena es la pérdida del acervo cultural y la desestabilización del grupo familiar.

En medio de la ruta de viaje, los indígenas waraos quedan expuestos a la explotación laboral y sexual, y accesos aún más restringidos a servicios de salud, agua, saneamiento e higiene, especialmente si viajan sin documentación.

En junio de 2020, la Comisión Interamericana de Derechos Humanos (CIDH) exhortó al gobierno de Nicolás Maduro a atender las necesidades del pueblo Warao para reducir su vulnerabilidad a los efectos de la pandemia por coronavirus.

La CIDH instó al gobernante a dotar de equipos para diagnósticos al personal que atiende a estas poblaciones. Así como también, alimentos y agua saludable. Además, recomendó controlar ingreso de foráneos para prevenir contagios.

Como lo afirmara el sacerdote Josia Kokal, los waraos tienen más posibilidades de que el viento escuche sus ruegos que el gobierno de

Nicolás Maduro. Por lo tanto, ese llamado, como muchos otros en materia de derechos humanos, no fue acatado por la narcodictadura que preside.

El 4 de junio de 2021 El Nacional reportó:

–Al menos 11 waraos tuvieron que caminar durante seis días para poder llegar a Brasil y escapar de la crisis humanitaria de Venezuela.

Así lo informó Radio Fe y Alegría, que detalló que los waraos procedían del municipio Antonio Díaz del estado Delta Amacuro. Llegaron el domingo 29 de mayo a Pacaraima, localidad brasileña fronteriza con Venezuela.

El medio radial indicó en su página web que el grupo salió de Venezuela a pie y tuvo que caminar seis días desde El Dorado, Estado Bolívar, hasta la mencionada entidad fronteriza con Venezuela.

La fuente explicó, además:

–El conductor del autobús que los trasladó desde Delta Amacuro los dejó en El Dorado debido a que no tenían más dinero para pagar la ruta completa hasta la frontera.

Llegaron el domingo a las 8:00 pm a Brasil, donde fueron atendidos en el refugio Jaonokida, que es coordinado por la Agencia de las Naciones Unidas para los Refugiados.

Luego apuntó:

–La migración de waraos a Brasil aumentó de manera constante a principios de este año.

Solamente en la primera semana de enero 300 indígenas de este grupo migraron a ese país debido a las precariedades que padecen en Venezuela.

La vocera Toedolinda Moraleda, casica warao de uno de los abrigos de Pacaraima, dijo a la ONG Kapé en ese momento que los indígenas a diario sufren por la escasez de gas de doméstico y la falta de atención gubernamental.

Entre los sectores más afectados de Delta Amacuro están San Francisco de Guayo, Santa Rosa de Araguao, Araguaimujo, Jubasujuru, Cangrejito, Aunaburu, Siawani y Muaina del Municipio Antonio Díaz.

El 21 de julio de 2020 la Agencia de la ONU para los Refugiados (ACNUR) reveló que, de los 5.000 indígenas venezolanos registrados en Brasil, alrededor de 2.300 personas se han beneficiado de kits de higiene, limpieza y cocina, entre otros artículos, en Roraima, Amazonas y Pará, sitios donde han sido ubicados por las autoridades de ese país.

-En las ciudades de Boa Vista y Pacaraima —explicó también más de 1.400 indígenas se encuentran en albergues de la Operación de Acogida con el apoyo del ACNUR. En Belém y Manaos, en asociación con los gobiernos municipales, se alojan otros 776.

Agregó que, en la capital de Pará, ACNUR brinda asistencia técnica a la ciudad en la planificación y adaptación del nuevo albergue indígena municipal para hasta 450 personas, asegurando que la población protegida tenga acceso a instalaciones adecuadas de agua, saneamiento y salud.

-En total, -indicó. - más de mil Warao están repartidos en los municipios de Pará.

Otra medida importante de la agencia fue la donación de tres Unidades de Vivienda para Refugiados al ayuntamiento de Santarém y ocho unidades más a la ciudad de Belém, en junio. En Santarém, las Unidades se están utilizando para expandir áreas de aislamiento y salas de salud durante la pandemia de COVID-19. En Belém, se utilizarán para ampliar los espacios de vida y enseñanza para la población indígena Warao.

Lamentablemente esa agencia no ha podido evitar la muerte de indígenas por Covid-19.

En efecto, en 2020, el virus chino cobró la vida de nueve indígenas de la etnia Warao; seis en el Estado de Pará y las tres restantes en Amazonas, Pernambuco y Roraima.

El informe de ACNUR especificó igualmente que desde junio de 2017 han fallecido 80 indígenas venezolanos, más de un tercio asociadas con enfermedades respiratorias, como la neumonía y la tuberculosis. Las causas desconocidas representan el 19% de los casos. Con respecto a las muertes registradas en 2020, la COVID-19 representa el 32% de los casos.

Igualmente reveló un aumento en el registro de indígenas venezolanos en Brasil por parte de esa organización, lo que contribuyó a mejorar las acciones de protección de esta población.

El desplazamiento de Indígenas

El 30 de junio de 2021 el diputado a la Asamblea Nacional, Carlos Valero, evidenció las peligrosas migraciones que tienen que hacer los aborígenes venezolanos ante la emergencia humanitaria que transcurre en Venezuela.

"La tragedia que viven las familias indígenas en Venezuela es una realidad que se debe mostrar", resaltó Valero a través de un mensaje publicado en su cuenta de Twitter.

El parlamentario reveló que son comunidades enteras que están siendo desplazadas por la falta de condiciones de vida y por la violencia de mafias.

Amenazada la existencia de la Etnia Wayúu

En el primer gabinete que conformó tras ganar la única elección ganada limpiamente, el teniente coronel (r) Hugo Chávez nombró ministra del ya extinto Ministerio del Ambiente y de los Recursos Naturales renovables a la licenciada Atala Uriana, de la etnia Wayúu, quien luego se separó del cargo para optar a una curul de la Asamblea Nacional Constituyente, al igual que la trabajadora social Nohely Pocaterra.

Un representante de esa etnia, el abogado y profesor universitario Rafael Carrasquero, presidía el Consejo Nacional Electoral cuando se efectuó el revocatorio presidencial contra Hugo Chávez del 15 de agosto de 2004 que ganó con trampa urdida por ese cuerpo, que inutilizó millares de firmas mediante argucias como planillas planas y de donde surgió la siniestra "Lista Tazcón", que estableció una especie de apartheid contra quienes firmaron para ese proceso, todavía en vigencia en algunas instituciones públicas. En el propio CNE hubo represalias contra los firmantes de ese organismo, que debería ser neutral.

El 30 de julio de 2019 *Noticiero Digital* -portal que estaba bloqueado por la narcodictadura dos años después-, con información de *The New York Times*, reportó que "Para los wayuus que viven en Venezuela, el punto de quiebre (...) llegó con la devastación económica durante la presidencia de Nicolás Maduro y las sanciones estadounidenses contra su gobierno".

Y añadió:

> *-A medida que el país comenzó a experimentar el peor colapso económico mundial visto en décadas fuera de una zona en guerra, los wayuus comenzaron a caminar hacia Colombia con la esperanza de poder encontrar un nuevo hogar con sus hermanos.*

En la misma, bajo el título "**Sobrevivieron la colonización y la guerra, pero el colapso de Venezuela fue demasiado**", el portal *A Todo Momento* reportó:
-Habían vivido de la tierra durante cientos de años, incluso antes de que se fundara Venezuela o Colombia. Los Wayúu, un grupo indígena de pastores en América del Sur, habían sobrevivido a la guerra, la agitación, la revolución e incluso se habían separado unos de otros por la creación de fronteras nacionales entre los dos países.

Sin embargo, para los Wayúu que viven en Venezuela, el punto de ruptura finalmente llegó con la devastación económica bajo Nicolás Maduro y las sanciones estadounidenses contra su gobierno.

A medida que el país se hundió en el peor colapso económico en décadas del mundo fuera de la guerra, los Wayúu comenzaron a irse a pie a Colombia, con la desesperada esperanza de que pudieran encontrar un nuevo hogar con sus hermanos.

ATM añadió:

-Los Wayúu de Venezuela aparecieron con sus hijos hambrientos y desnutridos, sus pequeñas costillas visibles después de años de ruina económica. La afluencia repentina ha causado tanta tensión a sus contrapartes empobrecidas en Colombia que ha estallado un conflicto abrasador entre los Wayúu por tierra, agua y el derecho a pertenecer aquí. Los niños de ambos lados de la lucha ahora pasan hambre. Algunos han muerto de desnutrición.

Luego especificó:

-El choque en Parenstu es solo uno en una frontera, ahora abrumada por los Wayúu que abandonan Venezuela, para ir a tierras indígenas en Colombia. Y refleja una crisis mucho más amplia que está volcando a América Latina, donde el éxodo masivo de venezolanos de todos los segmentos de la sociedad está poniendo a prueba la paciencia de sus vecinos.

(...) El desierto de la Guajira de Colombia es el hogar de los Wayúu, un lugar desolado en el extremo norte del continente, donde los habitantes originales y los recién llegados intentan sobrevivir. La electricidad nunca llegó a muchas de estas aldeas, ni el agua corriente. Una sequía de cinco años ha significado episodios de hambre de larga duración.

La líder de Parenstu, Celinda Vangrieken, cuya familia ha vivido en Colombia durante un siglo, miró a los refugiados de Venezuela: docenas de recién llegados entre los cientos de personas que viven aquí. Dijo que había visto con simpatía cómo llegaban, demacrados y desesperados.

Pero, aunque podrían ser su gente, dijo, no eran su sangre.

"Dijeron: Somos Wayúu, somos de aquí como tú", dijo. "Pero esta no es su tierra".

En un día reciente, un bebé con una erupción en la frente gritó. La niña había estado vomitando sangre, dijo su madre, y había perdido cerca de un kilo en las últimas semanas.

- "Ella no quiere comer", dijo la madre, Andreina Paz, una Wayúu venezolana de 20 años que cruzó la frontera este año después de ver morir a las hijas de su vecina por desnutrición. Temía que su propia hija muriera ahora en Colombia.

Celia Epinayu enterró a su propio hijo, Eduardo, en febrero. No es una migrante, sino una Wayúu colombiana que vive en las tierras donde sus padres la criaron. Pero a medida que la Sra. Paz y otras personas de Venezuela seguían llegando, la comida para el clan de la Sra. Epinayu se hizo escasa y no pudo alimentar a sus cinco hijos, incluido Eduardo, de 10 meses.

> *"Tu hijo está muerto, tienes que dejarlo ir"*, dijo Betty Ipuana, la *maestra de una escuela local, que estaba visitando a la Sra. Epinayu en su casa de ladrillos. "Los que debes mirar ahora son los que están vivos".*

La Sra. Epinayu no respondió, mirando el suelo polvoriento.

La tensión es evidente en los rostros de los putchipu'u, las autoridades Wayúu que median las disputas y entregan mensajes entre clanes. Se sentaron bajo un techo de paja al lado de la carretera, discutieron docenas de nuevos conflictos sobre la tierra, y el temor de que pudieran convertirse en disputas de sangre entre las familias. En la costa norte, los Wayúu colombianos incendiaron recientemente las carpas de venezolanos recién llegados.

"Es el miedo que todos tenemos, que esta tierra no nos puede apoyar a todos", comentó Guillermo Ojeda, hablando a los otros mediadores en la mesa. Pero dijo que los venezolanos tenían que ser aceptados, incluso si eso significaba riesgos para todos.

José Manuel Pana, otro putchipu'u, dejó su bastón, se enderezó el sombrero y dijo que no estaba convencido.

> *"Vienen a Colombia y todo es una lucha por la tierra para ellos: construyen su casa y crean un problema para otra familia"*, dijo el *Sr. Pana. "¿Qué han traído aquí desde Venezuela? Han traído una infección".*

La Sra. Vangrieken, la líder de 72 años en Parenstu, recuerda el día en que un grupo de Wayúu venezolanos llegó a su tierra por primera vez con una pequeña caja que contenía los huesos de sus familiares.

Según la tradición Wayúu, dos décadas después de que una persona muere, los miembros de la familia regresan al cementerio para lo que se llama la "segunda estela". Rompen la tumba, limpian los huesos y los vuelven a enterrar en un sitio del que creen que vinieron sus antepasados.

Pero la costumbre también dicta algo más: los familiares de los fallecidos también pueden reclamar la tierra donde los restos se vuelven a enterrar y construir casas cercanas.

La Sra. Vangrieken dijo que la posibilidad de una migración masiva ni siquiera se le había pasado por la cabeza en ese momento. Era 2009 y Venezuela todavía era próspera. Solo unas pocas personas pedían construir casas cerca de los restos, y le parecía absurdo que alguien reclamara a Parenstu como suyo.

Pero el año pasado, los recién llegados comenzaron a aparecer, ya que la hiperinflación cortó a innumerables venezolanos de la comida y Maduro selló su control sobre la nación en una votación de reelección ampliamente condenada.

(...) A los Wayúu en Parenstu a veces les resultaba difícil reconocer a los recién llegados como parientes. Algunos habían venido de ciudades y no hablaban wayúunaiki, el idioma nativo. Construyeron casas improvisadas con postes y plástico, en lugar de adobe como las casas en Parenstu.

Pero había una tradición wayúu que los venezolanos parecían conocer bien: el cementerio les daba derecho a quedarse.

"Mi madre siempre dijo que deberíamos darles espacio, para que eventualmente se fueran", dijo Yomeilia Vangrieken, una de las hijas de la Sra. Vangrieken. "Ella cometió un gran error".

No mucho después de que los recién llegados comenzaron a establecerse en la tierra de la Sra. Vangrieken, su familia se despertó con una multitud enojada de varios cientos de personas. Eran de otro clan Wayúu colombiano, y dijeron que habían venido para vengar la golpiza de un joven que había sido golpeado por un Wayúu venezolano en su tierra.

En otra parte del reportaje se lee:

–Los niños venezolanos malnutridos estaban matriculados en la escuela y recibían comidas, aunque eso significaba menos para los colombianos. En un caso, una mujer wayúu venezolana llegó enferma y recibió una tarjeta de identificación de una mujer wayúu colombiana para que pudiera ser tratada en un hospital público. Pero la mujer enferma murió en el hospital; La Sra. Vangrieken teme que el Wayúu colombiano que ofreció la tarjeta de identificación ahora esté registrado como muerto.

Milcidi Palmar, una refugiada wayúu venezolana de 32 años que huyó a Parenstu, dijo que la escasez de medicamentos había provocado la muerte de cuatro miembros de su extensa familia.

Luego, el año pasado, su hija menor, Mayerli, cayó enferma. La Sra. Palmar gastó el poco dinero que tenía en viajes en autobús a un hospital venezolano, que la envió lejos sin nada para controlar la fiebre. Mayerli murió.

Poco después, la otra hija de la Sra. Palmar, Wendy, también se enfermó. La Sra. Palmar dijo que regresó al hospital e insistió en el tratamiento. Ella dijo que Wendi recibió una inyección, pero su piel se volvió púrpura en los días siguientes. Wendy dejó de respirar.

"No podía hacer nada más que verlos morir a ambos", dijo sobre sus hijas.

La historia pesa mucho sobre Yadira Martínez, la hija del líder de Parenstu, quien a menudo asume algunas de las responsabilidades de la aldea.

A toda esta tragedia se agrega la represión del ejército, el mismo que en marzo de 2021, fue derrotado vergonzosamente en el Estado Apure por una fracción disidente de las FARC.

También fechado el 30 de julio de 2019 es el reportaje de Eira González, de *El Pitazo*, donde señaló que en la Guajira venezolana fue asesinado Rubén Bravo, de 21 años, y otro joven resultó herido, ambos pertenecientes al pueblo Wayuu, ambos delitos cometidos por efectivos del ejército, adscritos a la Trece Brigada de Infantería.

-Las familias Wayuu, -afirmó- siguen siendo víctimas de los atropellos de los cuerpos de seguridad que hacen vida en el Municipio Guajira del Estado Zulia. Durante el fin de semana, dos jóvenes que transitaban por la troncal no atendieron la voz de mando, por lo cual los militares accionaron sus armas y terminaron con la vida de Rubén Bravo, de 21 años; Lujio Perozo, su compañero, quedó gravemente herido y se encuentra en la UCI en un centro de salud en Maicao-Colombia.

El hecho se registró a las ocho de la noche, del viernes 26 de julio, en la comunidad de Los Filuos, parroquia Guajira. Los Familiares de la víctima exigen que se haga justicia por el vil asesinato.

"Una vez más como pueblo indefenso hemos sido testigo de la muerte de un joven, quien murió a manos del Ejército Nacional. Nosotros estamos de acuerdo con que haya cuerpos de seguridad que resguarden la frontera, pero nosotros no estamos de acuerdo con que ellos estén cegando la vida de los jóvenes en la Guajira; al contrario, repudiamos este hecho y pedimos justicia por nuestros familiares", exhortó Jesús Mario Montiel, tío de la víctima.

En los siguientes párrafos relató:

-A su vez, Carmen Montiel, tía de Rubén Bravo, manifestó su rechazo ante las acciones de los cuerpos de seguridad en la frontera: "Nosotros queremos que nos escuchen, que nos tomen en cuenta, queremos un mediador que nos solvente este problema y que la muerte de mi sobrino en manos del ejército no quede en vano, exigimos justicia".

La inseguridad se ha convertido en un fenómeno indetenible en esta entidad fronteriza. Los residentes se preguntan a quién dirigirse, ya que los cuerpos de seguridad no protegen la soberanía venezolana, sino accionan sus armas contra la población.

La situación ha causado miedo e incertidumbre en los habitantes que viven en carne propia la violencia que ha perjudicado la vida cotidiana de los pobladores de este municipio fronterizo.

Por otro lado, la atención de la salud en el territorio guajiro reviste características graves.

En tal sentido, la periodista Eira González, de *El Pitazo*, reportó el 15 de julio de 2021:

-Durante los meses de junio y julio, el gobierno de la Guajira rehabilitó las fachadas, impermeabilización y reacondicionamiento de los hospitales y Centro de Diagnóstico Integrales (CDI). Actualmente, estos centros de salud no cuentan con medicamentos ni con insumos médicos, situación que obliga a los pacientes a hacer magia para comprar una jeringa. Habitantes del Municipio Guajira hacen magia para comprar medicinas e insumos porque los hospitales están sin nada.

González agregó:

-En los centros de salud del Municipio Guajira en el Estado Zulia, se observa el desespero y la angustia de los pacientes por comprar los insumos y medicamentos porque los hospitales sólo cuentan con personal médico para hacer los récipes.

Una paciente de 65 años denunció que actualmente los hospitales no cuentan con insumos ni con medicamentos en medio de la pandemia del COVID-19.

Luego refirió que, en la fecha del reporte, los habitantes hicieron el llamado al gobierno de Nicolás Maduro a dotar de insumos a los hospitales porque la salud en esta región zuliana está en crisis y la pandemia agudizó la situación.

Asimismo, indicó que el hospital Binacional de Paraguaipoa es uno de los centros más concurridos por los habitantes que vienen de las diferentes comunidades de las parroquias Alta Guajira y Guajira, pero que, desde hace varios meses, no cuenta ni con jeringa.

Después señaló que Josefa González, una habitante de la comunidad de Cojoro, le confió que gastó en pasaje 60.000 pesos colombianos para trasladar a su hijo al hospital porque presentaba cuadros diarreicos desde hacía cinco días y en el hospital no hay

La informante le reveló a la periodista de igual modo que en el hospital no hay nada, que le hicieron comprar las medicinas, pues los médicos están allí para dar las recetas.

-Esta misma realidad –afirmó la periodista- se vive en el hospital de

Sinamaica que recientemente fue reinaugurado por el gobernador del Estado Zulia, Omar Prieto. Los pacientes aseguran que están cansados de pasar penurias en los centros hospitalarios.

El 7 de febrero de 2021 el diputado Juan Pablo Guanipa denunció en su cuenta en Twitter que las comunidades Wayúu dejan que los niños se levanten tarde por no poder darles desayuno.

Guanipa, vicepresidente de la legítima Asamblea Nacional, condenó asimismo la indolencia y el desprecio de la dictadura de Nicolás Maduro hacia las comunidades indígenas del país.

-"Ayer –recordó- visitamos el Barrio Los Domínguez de la Parroquia Antonio Borjas Romero de Maracaibo, una comunidad Wayúu, en la que las calamidades por la falta de servicios públicos se acentúan... no hay agua, lo que obliga a las familias a comparar pipas que cuestan mínimo $1".

De igual forma, Guanipa detalló que "no hay forma de conseguir bombonas ni existen tuberías de gas doméstico, la única forma de cocinar es a leña. Hasta los cercados de las viviendas han tenido que quitar para utilizar la madera".

Explicó también que no hay transporte, y para llegar a sus trabajos o moverse los vecinos tienen que hacerlo a pie, caminando en muchos casos por horas.

Asimismo, el parlamentario relató que muchas familias dejan que los niños se levanten tarde para no tener que darles desayuno, o sirven el almuerzo muy tarde para no tener que dar cena.

Por último, lamentó que no hay forma de que los niños puedan acceder a la educación porque en esa zona no hay internet, "sin mencionar el drama que produce la pandemia y que el régimen minimiza".

Y adicionó:

- ¡Es una verdadera tragedia! Tenemos que salir de esta gente, no podemos permitir que esto sea permanente.

La guerra contra los Yukpas

El 18 de noviembre de 2020 efectivos de la siniestra Policía Nacional reprimieron en la avenida Baralt de Caracas a 300 indígenas yukpas cuando se dirigían hacia el Palacio de Miraflores a exigirle al narcodictador Nicolás Maduro respuestas a la emergencia ocasionadas por las lluvias en la Sierra de Perijá, Estado Zulia.

-Un enfrentamiento entre efectivos de la Policía Nacional y 300 indígenas pertenecientes a la etnia Yukpa, -reseñó *TalCual*- se registró la tarde de este miércoles de 18 de noviembre, en la avenida Baralt de Caracas, cerca del Palacio de Miraflores, a donde el grupo se dirigía para tratar de reunirse con el gobernante Nicolás Maduro.

Los representantes de este grupo étnico originario del Estado Zulia se dirigían a la sede del Ejecutivo, para exigirle a Maduro que atendiera la emergencia ocasionada por los deslaves registrados en la Sierra de Perijá en octubre de 2019. Desde entonces, ha transcurrido más de un año y la situación en la zona vuelve a ser crítica, por la crecida de varios ríos debido a las fuertes lluvias de las últimas semanas. Pero la comitiva indígena fue reprimida por los cuerpos de seguridad.

TalCual agregó que Sandra Peñaranda, cacica mayor de la etnia yukpa, denunció el maltrato que recibió la comitiva indígena, por parte de la PN y en ese sentido, señaló que una mujer fue trasladada a un hospital luego de ser atropellada durante el tumulto, y enfatizó que, ante la falta de respuestas los miembros de la comunidad Yukpa decidieron manifestarse en Caracas, para exigir el cumplimiento de sus derechos, frente a la nula respuesta de las autoridades. "No se nos toma en cuenta parece que fuimos olvidados", dijo, e increpó al Ministerio para los Pueblos Indígenas. -Nos tienen bajo engaño todo el tiempo- aseguró- (...) hemos elevado tantas solicitudes y hasta el momento no hemos recibido respuesta.

El día siguiente *El Nacional* tituló sobre ese hecho: "Cuatro indígenas Yukpas resultaron heridos en protesta cerca de Miraflores". Y al respecto reseñó:

-Cuatro indígenas de la comunidad Yukpa resultaron heridos la noche del miércoles 18 de noviembre durante una protesta en los alrededores de Puente Llaguno en Caracas. Cuerpos de seguridad el Estado impidieron que los manifestantes llegaran al Palacio de Miraflores.

Entre los lesionados se encontraban dos hombres y dos mujeres, de acuerdo con el Centro de Comunicación Nacional.

Luego explicó:

-Alrededor de 300 indígenas llegaron a la ciudad de Caracas desde Machiques de Perijá, en el Estado Zulia, para denunciar que se encuentran sin asistencia tras los destrozos que han causado las lluvias en la zona donde habitan. También reclamaron la falta de medicamentos, y el abandono por parte del Estado.

El grupo se reunió con el ministro de Educación, Aristóbulo Istúriz, pero no obtuvieron las respuestas que esperaban, según informó en Twitter el periodista Robert Lobo.

Es por esto por lo que decidieron dirigirse hasta el Palacio de Miraflores para pedir hablar personalmente con Nicolás Maduro, sin embargo, funcionarios de la Policía Nacional les impidieron el paso.

Oficiales de la Guardia Nacional retuvieron a los chóferes de los autobuses en los que se trasladaron los indígenas, y les quitaron las llaves y papeles de los vehículos. Los aborígenes indicaron que pasarían la noche en la ciudad de Caracas porque no tienen a donde ir, además, esperan obtener respuestas por parte del Estado. En fotografías publicadas en redes sociales, se observa que muchas de estas personas están acompañadas de menores de edad.

Se pudo conocer que parte del grupo fue traslado al Teatro Nacional para que pernoctaran. Periodistas que acudieron al lugar denunciaron que fueron asediados por colectivos del régimen.

Por su parte, Cristian Briceño, de *El Diario*, reseñó que, en la Sierra de Perijá, donde ocurrió un deslave que se llevó a siete niños.

–Tenemos un año denunciando la situación afirma Sandra desde Puente Llaguno y no hemos recibido respuestas. Ahora los uniformados nos están maltratando.

Parece que nos hubieran olvidado. Ya está bueno de que el Ministerio de Pueblos Indígenas nos esté engañando. Queremos medicinas, dotaciones en las escuelas, insumos para los Centros de Diagnóstico Integral (CDI), viviendas dignas.

Briceño señaló igualmente que los yukpas recorrieron el país montados en siete autobuses, viaje que organizaron con sus propios medios y ahora se hallan atrapados en la ciudad. Hubo dos hombres heridos y dos mujeres, durante la refriega con efectivos de la Policía Nacional.

Un antropólogo consultado por *El Diario* señaló que los yukpas tienden a movilizarse en familia.

–Para las madres de esa etnia, –dijo– estar con sus hijos en todo momento es lo tradicional... Por esa razón las madres ahora yacen con sus hijos en medio de la calle.

Vale la pena precisar que la situación de los yukpas, y de los indígenas venezolanos en general ha sido denunciada en varias ocasiones por la

Organización de las Naciones Unidas, y en el reciente informe de la Alta Comisionada de ese organismo, Michelle Bachelet, reveló que la crisis humanitaria que padece Venezuela "perjudicó desproporcionadamente los derechos económicos y sociales de muchos pueblos indígenas".

Por otro lado, desde hace ya más de tres décadas los yukpas han intentado recuperar las tierras que ocupaban hace siglos.

–Con el gobierno del fallecido Hugo Chávez –comentó *El Diario*– la etnia caribe pensaba que, por fin, se abriría una puerta a sus reivindicaciones. Sin embargo, las erradas políticas públicas implementadas por el chavismo para lograr la ansiada demarcación de terrenos, la violencia de los organismos de seguridad y la impunidad permitida por el régimen, los han dejado en una situación incluso peor.

La centenaria discordia entre yukpas y ganaderos es una cara del conflicto. La otra es la de la miseria, que ha sumido a la etnia en las más deplorables condiciones de vida. Paludismo, tuberculosis, carencia de servicios básicos y de tierras fértiles son solo algunas de las calamidades que sufren.

Y pese a que aún hay muchos yukpas que han decidido apoyar al régimen sin vacilaciones, otros han decidido huir por la frontera hacia Colombia en busca de un futuro mejor.

–Los que no pueden irse –agregó la fuente– han empezado a migrar forzosamente a Maracaibo, donde establecen asentamientos urbanos alrededor de hospitales para tener acceso rápido a la salud en caso de emergencia.

Mientras algunos son reclutados por la guerrilla y otros son vistos por el común como delincuentes y mendigos, también existen quienes sobreviven precariamente con el producto de la venta de sus artesanías en las esquinas marabinas.

El gran perdedor en este conflicto es el país, que cada día ve cómo se resquebraja una parte fundamental de su esencia e identidad.

El 20 de noviembre de 2020, en el editorial "Aunque sea con arco y flecha", *El Nacional* publicó:

–Cómo se llenaba la boca el comandante muerto con eso de los pueblos originarios. Incluso llegó a decir alguna vez que tenía sangre indígena,

qué osadía. Les cambió el nombre, dejaron de ser lo que orgullosamente son y con eso comenzaron a atacar su dignidad ancestral.

Nunca fueron tan maltratados. Durante todos estos años rojitos han sido sacados de sus tierras, han tenido que dejar sus comunidades para buscarse el sustento, se han convertido en mendigos en las grandes ciudades. Con todo eso, sus costumbres, esas que forman parte del ADN del venezolano, se han ido perdiendo porque para sobrevivir han tenido que dejarlas.

Y en el siguiente segmento apuntó:

–Ahora, aparte de morir de hambre, les faltan medicinas y ayuda. Cuando los golpea la naturaleza, como el caso de los yukpas que se vinieron a Caracas a protestar, no encuentran ni siquiera un funcionario que los escuche y les comprenda. Los rojitos, como siempre, se hacen los sordos ante el sufrimiento de la gente sencilla.

Pero para los ciudadanos deben ser un ejemplo. No tienen nada que perder, pues ya lo han perdido todo, como la mayoría de los venezolanos. Entonces, armados con arcos y flechas, se vinieron a reclamar sus derechos. Se cansaron de que los ignoraran y decidieron gritar su desesperanza en el sitio donde se encuentran los responsables de su tragedia.

¡Qué valientes son nuestros yukpas! No les importó la posibilidad de ser víctimas de la mayor de las represiones. Estaban dispuestos a defenderse con lo único que tienen para hacerse escuchar. Recibieron golpes, empujones y maltratos, pero lograron su objetivo, llamar la atención sobre las pobres condiciones de vida que padecen en la frontera occidental venezolana.

Caracas toda debería acompañarlos y defenderlos. Ellos se merecen la solidaridad de todos. Pero más allá de eso, deben convertirse en inspiración. Porque salir de una tierra tan lejana, sin garantías de poder llegar, sin alimentos, sin agua, armados rudimentariamente, eso es no tener miedo, eso es tener dignidad. Saben a lo que se enfrentan, pero también saben que lo que reclaman es lo justo.

En parte final del texto editorial aseveró:

-Los yukpas que protestaron en Puente Llaguno son el reflejo de todos los venezolanos. Sus reclamos son los de todos y su rabia es la que sienten médicos, enfermeros, educadores, ingenieros, comerciantes, industriales, en fin, hombres y mujeres de bien que ya están cansados de tanto maltrato. Aprendamos de su valentía y exijamos nuestros derechos con las pocas herramientas que tenemos, aunque sean arco y flecha.

El 21 de noviembre, Fran Tovar, de *Costa del Sol*, reportó que a su regreso a Machiques los 300 yukpas que protestaron en Caracas fueron detenidos

-Yenny Peñaranda, indígena Yukpa, -publicó- denunció a través de *Radio Fe y Alegría Noticias* que, en la madrugada de este viernes, al regresar de Caracas, se encontraron con la orden "no sabemos de qué general de retener las unidades junto a los choferes".

Agregó que "los militares (GNB) agarraron las placas de los autobuses, los nombres de los dueños y nos dicen que a las 3 de la tarde tienen que presentarse a la fiscalía".

Tovar señaló después:

-Peñaranda confirmó en su denuncia que también los 300 indígenas que habían viajado a Caracas se encontraban retenidos en la plaza Bolívar de Machiques, todavía pasadas las 8 de la mañana de este viernes.

Dijo que lograron comunicarse a Caracas y les manifestaron que desconocían de ese procedimiento contra ellos.

La lideresa confirmó que también efectivos del CONAS, SEBIN y PNB estaban presentes en el sitio.

Peñaranda manifestaba en sus declaraciones que estaban viviendo "momentos de tensión". Los viajeros llegaron a la población de Machiques a las 4 de la madrugada de este viernes 20.

En el siguiente segmento se lee:

-Por su parte, Jesús Peñaranda, uno de los líderes Yukpas que también viajó a Caracas este martes 17 de noviembre, informó a *Radio Fe y Alegría Noticias* que al llegar en la madrugada de este viernes a Machiques se consiguen con la sorpresa de que iban a ser detenidos los conductores de los 7 autobuses que los trasladaban.

Dice Peñaranda que los choferes iban a ser trasladados a la sede de la 12 brigada de Caribes de esa población y manifiesta que "eso en ningún momento lo hablamos...eso no se acordó".

Destaca el líder indígena que lo convenido con las autoridades nacionales es que funcionarios militares de las regiones por donde pasaban en su retorno "nos acompañaban para brindarnos seguridad...y así lo hicieron y lo agradecemos".

Añade que cuando les indican a los conductores que se vayan a descansar luego del largo viaje, los funcionarios militares de Machiques "los retienen y les dicen que no se pueden retirar...y nos dicen que esas son las instrucciones... de llevarse a los choferes al batallón".

Exige no involucrar a los choferes en sus problemáticas comunitarias "porque nosotros no fuimos a plantear las problemáticas de los choferes... sino las de nuestras comunidades".

Jesús Peñaranda, quien es el cacique mayor de la cuenca Toromo, del pueblo Yukpa en la Sierra de Perijá, informó además en la tarde de este viernes 20 de noviembre que tras una reunión en Machiques que sostuvieron con la ministra de pueblos indígenas, Yamilet Mirabal, se logró que no se cometieran acciones contra los 7 conductores de los autobuses que los llevaron a Caracas.

Igualmente afirmó que los choferes que los trasladaron a la ciudad "no tienen nada que ver con los planteamientos que nosotros le hicimos al gobierno...ellos son independientes de todo esto y así se lo dijimos a la ministra". Asimismo, indicó que esperaba que luego de aclarado el incidente los conductores pudieran terminar de llevar a los 300 indígenas que iban en el viaje a sus respectivas comunidades en la Sierra.

Además, calificó de arbitraria la detención de estos trabajadores "y de uno de los dueños de los autobuses un día antes de nuestro regreso" y manifestó que fue gracias a la intermediación de los caciques mayores "la cosa no se complicó porque se los querían llevar para Maracaibo".

Sobre ese mismo tema Luna Perdomo, publicó en TalCual, el 23 de diciembre de 2020, el reportaje "Los yukpas seguirán luchando por el derecho a sus tierras ancestrales", en el que expresó que los miembros de esta etnia consideran que el gobierno nacional tiene muchas deudas inconclusas con su comunidad desde hace varios años y esperan que las promesas se hagan realidad.

–Las precarias condiciones en que viven los yukpas en la Sierra de Perijá, en el Estado Zulia, –explicó– los hizo trasladarse a Caracas el pasado 18 de noviembre para exigirle a la administración de Nicolás Maduro que les dé soluciones a problemas que datan de decenas de años. Varios ministros les prometieron respuestas rápidas que aún siguen siendo palabras.

Luego recordó:

–En ese momento, alrededor de 350 representantes de la Organización Nacional Indígena Yukpa de Venezuela (ONAIYUKVEN) se trasladaron a Caracas con la intención de reunirse con Maduro, pero el cacique Jesús Peñaranda le afirmó a *TalCual* que, tras esa visita, se han ido sumando más caciques de otras etnias que demandan mejores condiciones para los pueblos indígenas.

Los yukpas exigen kits de herramientas para trabajar las tierras, máquinas de coser para las mujeres, pega y taladros para elaborar y confeccionar collares; incremento en el número de bolsas de comida que se entregan mensualmente, más distribución de gasolina, crear una vía alterna para comunicar las comunidades yukpas con la ciudad de Machiques, derecho a la educación, a la salud, agua potable y la construcción de viviendas, entre otras demandas.

"A la organización no se nos ha llamado para poder hacer el trabajo de abordaje", afirma el cacique de la comunidad yukpa, a pesar de que en días recientes se reunieron con funcionarios de la Fuerza Armada en el Batallón 121 en el Municipio Machiques de Perijá, para evaluar las razones por las que viajaron a Caracas.

En los siguientes párrafos expresó:

-Jesús Peñaranda revela que el Ministerio para los Pueblos Indígenas llevó algunas herramientas de trabajo al lugar, pero condena que hayan sido entregadas a integrantes de etnia que no viajaron a Caracas y no estaban de acuerdo con elevar ese reclamo al Ejecutivo. "Pareciera que nos ven como incompetentes para llevar a cabo un plan de trabajo dentro de nuestras comunidades. Nosotros estamos capacitados para poder hacer esos trabajos en las diferentes cuencas donde hacemos vida", expone el cacique, mientras reitera que a quienes se han mantenido demandando no se les ha dado ningún insumo para cumplir con sus objetivos.

Del mismo modo, Peñaranda lamenta que a los más de 350 representantes que se atrevieron a viajar a Caracas y solicitar una reunión con Nicolás Maduro, "se nos esté negreando por haber revelado nuestras necesidades".

En este sentido, el cacique Jesús Peñaranda espera que el gobierno les brinde de manera sistemática las respuestas que requieren los yukpas, pero enfatiza que si no se dan "un grupo muy nutrido de caciques y autoridades legítimas de la Sierra de Perijá volveremos a aterrizar nuevamente a Caracas".

Peñaranda relató además cuenta que, en la Sierra de Perijá, la tierra ancestral de yukpa llega la bolsa del CLAP cada mes o cada dos meses y el contenido varía entre 10 y 12 productos, pero han solicitado un incremento del número de bolsas que envían a la zona por el aumento de la población en esas comunidades.

Puntualizó después:

-En octubre del año pasado, la comunidad yukpa se vio afectada por las lluvias en las cuencas de Toromo. Seis niños y un adulto murieron. Más de 700 familias quedaron perjudicadas por la crecida del río. Este año volvió a llover fuerte, se afectó la carretera principal, pero desde el año pasado siguen esperando, aunque sea una solución.

Queremos una respuesta sobre las viviendas que se vieron afectadas el año pasado con las lluvias y aún hay familias que están en cero, no tienen atención y están viviendo muy incómodos", dice el cacique, quien espera que se inicie la construcción de al menos 100 viviendas.

-En cuanto al agua, -escribió la periodista- Jesús Peñaranda exige en nombre de toda la comunidad yukpa, un sistema de tratamiento de agua permanente para poder consumir agua potable y así disminuir la incidencia de enfermedades por ingerir agua sucia. "Tenemos un alto número de incidencias parasitarias; y, por consiguiente, muertes en niños y en la tercera edad por consumir agua achocolatada".

Al referirse a la salud, el cacique dice que en la zona hay un Centro de Diagnóstico Integral (CDI) que se está acondicionando para que preste atención las 24 horas del día, pero sostiene "que no puede ser una estructura bonita que no brinde atención".

Con relación a este tema, Lusbi Portillo, defensor del hábitat indígena y coordinador general de la ONG Sociedad Homo et Natura, asegura que los yukpas están enfermos: "Hay mucho paludismo, leishmaniasis, tuberculosis, muchas picaduras de culebras y no hay suero antiofídico", dice, y revela que durante la segunda semana de diciembre cinco niños yukpas fueron picados por serpientes y uno murió desangrado por no poder ser tratado.

Portillo asegura que solo en Hospital de Maracaibo hay suero antiofídico y se pregunta: "¿Qué hace allí?", cuando debería estar en Machiques para poder atender a los más perjudicados.

"Estas son deudas inconclusas, que exigimos que se cumplan", finaliza el cacique Jesús Peñaranda.

En el intertítulo "Tierras yukpas en el limbo" Luna Perdomo apuntó:

-La lucha por las tierras yukpas data de años. Cuando Sabino Romero (líder yukpa y defensor de los derechos indígenas) nació en 1965, ya los ganaderos habían despojado a esta comunidad de sus territorios en la Sierra de Perijá, específicamente de las tierras planas, y les dejaron la zona montañosa. En el año 2006, comenzó en el territorio yukpa la demarcación de tierras y terminó con la entrega de dos lotes: una titulada en el año 2009 y otro más al sur en el año 2011.

Cuando se entregaron los primeros títulos de tierra, los dirigentes indígenas protestaron porque el título otorgado dejaba dentro del área a los hacendados y campesinos invasores, a empresas petroleras o mineras. Es decir, estos terceros también tenían derechos sobre las tierras.

El territorio de los yukpas fue dividido en dos partes en distintos episodios. En 2009, se les otorgaron 41.630 hectáreas para los poblados del extremo norte de su territorio Sirapta, Aroy y Tinacoa. En esta titulación perdieron su lindero oeste, el de las altas montañas de la Sierra de Perijá que van hacia Colombia.

La segunda titulación fue en 2011, cuando Hugo Chávez le entregó al resto de las comunidades un título con una superficie de 143.610 hectáreas. Esa segunda entrega fue a espalda de las comunidades y líderes indígena. En ninguno de los dos momentos se les entregaron las bienhechurías de las haciendas exigidas por los indígenas.

Al respecto, el ya antes mencionado Luisbi Portillo consideró que el gobierno nacional aún está en deuda con la comunidad yukpas y el reconocimiento de su territorio.

Explicó igualmente que, tras el asesinato de Sabino Romero, el 3 de marzo de 2013, fue cuando el gobierno decidió "astutamente pagar las haciendas". Del mismo modo, agregó que, en la actualidad, los yukpas tienen tierras planas, "pero que son potreros donde solo hay paja, y descubrimos que donde hay paja no nace nada".

En este sentido, Portillo cree que las autoridades nacionales deben plantearle a la comunidad yukpa un plan de desarrollo que incluya un convenio y que se otorguen "vacas, ovejas o cabras que es lo único que se cría en esos potreros". Condena que todavía no existan respuestas: "¿Qué respuesta se va a dar?", se interroga.

De igual modo reiteró que los conflictos por las tierras entre los yukpas y los ganaderos siguen vigentes, pues estos últimos temen que sus territorios sean invadidos por los indígenas y "entonces, cuando ven cualquier movimiento, disparan y hieren".

Asimismo, especificó que los focos de perturbación de los yukpas van en esta escala: La Policía Nacional Bolivariana, los más agresivos; la Guardia Nacional, Policía Regional y Policía Municipal de Machiques; además de los campesinos, la guerrilla del Ejército de Liberación Nacional de Colombia y los narcotraficantes.

Waraos agredidos en Operativos Militares

E l 28 de junio de 2021 el periodista Melquiades Ávila, de *El Pitazo*, reseñó:

-150 familias indígenas afirman que son objetos de amenazas, amedrentamiento y allanamientos por parte de la Guardia Nacional, que patrulla las zonas desde donde se realizan zarpes clandestinos hasta Trinidad y Tobago

Los operativos de patrullajes constantes de la Guardia Nacional generan situación de zozobra en las familias indígenas de Delta Amacuro.

Ávila agregó:

-Habitantes de la comunidad warao Pueblo Blanco, ubicada en la parroquia Juan Millán, sector fluvial del Orinoco, denunciaron el pasado 25 de junio unos supuestos procedimientos violentos de oficiales de la Guardia Nacional.

Según los denunciantes, los uniformados estarían realizando operaciones de control y patrullaje en comunidades consideradas como puntos de salidas clandestinas a Trinidad y Tobago.

Un indígena identificado como Sixto Marcano confirmó la presencia constante de los efectivos y funcionarios de las Fuerzas de Acciones Especiales (FAES) por las inmediaciones de la comunidad, y dijo que estos les hacen seguimientos a las embarcaciones que parten a la isla caribeña.

Según Marcano, los militares y funcionarios policiales irrumpen en las viviendas a altas horas de la madrugada. "A las 2:00 am llegaron vestidos de negro y verde en dos lanchas, rompieron la puerta, entraron a mi casa, voltearon todo, portando armas largas", aseguró.

El periodista puntualizó, además:

–Una sexagenaria, que prefirió reservar su identidad, relató que se vio obligada a salir de su comunidad por la zozobra creada por los militares en la zona. "Perdimos la tranquilidad. No nos dejan dormir en paz porque aparecen de un momento a otro. Entran a las casas y atropellan a las familias; por eso los niños se asustan y empiezan a llorar", refirió.

Sixto Marcano contó que esta es la tercera incursión que tienen los hombres uniformados en la comunidad. "Dicen que están buscando a las personas o la embarcación que salen de forma ilegal hasta Trinidad y Tobago", sostuvo el habitante warao mientras mostraba las facturas legales de las piezas y de los motores que le confiscaron en la última operación.

Luego detalló:

–Pueblo Blanco es un caserío indígena situado en el margen derecho del río Macareo, un afluente del Orinoco que conduce hacia la costa de Delta Amacuro. Está conformado por 150 familias waraos, que viven de la producción del agro y de la pesca. Sin embargo, las autoridades de seguridad consideran que el sector es uno de los puntos de salidas clandestinas de tráfico de personas hasta Trinidad y Tobago.

Por otro lado, 11 waraos caminaron durante seis días para llegar a Brasil
Los indígenas llegaron a Pacaraima el domingo 29 de mayo a las 8:00 pm. Fueron atendidos por un refugio coordinado por la Agencia de las Naciones Unidas para los Refugiados

Por otro lado, el 4 de junio del mismo año *El Nacional* reportó:

-Al menos 11 waraos tuvieron que caminar durante seis días para poder llegar a Brasil y escapar de la crisis humanitaria de Venezuela.

Así lo informó *Radio Fe y Alegría*, que detalló que los waraos procedían del Municipio Antonio Díaz del Estado Delta Amacuro. Llegaron el domingo 29 de mayo a Pacaraima, localidad brasileña fronteriza con Venezuela.

El medio radial indicó en su página web que el grupo salió de Venezuela a pie y tuvo que caminar seis días desde El Dorado, Estado Bolívar, hasta la mencionada entidad fronteriza con Venezuela.

-El conductor del autobús que los trasladó desde Delta Amacuro –indicó- los dejó en El Dorado debido a que no tenían más dinero para pagar la ruta completa hasta la frontera.

Llegaron el domingo a las 8:00 pm a Brasil, donde fueron atendidos en el refugio Jaonokida, que es coordinado por la Agencia de las Naciones Unidas para los Refugiados.

La migración de waraos a Brasil aumentó de manera constante a principios de este año.

Solamente en la primera semana de enero 300 indígenas de este grupo migraron a ese país debido a las precariedades que padecen en Venezuela.

La vocera Toedolinda Moraleda, casica warao de uno de los abrigos de Pacaraima, dijo a la ONG *KAPE-KAPE* en ese momento que los indígenas a diario sufren por la escasez de gas doméstico y la falta de atención gubernamental. Reveló asimismo que entre los sectores más afectados de Delta Amacuro están San Francisco de Guayo, Santa Rosa de Araguao, Araguaimujo, Jubasujuru, Cangrejito, Aunaburu, Siawani y Muaina del Municipio Antonio Díaz.

Grupos Armados ocupan Territorios Indígenas

E
l 3 de junio de 2021, la ONG *FUNDAREDES* denunció la "ocupación violenta" de territorios indígenas de varios estados del país caribeño por parte de "grupos armados irregulares", según un comunicado difundido este jueves, reportó la agencia *EFE*.

Agregó que el representante de esa institución en el Estado Amazonas, José Mejías, dijo que 44 pueblos indígenas de los estados Zulia y Apure, en el oeste del país; Amazonas y Bolívar, en el sur; y Delta Amacuro, Monagas y Anzoátegui, en el este; "están expuestos a los grupos terroristas que operan en los territorios de los pueblos ancestrales".

La fuente indicó que estos grupos armados irregulares, de los que no ofreció más detalles, vigilan el paso de personas y mercancías por estas poblaciones indígenas, "a fin de hacerse con el control de las zonas y de los negocios ilegales", así como con el contrabando de combustible y de "minerales derivados de la explotación minera".

Señaló, además, que *FUNDAREDES* ha documentado, desde hace años, cómo las poblaciones indígenas han sido despojadas de sus territorios y han caído en el "absoluto abandono" por parte del Estado venezolano.

La organización introdujo, según el comunicado, un recurso ante la Defensoría del Pueblo del Estado Amazonas (sur), fronterizo con Brasil, para denunciar los hechos, aunque no detalló para cuándo se espera una respuesta.

Ante estos hechos, *FUNDAREDES* pidió al Estado que reconozca los derechos de los pueblos indígenas a permanecer en sus tierras ancestrales.

Además, tanto la oposición como diversas ONG denunciaron, en repetidas ocasiones, la presencia de grupos armados irregulares en territorio venezolano y acusan al Gobierno de permitirles la entrada en el país y controlar zonas fronterizas.

Este despacho fue difundido, entre otros medios, por *El Carabobeño*.

El GAO Colombiano en Territorio Indígena

El 29 de junio de 2021 la Comisión delegada de la legítima Asamblea Nacional alertó sobre la supuesta presencia del Grupo Armado Organizado (GAO) en Venezuela.

Según denunciaron desde la sesión del día vía remota, el GAO está conformado por: El Clan del Golfo del Ejército Popular de Liberación; Los Pelusos; el Bloque Meta y el Bloque Libertadores Vichada.

Sobre el particular el diputado indígena opositor, Romel Guzamana, denunció que en los territorios indígenas existen al menos 1.500 guerrilleros colombianos pertenecientes al Ejército de Liberación Nacional (ELN), además la presencia de grupos armados organizados colombianos (GAO) en 74 municipios entre Venezuela y Colombia, que según dijo, están enfocados en la desmovilización paramilitar, producción de cocaína, tráfico de combustible, cobros de vacuna, comercialización ilícita de la tala ilegal de la selva amazónica.

Pueblo Indígena en riesgo de desaparecer

E l 24 de marzo de 2021 *El Nacional* publicó que el pueblo indígena Makaguá se encontraba en riesgo de desaparecer a raíz de los conflictos armados entre sectores disidentes de las FARC y efectivos de las FAN en el Estado Apure.

-El senador colombiano y líder indígena Feliciano Valencia denunció –reseñó *El Nacional* - que el pueblo indígena Makaguán está en riesgo de desaparecer por los conflictos armados que están ocurriendo en el Estado Apure desde hace dos días.

El líder señaló que más de 200 indígenas se desplazaron forzosamente desde su comunidad en La Soledad hacia Colombia en los últimos días.

El grupo tuvo que huir de los enfrentamientos armados entre la Fuerza Armada Nacional y una facción disidente de las FARC.

Según la fuente, "Entre los más de 3.000 desplazados como consecuencia de los enfrentamientos armados en la frontera entre Colombia y Venezuela, en el Estado Apure, se encuentran 40 familias (200 personas) del pueblo indígena Makaguán"

Agregó que "Desde el 22 de marzo la población desplazada está concentrada en las instalaciones del Centro Educativo Indígena El Vigía, del Municipio de Arauquita".

Asimismo, advirtió que "A la amenaza de la pandemia se suma el conflicto armado que pone en riesgo la desaparición física y cultural del pueblo Makaguán".

La oposición acusa al régimen de Maduro de usar a la FAN para defender a la guerrilla

Sobre ese conflicto la ONG *FUNDAREDES* declaró que desde el 22 de marzo aproximadamente, se han registrado varios encuentros violentos entre estos grupos armados.

Además, denunció que son estos grupos los que mantienen el control de la zona causando que cientos de venezolanos se vean obligados a huir a Colombia para sobrevivir.

El 5 de abril de 2021 el director de *FUNDAREDES*, Javier Tarazona, compartió un video de una reunión de miembros de las FARC-EP con indígenas de la comunidad Piaroa en Puerto Ayacucho.

Así lo informaron *Reporte Confidencial* y otros medios digitales explicando que los indígenas manifestaron a la comandante Yulianny Alias "Gata" que rechazan la presencia guerrillera.

En el audiovisual publicado por *FUNDAREDES* en Twitter, se observa cómo la "Gata" exige a los habitantes de esa comunidad indígena que deben "reconocer a la guerrilla de las FARC como una fuerza beligerante como lo ordenó Hugo Chávez".

-Tenemos diferencias, -aclaró la guerrillera- pero somos humanos, somos personas, somos gente. Ustedes tienen sus principios éticos, se los acepto. Yo tengo los míos, Es "respetable", dice Yulianis frente a representantes piaroas.

Viste pantalón de camuflaje y porta un fusil mientras intenta persuadir a los indígenas para que le cedan el territorio.

"La gata" aseguró que en Colombia existe un Estado burgués, y señaló que el gobierno de su país "nunca van a hablar bien de una organización revolucionaria".

"La Gata" añadió:

-No es alentador vea, van 540 líderes sociales que nos han matado. Indígena: porque digo esto, porque cuando lo pasan en la noticia porque es verdad lo que pasa en Colombia yo no sé por cual motivo lo están haciendo, pero lo que yo sé es lo que han dicho por "televisión", dice la integrante de las FARC.

La respuesta del líder indígena fue:

-El finado Chávez hizo el convenio, pero el finado no nos anunció a nosotros, no nos dijo nada.

Ese ejemplo de nacionalismo y de valor debería ser seguido por las Fuerzas Armadas, a las que constitucionalmente les corresponde el deber y la obligación de defender las fronteras patrias y no pactar con quienes se han adueñado de una gran porción del territorio venezolano. La narcodictadura lo que hizo fue detener arbitrariamente al valiente Javier Tarazona como botín de guerra. Mató al mensajero en vez de enfrentar a quien lo envió

Reporte Confidencial explicó igualmente:

-Al comentar el video, Tarazona, todavía el 26 de agosto de 2021 prisionero de la narcodictadura, destacó que son los indígenas quienes defienden la soberanía, contrario a la FAN que entró en sociedad con estos miembros de la guerrilla para la actividad del narcotráfico, la extracción de coltán, de oro y de diamante.

Después apuntó:

–Según *FUNDAREDES*, la mujer pertenece al Décimo Frente de las disidencias de las FARCliderado por alias Ferley. Este grupo de las FARC es el que se ha enfrentado en La Victoria con miembros de la FAN para tomar el control total del territorio.

Según un reporte de *ABC*, la historia no oficial del conflicto armado entre disidencias de las FARC y el Ejército Venezolano que inició este 21 de marzo; tendrían como propósito despejar el terreno a Iván Márquez -quien en 2019 rompió su compromiso con el Acuerdo de Paz, firmado en 2016, para retomar las armas y conformar la llamada "Nueva Marquetalia".

Los guerrilleros de Márquez, que se han ido instalando en Venezuela, lo han hecho con la connivencia de Maduro, que también ha dado continuidad al discurso de Chávez, al decir que eran líderes de paz. Todo esto ha dejado traslúcida la evidencia de que Venezuela es un santuario para los miembros de las Farc; pero esos supuestos "líderes de paz" realmente adelantan una guerra interna por el control de las rutas del narcotráfico, del contrabando de todo lo posible, desde reses hasta minerales, pasando por personas, insumos químicos, gasolina, armas y mercadería.

Dos días después, *FUNDAREDES* reveló en su cuenta en Twitter que varios pueblos indígenas del Estado Amazonas exigieron a las autoridades que "desalojen" a la guerrilla colombiana Ejército de Liberación Nacional (ELN) y a grupos disidentes de las FARC "que ocupan territorios propios de las etnias".

La fuente explicó igualmente que los miembros del ELN y los disidentes de las FARC "ocupan territorios propios de las etnias y alteran por completo la convivencia, incluso obligándolos a desplazarse de los lugares donde han vivido desde sus ancestros".

El 11 de abril del mismo año *El Nacional* reportó:

-*FUNDAREDES* denunció, este sábado, que dos indígenas miembros de la etnia Jiwi fueron asesinados presuntamente por los grupos armados irregulares que hacen vida en el Estado Amazonas para realizar minería ilegal.

La fuente añadió:

Comunidades indígenas del Municipio Atabapo del Estado Amazonas rechazaron el asesinato del profesor José Dacosta y del menor Luis Charlot Cariban de 17 años, pertenecientes a la etnia "Jiwi", informó *FUNDAREDES* a través de su cuenta de Twitter.

FUNDAREDES denunció la presencia de grupos guerrilleros en 19 estados y el director de ésta, Javier Tarazona, explicó que Dacosta y Cariban recibieron torturas por grupos guerrilleros de las minas del Parque Nacional Cerro Yapacana.

Asimismo, destacó que los indígenas del Municipio Atabapo se pronunciaron en contra de "la presencia perversa de guerrilla FARC y ELN en la zona".

De igual modo recordó que las comunidades de Amazonas ya han denunciado que este tipo de situaciones ocurren de manera constante y sus pobladores rechazaron la presencia de los grupos armados irregulares FARC y ELN en sus territorios ancestrales y afirman que son estos quienes asesinan a los ciudadanos.

La organización informó que varias comunidades indígenas realizaron reuniones con las autoridades del estado para lograr que los grupos armados se retiren del sector, pero hasta ahora no han obtenido respuesta.

Finalmente señaló que la comunidad Caño Guama, por otro lado, denunció que fue amenazada por las bandas irregulares con quemar sus hogares si no les permitían seguir minando ilegalmente en Amazonas.

Conviene recordar que la citada ONG informó sobre la actividad de los grupos guerrilleros Fuerzas Armadas de Colombia; Ejército de Liberación Nacional; Fuerzas Bolivarianas de Liberación y el Ejército Popular de Liberación en Táchira, Apure, Zulia, Mérida, Trujillo, Barinas, Lara, Falcón, Carabobo, Portuguesa, Aragua, Guárico, Bolívar, Monagas, Anzoátegui, Delta Amacuro, Yaracuy, Amazonas y Caracas.

Más violencia contra los Indígenas

El 26 de noviembre de 2019 la periodista Naki Soto Parra, de *TalCual*, aseveró al referirse a la violencia contra los pueblos originarios:

-Todo apunta a la lucha por el control de los yacimientos mineros en el nuevo ataque contra una comunidad indígena en el sur de Bolívar, esta vez en Ikabarú. Mientras tanto, Fe y Alegría habla de "educación en emergencia".

Y agregó:

-El pasado viernes 22 de noviembre hubo una masacre en una co-

munidad pemón en Ikabarú, al sur del Estado Bolívar. El Ministerio Público confirmó el domingo la muerte de seis personas, pero esta noche, la ONG PROVEA informó que en la Asamblea en territorio pemón notificaron que se encontraron dos cuerpos más, aún por identificar, por lo que serían ocho los asesinados en Ikabarú. Este lunes el partido Primero Justicia responsabilizó de la masacre a las mafias mineras que operan en el Estado Bolívar, promovidas por la fiebre del oro que se ha desbordado a consecuencia de la explotación del llamado Arco Minero.

El 10 de agosto de 2021 el Comisionado Presidencial para las Naciones Unidas, Miguel Pizarro, condenó el sufrimiento de los pueblos indígenas de Venezuela, quienes son abandonados por el Estado, reportó el Centro de Comunicación Nacional.

El denunciante, además, acusó a la narcodictadura de complicidad en tales casos y aseguró que las mujeres y niños indígenas padecen desnutrición, explotación sexual y laboral, así como también esclavitud.

De igual modo, Pizarro recalcó la información evidenciada por la ONG SOS Orinoco y el Centro de DDHH de la UCAB sobre el Arco Minero y la falta de datos oficiales sobre las denuncias de explotación laboral y sexual de mujeres adolescentes y niñas en los municipios del Sur del Orinoco.

-El Arco Minero —afirmó- no tiene ninguna consideración ética sobre sus impactos sociales y culturales. Promueve la prostitución, el trabajo esclavo, el trabajo infantil, y fundamentalmente la desestructuración social de los "Pueblos Indígenas" señaló la organización SOS Orinoco.

Asimismo, expresó que el Arco Minero evidencia la negligencia del Estado para proteger a la mujer, a las adolescentes y a las niñas, sobre todo mujeres y niños de los Pueblos indígenas, que son uno de los grupos de mayor vulnerabilidad ante la minería ilegal y los grupos ilegales que allí operan.

-En las minas a cielo abierto —apuntó- también encuentras mujeres subiendo y bajando personas en el hoyo de extracción, cargando sacos de materiales de 45 kilos en adelante, expuestas a los gases de la extracción y a las aguas contaminadas con el mercurio.

Dos días después, Sebastiana Barráez, de *Infobae* reportó que los militares permitieron que les violaran sus derechos a los indígenas y les manipularan sus votos en las primarias del PSUV

-En el Municipio Rómulo Gallegos del Estado Apure, -explicó- zona profundamente impactada por la presencia de los dos grupos de las FARC, hubo desespero para que el poder establecido no perdiera su cuota de poder y para ello violaron los derechos de las diversas comunidades indígenas. Dos días antes les cambiaron de lugar el centro de votación, lo que impidió que se pudieran trasladar y apoyar a la candidata indígena. En la madrugada una funcionaria de la alcaldía, con aval de los militares del Plan República, llegó con indígenas obligándolos a votar por el candidato del alcalde.

Barráez agregó:

-Así lo denunció Adán Flores, líder indígena yaruro, quien es bilingüe por la parte de los Pumé y Cuiba, figura que legalmente está establecida en la Ley Orgánica de Los Pueblos Indígenas, por lo que actúa como traductor. A la una de la madrugada cuando se encontraban en cola indígenas votantes, Enny Rechidel quien es funcionaria de la alcaldía llegó con unos indígenas obligándolos a votar por Aguilera.

"Nosotros estábamos adentro con los indígenas, el Plan República se prestó para apoyar a la chama no indígena (Rechidel), nos sacaron a nosotros los traductores, para manipular a los indígenas y obligarlos a votar por otro candidato (Luis Aguilera) que ellos no querían apoyar. Nosotros como indígenas estábamos apoyando a la candidata indígena, teníamos derecho", dice Flores.

"Agarraron a unos indígenas y los pusieron a votar por Aguilera, por una bolsa de comida, comprándoles la conciencia. Nos estaban violando la Ley Orgánica de los Pueblos Indígenas, artículos 66 y 67. Hago la denuncia en nombre de todas las comunidades indígenas. El Plan República se prestó para esa sinvergüenzura, porque estaban claros de lo que estaba sucediendo ahí", finaliza diciendo Adán Flores.

En el sitio esa madrugada, y ante la protesta no solo de los indígenas sino de los racionales (así llaman a los no indígenas) se levantó un acta que no se sabe si está en algún lado o quedó en alguna papelera.

El gobernador de la entidad, Ramón Carrizales, con recursos públicos, hizo campaña a favor de Luis Aguilera, incurriendo en consecuencia en delitos de corrupción que deberían ser investigados y sancionados

La periodista especificó luego:

–Y aunque la alcaldía hizo derroche de recursos, al día siguiente de las elecciones internas la realidad cruda del abandono a los habitantes indígenas se reveló en toda su crudeza, cuando falleció en el hospital de Elorza el indígena Guillermo Farfán, para quien no consiguieron ni atención ni traslado digno para darle cristiana sepultura.

Aida Escalona diputada al parlamento indígena manifestó que "el día de las elecciones si hubo transportes comida y visita a las comunidades indígenas y hoy que hemos pedido ayuda, para el traslado y el ataúd de nuestro hermano, a la persona encargada del municipio y de nuestro estado Apure, sólo nos respondieron 'no hay transporte' 'no cuento con recurso'. Qué triste jugar con la salud y hambre de nuestras comunidades", publicó la parlamentaria indígena pumé.

Barráez apuntó luego:

–En mayo la Dirección Nacional del Partido Socialista Unido de Venezuela le dijo a su militancia que irían a elecciones primarias para las elecciones regionales. Muchos vieron la oportunidad de que surgieran nuevos liderazgos.

Jesús Solfredis Solórzano Laya, quien con 55 años ya tiene 8 en el poder local. Para "cumplir el reglamento" reunió a los 21 jefes de UBCH de todo el municipio y les ordenó que los jefes de calle lo postularan para un tercer mandato. El reglamento exigía la paridad de género y así postular cuatro nombres (dos mujeres y dos hombres). Pero el alcalde de Elorza hizo un plan, como también lo hicieron otros que quieren ser alcaldes o gobernadores.

En la UBCH Simón García Rosales debían postular a Zenaida Dun y Sobella Flores como mujeres; ellas son empleadas de la alcaldía sin ningún tipo de liderazgo en las comunidades. Por otra parte, lo postularían a él y solo una UBCH postuló de relleno a Luis Aguilera.

UBCH Liceo Manuel Antonio Nieves debían postular a Nazareth Ojeda y a Tibisay Romero y otra vez a Solfredis y Neomar Sanoja (director de Hacienda

Municipal de la alcaldía). No podía repetirse ningún otro nombre, solo el de él.

Este reportaje fue reproducido en el portal *Costa del Sol*.

Yanomamis Asesinados por la FANB

La investigación y compilación de data para este libro el autor la había culminado en septiembre de 2021, pero no es hasta abril de 2022 que estoy haciendo la edición, para el diseño de la portada y su posterior publicación impresa y digital, que conseguí que en marzo de este año 2022, militares venezolanos en su ya común y corriente violación de los derechos humanos de los venezolanos y pueblos indígenas, asesinaron a 4 indígenas y desaparecieron a otros más de la etnia yanomami, en el estado Amazonas, en su afán por robar y hacerse ricos mediante el latrocinio impulsado desde Miraflores.

E n la portada de este libro esta Gay García, quien resultó herida en este cobarde ataque a su tribu, por parte de la Fuerza Armada al mando de Nicolás Maduro.

Infobae, en un reportaje firmado por Sebastiana Barráez, del 24 de marzo de 2022, recoge la información y la publica de esta manera:

Armas de fuego contra arcos y flechas en Venezuela: a los yanomamis los mataron por el oro de sus territorios: *Una fuente de la tribu, que pidió mantener en reserva su nombre, confirmó a Infobae que militares asesinaron a cuatro indígenas a balazos*[2]

"No, no, no es por el aparato de internet. Qué tontería es esa, si en la selva no hay electricidad. Esa comunidad yanomami es nómada y vive en el shabono, ¿qué prioridad tienen para ellos el internet si todos viven en el mismo lugar en medio de la selva? La verdad es que los funcionarios de la Aviación trataron de convencer al cacique Sabino y demás miembros para que permitan la minería en espacios completamente vírgenes. La comunidad les negó el permiso y eso causó la fuerte discusión con los militares, quienes decían que ellos debían pagarle una fuerte cantidad en oro al General de la ZODI y al comandante de la Aviación. Los militares atacaron a los hermanos yanomamis con armas de fuego matando e hiriendo a varios", dijo en conversación con Infobae una fuente indígena que pidió mantener en reserva su nombre.

Posteriormente los indígenas, ante el asesinato de los yanomamis, cercaron a los militares y en un video se observa a un oficial prometiendo que quien debe responder es el Inspector General de la Aviación. Los indígenas le dicen al oficial que nadie sale del lugar, porque lo que pasa allí, por la ley que los asiste, debe resolverse ahí y les impiden a los 17 militares salir del lugar.

Eran las 4 de la tarde aproximadamente. En la Base Militar Fronteriza ubicada en Parimabe, municipio Alto Orinoco del estado Amazonas, nada advertía la nube oscura que se cernía sobre la población yanomami. Es cierto que en el puesto militar hay paneles solares y una antena de internet, pero como no tenían el enrutador, la comunidad consiguió uno con una ONG, llegaron al acuerdo de facilitárselos a los militares a cambio de que todos tuvieran acceso al internet.

No era la primera vez que había problemas por el acceso al internet. "En realidad los militares solo estaban presionando a los yanomamis para que les dieran permiso a sacar oro de territorio virgen y la manera que consiguieron fue impidiéndoles el acceso al internet o al uso de la pista de aterrizaje, lo que hace muy difícil acceder al lugar por vía terrestre o fluvial. El incidente no fue más que una excusa para que los militares le hicieran sentir a los hermanos yanomamis que ellos tienen el poder".

Es atroz que militares venezolanos asesinaran a cuatro yanomamis de los últimos indígenas originarios que quedan en la América del Sur, en la frontera entre Venezuela y Brasil. La responsabilidad recae en la institución castrense, porque ocurrió en la base de Aviación Militar de Parimabe, con uniformados provenientes de una unidad militar del estado Aragua, lo que puede indicar que no se les haya preparado para entender las costumbres de un pueblo tan importante como el Yanomami.

El oro, el oro

No había llamado la atención con tal ruido el asesinato de indígenas, quizá desde que en 1993 ocurrió la masacre de Xaximú, llamada sí porque se inició en las afueras de Haximu en la frontera de Brasil con Venezuela; los garimperios mataron a cuatro jóvenes yanomamis de esa zona. La respuesta indígena causó la muerte de dos garimperios, por lo que el contrataque de los explotadores de oro brasileños fue atroz, matando a 12 yanomamis, entre ellos un bebé, descuartizando los cuerpos para finalmente quemar la aldea Haximú.

Hace unos meses, militares venezolanos retuvieron en Río Negro una embarcación brasileña que desde hace mucho tiempo hacía el recorrido desde San Gabriel de Cachoeira, Brasil, y Río Negro, Amazonas, Venezuela, con mercancía, porque es más cerca para ellos Brasil que Puerto Ayacucho.

Los militares retuvieron la embarcación, se apropiaron de los productos y de las armas que iban en la embarcación. La protesta de las comunidades de la zona no se hizo esperar y lograron que la embarcación se la devolvieran a sus dueños.

"Lo que sucede es que los militares han venido exigiendo cada día más dinero, oro, beneficios, acceso a las ganancias del contrabando de combustible y no se adaptan a la cultura y al modus vivendi de las comunidades que se las ingenian para tener acceso a los productos necesarios para subsistir en esa difícil zona. En lugar de garantizarles protección y resguardo, acceso a alimentos y bienes, los militares acosan y presionan a la comunidad".

Hay coincidencia en varias fuentes, a las que tuvo acceso Infobae, en que el problema principal es el oro. "Están explotando oro sin importarles pasar por encima de las comunidades indígenas. Al Alto Orinoco lo han convertido en zona de explotación minera, inclusive en el Cerro Delgado Chalbaud, en la zona donde nace el río Orinoco, en el parque nacional Sierra de la Neblina hay máquinas. Los indígenas no solo temen a los garimperios brasileños sino a los militares venezolanos".

Todo militar enviado para esa zona no va castigado, como era antes por las condiciones difíciles de la zona, ahora va recomendado por el acceso a la explotación del oro, incluso los 17 de la Base fronteriza Delgado Chalbaud.

Recientemente el general de la ZODI habría ordenado el relevo de los funcionarios del Ejército por los de la Aviación, lo que al principio funciono muy bien hasta que los militares le pidieron al cacique Sabino que les permitiera ingresar una maquinaria para explotación de la minería. El jefe indio se negó alegando que esa es una zona virgen. "Nosotros lo que queremos es darle un tributo mayor al jefe de la ZODI y que nos dejen en Parimabe", insistieron los uniformados, pero los yanomamis no cedieron.

Ahora, militares en la zona están solicitando que el cacique Sabino sea detenido por "ataque al centinela", porque un hijo de él le arrebató el arma al primer teniente del puesto militar y la lanzó al patio, de donde la tomó su padre quien le disparó a dos de los militares que están heridos.

Dónde está

Cuando los yanomamis fueron ante el Ministerio Público recibieron un trato peyorativo por parte de la fiscal auxiliar superior Adelis Ramírez. Varios indígenas que estaban en la capital llegaron a la Fiscalía, pero se negaban a atenderlos, hasta que se presentaron más indígenas con arcos y flechas, por lo que la Fiscal bajó a hablar con ellos.

Amazonas es el segundo estado más grande de Venezuela, pero el de menos densidad poblacional; está ubicado en la frontera. Fácilmente se le podría confundir con un paraíso por las riquezas que tiene en sus entrañas: piedras preciosas, esmeraldas, coltán, pero también los majestuosos ríos, la bravía y misteriosa selva, la particularidad enigmática de sus comunidades indígenas. Más del 60% de su población está en Puerto Ayacucho, capital del estado. Su belleza y sus riquezas también son el motivo de su tragedia, por las apetencias de los grupos guerrilleros de Colombia y los garimperios de Brasil.

Para llegar a Parimabe, lugar donde ocurrieron los hechos que llevaron a la muerte de los cuatro indígenas, lo único apropiado es irse por aire, bien sea por avioneta o helicóptero, haciendo escala en el puesto de La Esmeralda, capital del municipio, lo que lleva unos 50 minutos de vuelo y desde ahí a Parimabe hay 45 minutos más de vuelo. Es una zona tupida, mucha vegetación y selva alrededor.

En esa zona no hay más de 100 personas y la totalidad de ellos son indígenas yanomamis, que viven en shabono. Lo único exógeno es el puesto militar, que antes ocupaba el Ejército y ahora la Aviación Militar; el otro puesto militar más cercano es la base de Seguridad Cerro Delgado Chalbaud, prácticamente el último puesto militar en la zona.

La insólita declaración

Los yanomamis asesinados fueron cuatro a quienes identificamos solo con las siglas de sus nombres, por respeto a la cultura Yanomami, porque el nombre del fallecido no debe pronunciarse: EGS (30 años), JIB (21), TCG (22) y MG (45). Indígenas heridos: adolescente Borges Sifontes de 16 años, herido en el brazo y está en el Hospital José Gregorio Hernández de Puerto Ayacucho; el cacique Sabino Silva, herido en la cabeza y en la mano derecha, y Gary García, herida en la mano derecha.

También resultaron heridos los militares: Christopher Jesús Bolívar Pino, Eduar José Evans y el soldado Jéferson Jesús Sebastián Garrido. Los militares terminaron heridos por los indígenas con las mismas armas que portaban.

La alcaldesa del municipio Atures y ex ministra de Pueblos Indígenas, Yamilet Mirabal, quien es indígena oriunda del pueblo yeral, fue comisionada para que conciliara ante los yanomamis, dijo que "por instrucciones del Alto Mando" hizo presencia en el lugar con un equipo multidisciplinario "para atender y aclarar una problemática presentada por diferencias culturales".

Siempre insistiendo en colocar en igual situación a los indígenas con los militares, aunque los primeros tuvieron arcos y flechas mientras los funcionarios de la Aviación usaron armas de fuego, agregó que "como todo en una fiesta, en una riña, hubo un enfrentamiento se dio una discusión en ese momento y todo cae en una presión, a defenderse cada una de las partes. Aplicar la justicia donde haya que aplicarla en ambas partes".

Estuvo de acuerdo en que "la Ley de los pueblos Indígenas se aplique, pero también tenemos que escuchar las versiones de ambas partes; se escuchó al pueblo yanomami y se escuchó a la otra parte. Sabemos que hay tristeza, tenemos dolor, de ambas partes, tenemos algunos funcionarios que también algunos están en una situación muy delicada de salud", fue la declaración de la exministra.

La confusión

La excusa es que hubo un enfrentamiento, por un aparato enrutador de internet, entre los yanomamis y funcionarios de la Aviación, el domingo 22 de marzo de 2022, que llevaron a la muerte de los indígenas a manos de los militares. La confusión surge por lo dicho inicialmente por un funcionario en una emisora local, que fue tomada por otros medios de comunicación y distintos voceros.

El Defensor delegado del Pueblo, Gumercindo Castro, dijo en el programa "Sobre la Mesa", de la emisora Raudal Estéreo 92.9 FM, que habían iniciado una investigación por la denuncia que recibieron vía telefónica por "presunto enfrentamiento entre los miembros de la comunidad Yanomami y miembros de las Fuerzas Armadas; según las investigaciones supimos que el enfrentamiento se originó debido al incumplimiento del acuerdo de la Base Militar con los indígenas sobre el uso del sistema de internet. Las antenas están instaladas en la Base y el router es propiedad de la comunidad; en vista de que no se venían cumpliendo los acuerdos, los indígenas quisieron retirar el router, lo que originó el enfrentamiento entre ambos grupos".

Castro enfatizó que "la primera autoridad que recibió la información fue el comandante de la Zona Operativa de Defensa Integral (ZODI), General de División José Ramón Maita González, quien se trasladó a Parimabe al día siguiente, acompañado por la Fiscalía Militar. El martes 22, se traslada al lugar de los hechos la comisión mixta conformada por CICPC (Cuerpo de Investigaciones Científicas, Penales y Criminalísticas), CENAMECF (Medicina Forense), Ministerio Público, General de la Base Aérea y todos los entes que tiene que ver con esa materia", posteriormente hubo reuniones con presencia de la Defensoría delegada Especial Indígena representada por la doctora Bertha Macuribana.

Comunicado de la CIDH

En comunicado de prensa del 8 de abril de 2022, la CIDH[3] condena la muerte de estos indígenas por parte de agentes militares en Venezuela, e insta al Estado a investigar, juzgar y sancionar a los responsables desde un enfoque de justicia y reparación culturalmente adecuado.

De igual forma reporta lo siguiente: De acuerdo con lo reportado por organizaciones de la sociedad civil, el 20 de marzo de 2022 ocurrió un altercado entre personas indígenas del pueblo Yanomami y agentes de la aviación militar venezolana, luego de que éstos se negaran a devolver un router de internet que pertenecía a la comunidad. El hecho ocurrido en el sector Parima B del Alto Orinoco, estado Amazonas, terminó con la muerte de 4 personas y un adolescente herido de este pueblo.

La CIDH observa que la región amazónica venezolana registra altos niveles de violencia con riesgos específicos para los pueblos indígenas, en especial desde que se creó la "Zona de Desarrollo Estratégico Nacional Arco Minero del Orinoco" en 2016. En su informe Pueblos indígenas y tribales de la Panamazonía, la CIDH resaltó graves casos de violencia contra los pueblos indígenas por parte de mineros ilegales. En el caso del pueblo Yanomami, se han documentado incluso casos de violencia sexual contra mujeres y trabajo forzoso, lo que pone de relieve la necesidad de brindar una mayor protección a favor de pueblos indígenas en aislamiento y contacto inicial. En similar sentido, la Alta Comisionada de Naciones Unidas para los Derechos Humanos ha resaltado los altos niveles de violencia en esa zona, incluyendo violencia sexual.

Asimismo, la Comisión recuerda que, en 1993, 16 indígenas Yanomami de la región de Haximú fueron asesinados presuntamente por personas dedicadas a la minería ilegal conocidas como garimpeiros. A raíz de una petición, el Estado firmó el un acuerdo de solución amistosa, homologado por la CIDH mediante el informe acuerdo número 32 de 2012, comprometiéndose a adoptar medidas de vigilancia, salud y protección.

La CIDH reitera que, en casos relacionados con ejecuciones, el Estado tiene el deber de iniciar automáticamente y sin dilación, una investigación seria, imparcial y efectiva. La investigación debe ser realizada a través de todos los medios legales disponibles para la determinación de la verdad y el enjuiciamiento y sanción de todos los responsables materiales e intelectuales de los hechos, especialmente cuando están o puedan estar involucrados agentes estatales.

Adicionalmente, insta a las autoridades correspondientes a tomar las medidas necesarias para reparar este daño incorporando un enfoque intercultural que considere los impactos a las víctimas, sus familias y su comunidad. A tal fin, recomienda la coordinación y cooperación con las autoridades de justicia indígena Yanomami, tomando en cuenta el reconocimiento a la jurisdicción especial bajo la legislación nacional y los estándares internacionales e interamericanos que reconocen los sistemas propios de justicia y jurisdicción de los pueblos indígenas, como expresión de su derecho a la libre determinación.

La CIDH también recuerda al Estado de Venezuela sus obligaciones de respetar y proteger los derechos de los pueblos indígenas a sus tierras, territorios y recursos naturales, mediante medidas de protección frente a las acciones de terceros. Del mismo modo, señala que, conforme a los compromisos, basados en estándares interamericanos e internacionales, la presencia de fuerzas militares en territorios indígenas debe estar previamente acordada con los pueblos indígenas concernidos a través de consultas eficaces y procedimientos apropiados con sus instituciones representativas. Por tanto, las medidas adoptadas para la protección de los pueblos indígenas deben reconocer sus derechos a sus culturas, tierras, territorios, recursos naturales y libre determinación.

Comunicado de Amnistía Internacional

El portal runrun.es, en artículo publicado el 7 de abril de 2022, recoge la posición de Amnistía Internacional:

A través de un documento publicado en su sitio web, Amnistía Internacional[4] hizo un llamado a las autoridades venezolanas para esclarecer el paradero de dos jóvenes indígenas Yanomami (uno de ellos de 16 años), que habrían sido trasladados a un lugar desconocido después de haber presenciado hechos violentos en la comandancia de la aviación de la localidad Yanomami "Parima B" del estado Amazonas, el 20 de marzo de 2022.

La organización sostiene que «tal situación podría constituir desaparición forzada», por lo que urgió a las autoridades venezolanas a garantizar la vida, integridad y libertad de ambos jóvenes Yanomami.

De igual manera, solicita que los hechos ocurridos el 20 de marzo «sean investigados de manera pronta, imparcial y efectiva por una autoridad civil —con exclusión de toda autoridad militar—, y se tenga especialmente en consideración el respecto y apreciación de la cultura y costumbres del pueblo indígena Yanomami».

En su documento, además, Amnistía Internacional solicita que:

· Se haga público el paradero, situación jurídica y motivo de traslado de los jóvenes Yanomami y, asimismo, se haga saber tal circunstancia al Foro Penal y su representante para que puedan acompañarlos en su
representación legal;

· Se garantice el derecho a la libertad de los jóvenes Yanomami y que el mismo no sea restringido de manera arbitraria en el transcurso de la investigación que lleva a cabo la Fiscalía en Venezuela;

· Se garantice que la situación en que se encuentran y el tratamiento recibido por los jóvenes Yanomami es adecuado y pertinente culturalmente, en particular en atención al lenguaje y edad de los jóvenes.

· Se permita al Foro Penal y demás representantes legales un acceso regular y frecuente a las actuaciones e investigaciones de la Fiscalía.

Lo sucedido

El 20 de marzo de 2022 se produjeron hechos de violencia entre un grupo de personas indígenas Yanomami y efectivos militares en torno al acceso a internet en la base aérea de Parima B, que forma parte de la Base Aérea General José Antonio Páez del estado indígena de Amazonas. La organización Foro Penal informó a Amnistía Internacional que los hechos se desenvolvieron de manera rápida y con el saldo de cuatro personas Yanomami fallecidas y cinco personas heridas, entre personas indígenas Yanomami y funcionarios militares.

Las personas que perdieron la vida son Marina Martina González, de 45 años; Jhonatan Silva, de 30 años; Caribán González, de 22 años e Isnardo Borges de 21 años.

Entre las otras personas heridas en este evento se identificó a un joven de 16 años con los apellidos Borges Sifontes, quien fue trasladado a recibir atención médica junto con su hermano Gabriel Silva de 19 años, quien también presenció los hechos. En la actualidad ambos son testigos clave en la investigación penal anunciada por la fiscalía general de la República.

El 1 de abril, mientras los hermanos estaban en el Hospital José Gregorio Hernández en Puerto Ayacucho, capital del estado indígena de Amazonas, presuntos funcionarios pertenecientes al Ministerio para Asuntos Indígenas intentaron sacarlos del hospital, desconociendo la calidad de representante legal de Olnar Ortiz, miembro del Foro Penal.

El 3 de abril, el traslado de los heridos se produjo y de manera irregular. Ambos hermanos Yanomami fueron transportados en una aeronave presuntamente perteneciente al grupo aéreo de transporte número 9 de la Aviación Venezolana.

El personal militar de la zona informó a Olnar Ortiz que los jóvenes habían sido llevados primero a la ciudad de Maracay, en el centro del país, y después, supuestamente, vía terrestre, al Hospital Militar Carlos Arvelo en Caracas. Sin embargo, hasta la fecha de esta declaración se desconoce la motivación de ese trasladado y el paradero de los jóvenes, lo cual los somete a desaparición forzada – un crimen de derecho internacional.

Comunicado de ORPIA

Han pasado ocho días y no se esclarecen los hechos de la muerte de los tres hermanos y una hermana Yanomami en la comunidad de Parima B en el Estado de Amazonas.

El pasado 20 de marzo del 2022, cuatro Yanomamis fueron asesinados a manos de militares del gobierno venezolano a causa de un conflicto interno ocasionado por una instalación de internet que había conseguido mediante donación la comunidad Yanomami al sur de Venezuela, la misma que fue instalada en la base militar, acuerdo que se rompió al cambio de personal, ocasionando una tragedia en la comunidad de Parima B.

Este hecho dejó también a cinco heridos, entre los cuales se encuentra un joven Yanomami de 16 años, quien está recluido en la sala de Trauma – Shock del Hospital Dr. José Gregorio Hernández, de la ciudad de Puerto Ayacucho. Este suceso es consecuencia de la histórica vulneración de derechos hacia los pueblos indígenas Yanomami, quienes han sufrido de invasiones constantes que han puesto en peligro su pervivencia.

Por eso ante la violación del derecho a la vida de nuestros hermanos y hermanas Yanomami, desde la Coordinadora de Organizaciones Indígenas de la Cuenca Amazónica (COICA) nos sumamos a las demandas planteadas por la Organización Regional de los Pueblos Indígenas del estado Amazonas (ORPIA), que exigen al Estado venezolano se garantice el derecho al debido proceso y que se genere una sanción a los acusados enmarcada en la Constitución de la República Bolivariana de Venezuela y en el Convenio 169 de la OIT, en donde se reconoce ampliamente los derechos de los pueblos indígenas y tribales.

Además, los pueblos indígenas de la Amazonía venezolana exigen reparación integral a las víctimas por los daños y perjuicios ocasionados y se respete los acuerdos ganados históricamente en donde se protege la integridad de los pueblos originarios y los territorios.

Los pueblos indígenas de la cuenca amazónica, nos mantenemos unidos y alertas ante los atropellos de las fuerzas militares de Parima B, y demandamos que se generen espacios de diálogo a través de una coordinación directa con ORPIA, como organización indígena representativa a nivel nacional.

COMUNICADO

Organización Regional de Pueblos Indígenas de Amazonas (ORPIA)
Comunicado sobre los hechos ocurridos el día 20 de marzo del presente año
en la comunidad Parima "B", Territorio Ancestral del Pueblo Indígena
Yanomami.

1. Es un hecho público, notorio y comunicacional, nacional e internacional, la muerte de cuatro hermanos Yanomami, en el incidente ocurrido entre el comando de la fuerza área y la comunidad de Parima "B", perdiendo la vida tres hombres y una mujer que a continuación identificamos: **ISNALDO BORGES, JONHATAN CAYUPARE, CARIBAN SILVA Y MARTINA BORGES, respectivamente,** todos mayores de edad. De igual forma, se encuentra recluido en la sala de Trauma - Shock del Hospital Dr. José Gregorio Hernández, de la ciudad de Puerto Ayacucho, el hermano Yanomami **SIFONTES BORGES,** de 16 años de edad (del sexo masculino), quien fue impactado **por una bala de fusil a la altura del hombro Izquierdo,** recibiendo además otro impacto de pistola 9 milímetros a la **altura del tobillo del lado derecho,** quien fue trasladado desde la comunidad Parima "B" hasta la ciudad de Puerto Ayacucho, para recibir atención médica especializada, el día lunes a las 01:00 pm, en compañía de su hermano **Gabriel Silva,** titular de la cedula de identidad 28.612.772, de 22 años de edad, y quien suministro dicha información del hecho ocurrido.

2. Lo importante es destacar, conforme a los derechos de los pueblos y comunidades indígenas reconocidos en la Constitución de la República Bolivariana de Venezuela, que en el país los derechos indígenas están reconocidos de manera amplia y efectiva, tanto en la constitución como en las demás leyes, como en la Ley Orgánica de Pueblos y Comunidades Indígena (LOPCI), en los convenios y tratados

ORGANIZACIÓN REGIONAL DE LOS PUEBLOS INDIGENAS DE AMAZONAS
Puerto Ayacucho, marzo 2022

internacionales suscritos por la Republica. En consecuencia, según lo establecido en el Convenio 169 de la OIT sobre pueblos indígenas y tribales, el artículo 3, numeral 2, resalta que "no deberá emplearse ninguna forma de fuerza o de coerción que viole los derechos humanos y las libertades fundamentales de los pueblos interesados, incluidos los derechos contenidos en el presente convenio".

3. ORPIA como organización indígena representante de unos 21 pueblos y comunidades indígenas de la región amazónica venezolana, tiene derecho a defender los derechos, solicitando la protección y la garantía de los mismos frente al Estado pronunciándose en defensa de los derechos humanos de los hermanos Yanomami de la comunidad Parima "B", municipio Alto Orinoco, como lo venimos haciendo durante más de 28 años, siendo que el territorio del pueblo Indígena Yanomami es preexistente a la creación del Estado-nación venezolano.

4. En el pueblo Indígena Yanomami de Parima "B" se encuentra activa la organización Indígena de base HORONAMI, la cual articula con ORPIA la defensa y lucha de sus territorios ancestrales a través de sus planes de vida para la protección de su territorio como fuente de vida.

5. En el año 2020, fueron solicitadas ante la Comisión Interamericana de Derechos Humanos (CIDH), MEDIDAS CAUTELARES PARA LA PROTECCION DE SUS TERRITORIOS, (MC 809-20), en favor del pueblo indígena Yanomami, ante la presencia y amenaza de garimpeiros en sus territorios quienes ponen en riesgo la continuidad cultural de este pueblo indígena de la Amazonía venezolana. En el pasado, el pueblo Yanomami fue víctima de la masacre de Haximu (1993), en la que finalmente hubo un acuerdo amistoso y preparatorio entre las partes ante CIDH en el año1999.

6. En el contexto de estas **MEDIDAS CAUTELARES**, en el año 2020 el pueblo Uwottuja solicita ante el Ministerio Publico, jurisdicción del estado Amazonas, una medida precautelativa para la protección del ambiente y la integridad física de las autoridades legítimas de Caño Guama, en la cuenca del rio Sipapo, donde se suscitó un ataque a los Guardianes Territoriales Indígenas (GTI) por grupos que trabajan la minería ilegal en la cuenca del rio Guayapo. En este hecho solo hubo heridos sin pérdida de vida. Situaciones parecidas están sucediendo en territorios donde se realizan actividades mineras extractivas.

7. El Estado venezolano tiene la responsabilidad de formar y capacitar a sus funcionarios públicos, civiles o militares, que laboren en hábitats y tierras indígenas, en actividades o instituciones relacionadas con los pueblos y comunidades indígenas, para el conocimiento y respeto de sus usos derechos, culturas, usos y costumbres, de conformidad con el artículo 9 de la LOPCI. Por consiguiente, la Ignorancia de la ley no excusa de su cumplimiento (artículo 2 Código Civil de Venezuela).

8. El Estado venezolano tiene la responsabilidad a través de sus instituciones que administran la norma hacer cumplir el precepto constitucional, aplicando justicia en todos los niveles e instancias del sistema de tribunales de la República.

9. ORPIA como organización indígena, tiene el compromiso de solicitar en todos los niveles de la administración de justicia del país, para que se establezcan las responsabilidades ante tan abominable hecho ocurrido contra el pueblo Yanomami, correspondiéndole determinar al Estado a través de la investigación la veracidad de lo acontecido. Es importante insistir en solicitar una investigación seria, objetiva e impersonal que permita determinar si hubo uso excesivo de la fuerza y que tipo de

delito se configuro por parte de los funcionarios militares contra los habitantes de la comunidad acantonados en Parima "B".

10. El quiebre de las normas de convivencia de los efectivos militares con habitantes del pueblo Yanomami, solo ameritaba el dialogo intercultural con los hermanos indígenas para solucionar alguna situación de desacuerdo, de lo contrario, debían informar a sus superiores inmediatos para intervenir como interlocutores y apaciguar algún estado de ánimo que pudiera reinar en el seno de la comunidad de Parima "B".

11. La decisión de hacer uso del arma de reglamento fue una actitud premeditada con algún objetivo específico, sabiendo que los Yanomami solo cuentan con el arco y flecha para la defensa de sus territorios, evidenciándose que no hubo ninguna actitud de diálogo entre las partes.

12. ORPIA, con las organizaciones indígenas de base de los 21 pueblos en el estado indígena de Amazonas, consideramos ponernos a disposición para colaborar dentro del área de nuestra competencia, y dentro de nuestros ámbitos y objetivos de nuestra organización para la realización de la investigación correspondiente. Por lo ante expuesto, estamos a la orden en formar parte de una comisión multidisciplinaria junto con la organización indígena de base HORONAMI del pueblo Yanomami, a objeto de seguir monitoreando desde el terreno la realización de las respectivas investigaciones de los hechos ocurridos, en articulación con la Defensoría del Pueblo, la Defensa Publica con competencia en materia de defensa de derecho integral de los pueblos indígenas, y demás entes competentes.

13. ORPIA se declara en emergencia ante el desarrollo progresivo de la investigación, con mucha firmeza, y con la confianza depositada en los entes del

estado venezolano, a fin de que se esclarezcan los hechos suscitados. Es por ello, que ha mantenido contacto con la Coordinadora de Organizaciones Indígenas de la Cuenca Amazónica (COICA), quienes monitorean los sucesos ocurridos, así como otras instancias internacionales en defensa de los derechos humanos de los pueblos indígenas, en especial del pueblo indígena Yanomami de la comunidad de Parima "B".

14. ORPIA propone una línea de solución intercultural ya que se encuentran cuatro (04) jurisdicciones involucradas donde se produjo el hecho; **la Jurisdicción Especial Indigena, la Jurisdicción Militar, la Jurisdicción de Genero, la Jurisdicción de Niños, Niñas y Adolescentes y la propia Jurisdicción Ordinaria,** para que a través la instalación de una mesa de diálogo intercultural, se avance en un proceso de reconocimiento jurídico intercultural en el que se visibilice **la Jurisdicción Especial Indígena,** a la par de las jurisdicciones antes mencionadas.

15. Este comunicado se realiza a los siete días de sucedidos los hechos que terminaron con la vida de los hermanos Yanomami. ORPIA y las organizaciones indígenas de base de los 21 pueblos existentes en nuestro estado Amazonas, nos mantenemos en emergencia permanente en nuestra sede, exigiendo justicia y realizando reuniones y diálogos, quedando a la orden de las instituciones y órganos del Estado ante cualquier apoyo que requieran en materia Indígena: **derechos humanos, territorios, jurisdicción especial Indigena, identidad, cultura y políticas publicas indígenas, entre otros.**

En Puerto Ayacucho, estado Indigena de Amazonas, a los 28 días del mes de marzo de 2022.

Conforme firman las organizaciones indígenas de base y otras organizaciones que se adhieren al presente comunicado.

YANOMAMIS ASESINADOS POR LA FANB

Organización Regional de Pueblos Indígenas de Amazonas (ORPIA)

Kurripaco, Baniba, Warekena y Yeral del Guainía, Río Negro y Atabapo (KUBAWY)

HORONAMI Organización Yanomami

Organización Indígena Piaroa Unidos del Sipapo (OIPUS)

Organización Ye'kwana del Alto Ventuari (KUYUNU)

Organización Mujeres Indígenas (OMIDA)

Organización Yabarana del Parucito (OIYAPAM)

Red de Jóvenes Indígenas de Amazonas (RAJIA)

Organización Pueblo Indígena Baré de Amazonas (OPIBA)

Asociación Caño Grulla (ASOCAGRU)

Organización del pueblo indígena Curripaco (OPICA)

Organización indígena del pueblo Jivi (UNUMA)

Organización de mujeres indígenas (Wanaaleru)

Jurisdicción especial indígena del pueblo Ye'kwana (TUDUMASAKA)

Guardianes Territoriales, defensores del territorio ancestral Uwottuja.

Organización del pueblo huwotuja del alto Cataniapo (OPUHC)

Las Indígenas están expuestas a Prostitución y Trata de Personas

El 11 de marzo de 2021 Yohana Marra, de *Crónica.Uno*, reportó:

-Según la organización *KAPE-KAPE* las mujeres indígenas se han visto obligadas a emigrar y son especialmente vulnerables a redes de trata de personas, explotación sexual, prostitución o abuso sexual. Entre enero y junio 2018 se registraron 14 femicidios de indígenas y 15 fueron víctimas de abuso sexual.

Caracas. Una madre necesitaba trabajo y desesperada pidió empleo en una mina. Pero fue amenazada de muerte si no llevaba a su hija también. Ante el temor de ser asesinadas, la joven no tuvo otra opción que irse a la mina y dejó a su madre en casa. Ahora la visita cada 15 días con la supervisión de un miembro de las minas.

La periodista precisó después:

–Esta es la realidad de las mujeres indígenas venezolanas. La crisis económica y el mal funcionamiento de los servicios públicos las ha empujado a buscar trabajo en las minas o a aceptar ofertas de trabajo doméstico que resultan engañosas, pues cuando llegan estos lugares son víctimas de abuso sexual o las venden por gramas de oro. El precio de cada mujer varía de acuerdo con su edad y según la zona extractiva hasta donde será trasladada.

Indicó por otro lado que Mariela Molero, abogada de la ONG *KAPE-KAPE*, dijo durante un foro chat de la violación a los derechos de la mujer indígena, que en muchas ocasiones las obligan a participar en actividades delictivas de militares, mineros o grupos armados y las consecuencias de este tipo de violencia se traducen en un incremento de muertes violentas de las indígenas.

Yohana Marra explicó igualmente que la organización, que vela por los Derechos Humanos de los pueblos indígenas, ha documentado que las mujeres son víctimas de explotación laboral, sexual y son intercambiadas entre los mineros.

–Entre enero y junio 2018 –apuntó- se registraron 14 femicidios de indígenas venezolanas y 15 fueron víctimas de abuso sexual, según los datos de la Comisión de los Derechos Humanos y Ciudadanía, citados por *KAPE-KAPE*. Los crímenes fueron reportados en el Municipio Caroní, El Callao, Sifontes y Heres del Estado Bolívar, donde también asesinaron a 12 mujeres.

En el Estado Amazonas, las principales víctimas de femicidios tenían entre 11 y 22 años, y según los registros de la organización, antes fueron obligadas a la prostitución. También conocieron que en Delta Amacuro una indígena fue víctima de violencia sexual, psicológica, física y verbal, y una adolescente warao también sufrió acoso sexual y psicológico.

La periodista reveló después que "Pocos son los registros de los estragos de la violencia en las mujeres indígenas", porque "la mayoría no cuenta nada por temor y las autoridades no ofrecen cifras oficiales" y apuntó que "El reporte más reciente lo hizo el fiscal —designado por la ANC— Tarek William Saab, durante el informe de su gestión el 25 de febrero, cuando indicó que entre agosto de 2017 y diciembre de 2020 habían ocurrido 610 femicidios en Venezuela. Sin embargo, no especificó cuáles eran los estados más afectados ni ofreció detalles, en este caso, de etnias indígenas".

Pero indicó que "Sin embargo, *KAPE-KAPE* ha recopilado algunos datos de las etnias en los estados Bolívar, Amazonas y Delta Amacuro" y "En 2019, la organización documentó casos de indígenas que fueron víctimas de intimidación, amenazas y hostigamiento, principalmente contra líderes de las etnias pemón, yukpa y wayúu, que fueron agredidas, secuestradas y víctimas de tratos crueles".

Agregó que Mariela Molero, de la citada ONG, ha denunciado que las indígenas "Son víctimas de maltrato físico, violencia psicológica y violencia sexual. Abusan sexualmente de ellas y las obligan a ejercer la prostitución. Estos tipos de violencia generan vulnerabilidad e incertidumbre y algunas ni siquiera quieren contar su historia porque han desaparecido o muerto. La mayoría de los casos quedan sin registros, el incremento solo revela la impunidad y la injusticia".

La vocera de *KAPE-KAPE* explicó además que "Entre las etnias afectadas por estos tipos de violencia se encuentran piaroa, warao, yekuana, cahima, sanumá, en los tres estados investigados".

Cabe destacar que El Alto Comisionado de las Naciones Unidas para los Refugiados (ACNUR) documentó la muerte de 80 indígenas entre 2017 y 2020, en el informe Actividades para Poblaciones Indígenas.

En otra parte del reportaje su autora escribió:

-Las mujeres indígenas cumplen un rol importante dentro de sus comunidades, son las encargadas de transmitir las tradiciones espirituales, la defensa de sus tierras, de los recursos naturales y las propiedades de las plantas tradicionales. También conservan las vestimentas tradicionales y sus costumbres, aunque son discriminadas en ambulatorios al momento del parto, no respetan sus creencias.

Las pésimas condiciones de vida, la escasez de medicamentos, de comida y de personal médico en los ambulatorios, y la emergencia humanitaria compleja, que atraviesa el país desde 2015, también ha empujado a los hombres y mujeres indígenas a emigrar a Brasil o Colombia.

La agricultura y la pesca dejó de ser el principal medio de subsistencia de los indígenas y muchos de ellos practican la minería a la fuerza.

Dijo más Mariela Molero a *Crónica.Uno*:

-Conocemos el caso de un indígena que se fue a trabajar a una mina y dice que estuvo secuestrado. Decidió salirse porque era un trabajo forzoso, solo le daban un plato de comida al día, y le dijeron que saldría muerto. Fue una situación bien difícil, que terminó con un enfrentamiento con arco y flecha.

También comentó que pueblos enteros no han tenido otra opción que abandonar Venezuela.

-A veces -advirtió- solo queda la estructura de las chozas, porque hasta los materiales con los que estaban construidos sus viviendas se los llevaron...es raro que los indígenas migren solos, lo hacen familias enteras, acompañados por el cacique y los menores de edad. Muchos llegan a estos países sin dominar el español y solo con la ropa que llevan puesta.

Estas condiciones hacen más vulnerable a la mujer indígena, quien ya por ser mujer y migrante va en desventaja. En los países de acogida también son captadas por redes de trata de personas, tráfico humano y son víctimas de explotación sexual o indigencia. Se sabe de mujeres que salieron y no llegaron a su destino, y tampoco fueron detenidas en Venezuela. El peligro de ellas no termina cuando salen de Venezuela. En el trayecto se aprovechan de su vulnerabilidad, como sucede en las minas.

La ACNUR señaló que, hasta marzo de 2020, había 5000 refugiados y migrantes indígenas en Brasil, donde han registrado su entrada desde 2018; el 65 % ha solicitado asilo. La mayoría de los migrantes son del grupo étnico warao (66 %), seguido por los pemones (30 %), e'ñepá (3 %) y kali'na (1 %).

Desde que confirmaron los primeros casos de COVID-19 a Venezuela, el 13 marzo de 2020, la situación para las etnias se agravó por el cierre del paso fronterizo y se vieron obligados a utilizar los pasos irregulares, conocidos como trochas, para buscar comida, alimentos o medicamentos.

Esto supone un riesgo más para las mujeres, quienes según datos de la Organización Internacional para las Migraciones (OIM) son el grupo más vulnerable de los migrantes indígenas dada su condición de indígena, migrante y mujer.

El reportaje advierte también:

-A pesar de los convenios y las leyes del Estado venezolano, no ha mermado la discriminación ni la violencia extrema contra las mujeres indígenas.

En 2002, Venezuela ratificó el Convenio sobre pueblos indígenas y tribales (número 169), un tratado internacional que se ocupa exclusivamente de las etnias. Mientras que, en 2005, se aprobó la Ley Orgánica de pueblos y comunidades indígenas, que tiene un proyecto de reforma en la Asamblea Nacional electa el 6 de diciembre de 2020.

Asimismo, apunta:

-La abogada Molero explicó que se han creado políticas de protección y atención, como el Ministerio de Pueblos Indígenas, así como la Dirección Nacional de Salud Indígena del Ministerio de Salud y la Dirección Nacional Intercultural del Ministerio para la Educación. El Instituto para la Mujer incluyó a 200 mujeres indígenas, "pero nada de esto ha mermado las formas de violencia".

La violencia también proviene de funcionarios militares cuando las mujeres migrantes llegan a puestos de control militar, aumentando su vulnerabilidad, o son devueltas a sus países sin tomar en cuenta las medidas legales.

Hay cuatro normativas que establecen la implementación de los derechos consagrados institucionalmente. Las mujeres, niñas y adolescentes siguen desprotegidas e invisibilizadas y hay que vencer esto.

Violación de Niñas Indígenas

El 1 de marzo de 2020 la Redacción Web del diario *El Carabobeño*, con información de *Infobae*, reportó:

-La guerrilla colombiana que controla la frontera del Estado Apure, abusa sexualmente de niñas y esclaviza a los adultos de las comunidades indígenas, denunció el exdiputado a la Asamblea Nacional por el PSUV, Francisco García Escalona. Se aprovechan sexualmente de las niñas indígenas que tienen más de una cuarta en la cintura, esa es la medida para el aprovechamiento sexual de nuestras indígenas de 10 y 11 años en adelante.

Tras calificar de alarmante la situación de los indígenas, García Escalona indicó que además de ser esclavizados para las actividades propias del contrabando de gasolina, drogas y comida, están desnutridos y se mueren de hambre o por enfermedades como la malaria.

-Se están muriendo. Así, en conclusión, se están muriendo sin ningún tipo de atención. Mueren por desnutrición, porque el hambre los afecta terriblemente y aunque algunas comunidades sobreviven gracias a la pesca, esta actividad también está limitada debido a que la guerrilla opera en esas zonas.

Igualmente afirmó que son las FARC y el ELN los que mayormente esclavizan a los indígenas y abusan sexualmente de las niñas.

Algo parecido hacían en su momento los conquistadores españoles ante la ausencia de sus mujeres para satisfacer las necesidades sexuales. Pero entonces, lo que hoy es Venezuela era un territorio arrebatado a los indígenas por la fuerza de las armas. Pero en el socialismo del siglo XXI existe unas fuerzas armadas cuya función primordial es la de defender nuestras fronteras, lo cual no hacen, porque es más productiva la corrupción y la venta de gasolina e insumos de construcción y resulta más fácil a las cúpulas militares reprimir y asesinar a la ciudadanía en manifestaciones cívicas, para así recibir favores de la narcodictadura, que enfrentarse a las guerrillas colombianas

Con respecto a la labor de los entes del régimen para frenar esta situación, García Escalona dijo que ninguno funciona y las comunidades indígenas en Apure están totalmente abandonadas. Las comunidades indígenas no cuentan con ningún tipo de atención. Las sedes del Ministerio Indígena y del Instituto Regional son ruinas con vehículos que son chatarras.

Igualmente criticó la gestión del entonces gobernador del régimen en Apure, Ramón Carrizales, a quien acusó de perseguir a aquellos que denuncian la precariedad del estado.

-Cerca de 16 mil indígenas —explicó- viven en Apure, distribuidos entre cinco etnias: pumé, hivi, capuruchanos, guahibos y yaruros. Pero los que están en condiciones más deplorables son aquellos que están asentados en los municipios Achaguas, Pedro Camejo y Rómulo Gallegos.

Al Olvido la Masacre de Haximú

E l 14 de junio de 2020 el Programa Venezolano de Educación Acción en Derechos Humanos (PROVEA) dio a la publicidad en la Web un extenso informe titulado "**27 años después de la masacre de Haximú indígenas yanomami denuncian presencia de mineros y complicidad de autoridades**" en el que señaló al principio:

-La minería en Venezuela no solo produce una destrucción acelerada de amplia vegetación en los estados Amazonas y Bolívar, así como contaminación de ríos, sino que afecta derechos de los pueblos indígenas y genera violencia.

Entre los meses de junio y julio de 1993, en el Estado Amazonas, en el sector conocido como Haximú, se produjo mediante dos ataques el asesinato de 16 indígenas yanomami ocho de ellos niños y niñas incluyendo un niño de menos de un año. La masacre fue perpetrada por 22 mineros de nacionalidad brasileña que realizaban labores de minería de manera ilegal. Al cometer los homicidios huyeron hacia territorio brasileño.

Y apuntó al respecto:

-Las autoridades tanto en Venezuela como en Brasil adelantaron las investigaciones. En Venezuela no hubo mayores avances, prevaleció la impunidad. Por el contrario, en Brasil las investigaciones avanzaron. Veintidós personas fueron identificadas como responsables de los hechos. De conformidad con las leyes penales brasileñas las instituciones de justicia tienen competencia para investigar a nacionales que en el exterior hayan cometido delito de genocidio. La investigación se adelantó como delito de genocidio al haber sido realizado con premeditación contra una etnia. Tras un largo proceso judicial muy controvertido la justicia del vecino país condenó a cinco personas a 20 años de cárcel.

PROVEA añadió:

-En Venezuela hubo personas y organizaciones que se sensibilizaron con la situación y empezaron a recopilar toda la información posible y exigir justicia.

Al poderse demostrar que en territorio venezolano no había voluntad política no solo para investigar sino también para garantizar protección a los yanomami dos organizaciones nacionales de derechos humanos el Vicariato Apostólico de Puerto Ayacucho y el Programa Venezolano de Educación -Acción en Derechos Humanos (PROVEA) acompañadas por dos organizaciones internacionales de promoción y defensa de los derechos humanos, el Centro para la Justicia y el Derecho Internacional (CEJIL) y Human Rights Watch Americas presentaron el caso el 06 de diciembre de 1996 ante la Comisión Interamericana de Derechos Humanos.

Entre los argumentos presentados por las organizaciones ante la instancia internacional se indicó que desde que comenzó la invasión garimpeira en el área Yanomami, los mineros habrían entrado y operado en territorio venezolano, produciendo destrucción ambiental, atacando y ejerciendo violencia contra el Pueblo Yanomami. Afirmaron que, en conocimiento de esta situación, a fines de los años ochenta, el Estado venezolano estableció un puesto militar en el lugar, sin el apoyo logístico suficiente para controlar la situación.

En virtud de estos hechos, y dado el conocimiento del Estado sobre la situación de vulnerabilidad del Pueblo Yanomami a causa de la actividad ilegal de minería en la zona, expusieron que el Estado venezolano era responsable por la violación de los derechos a la vida, la integridad personal, las garantías judiciales, la propiedad privada, la circulación y residencia, la igualdad ante la ley y la protección judicial, consagrados en los artículos 4, 5, 8, 21, 22, 24 y 25 de la Convención Americana sobre Derechos Humanos.

En el siguiente párrafo PROVEA expresó:

-Respecto a las investigaciones emprendidas en la jurisdicción interna, alegaron que las autoridades de Brasil y Venezuela se trasladaron al lugar de los hechos en los meses de agosto y septiembre de 1993, y determinaron que la aldea Haximú y el campamento provisional (Taripi), se encontraban en territorio venezolano. Posteriormente, los gobiernos de Brasil y de Venezuela conformaron una Comisión Bilateral, que decidió que ambos países realizarían investigaciones judiciales para esclarecer los hechos, no obstante, sería Brasil quién juzgaría a los responsables de la masacre debido a que la ley brasileña permite la aplicación extraterritorial de la ley penal para el delito de genocidio cometido por sus nacionales en el extranjero. Sostuvieron que Venezuela renunció indebidamente al principio de territorialidad, debido a que el artículo 3 del Código Penal venezolano obligaba al Estado a sancionar los delitos o faltas cometidos en su territorio.

Luego explicó:

-Tras un proceso de diálogo con autoridades del gobierno de Rafael Caldera y posteriormente con el gobierno de Hugo Chávez y con la mediación de la Comisión Interamericana de Derechos Humanos el 10 de octubre de 1999 se suscribió un acuerdo amistoso que incluye seis compromisos del Estado venezolano en favor del Pueblo yanomami y otros pueblos indígenas.

Lamentablemente tres años después, el abogado Fermín Toro Jiménez para ese momento el representante del gobierno de Chávez ante las instancias internacionales de derechos humanos encabezó un proceso de desconocimiento del acuerdo alegando que se había violado la soberanía de Venezuela. Así el 3 de marzo de 2004 presentó un escrito informando que el Estado venezolano no acataba ese acuerdo. Afortunadamente los abogados que años después lo sustituyeron rectificaron y se retomó el acuerdo.

Los seis puntos del acuerdo aún vigente son:

1. **Sobre vigilancia y control del área Yanomami.** El Estado se compromete a promover la suscripción de un acuerdo con el gobierno de Brasil, a fin de establecer un Plan de Vigilancia y Control Conjunto y Permanente, para monitorear y controlar la entrada de garimpeiros y la minería ilegal en el área Yanomami.

2. **Sobre la situación de salud del Pueblo Yanomami.** El Estado se compromete: a diseñar, financiar y poner en funcionamiento, a través del Ministerio de Sanidad y en Coordinación con el Consejo Regional de Salud del Estado Amazonas, un Programa Integral de Salud dirigido al Pueblo Yanomami, para enfrentar la grave problemática sanitaria de la zona. El programa incluirá, entre otros aspectos, la construcción de infraestructura, la dotación de equipos médicos y la capacitación de miembros de la etnia. El Estado se compromete a destinar un presupuesto anual administrado por el Consejo Regional de Salud para la ejecución del Programa adoptado.

3. **Sobre la investigación judicial de la masacre.** El Estado se compromete a hacer un seguimiento de la investigación judicial sobre el proceso penal que se adelanta en Brasil, a fin de que se establezcan las responsabilidades y se apliquen las sanciones penales correspondientes. El Estado se compromete a comunicar periódicamente a la Comisión Interamericana y a los peticionarios sobre las gestiones adelantadas y el Estado del proceso judicial en Brasil.

4. **Sobre las medidas legislativas de protección de los pueblos indígenas.** El Gobierno se compromete a estudiar y promover la ratificación del Convenio N° 169 de la OIT, Sobre Protección de Pueblos Indígenas y

Tribales en Países Independientes, que actualmente está en el Congreso de la República para su aprobación.

5. **Sobre la designación de un experto en materia indígena.** El Estado se compromete a designar, en consulta con los peticionarios, un experto en materia indígena, a los efectos de ejecutar los puntos materia del acuerdo.

En los primeros años del acuerdo hubo avances sobre los puntos 2 y 4 del acuerdo. En materia de salud se elaboró en consulta con las organizaciones de derechos humanos nacionales Vicaría de Amazonas y PROVEA un Plan de salud yanomami y se asignó un presupuesto específico para el plan.

Se adoptaron algunas medidas que parcialmente se cumplieron pero que impactaron poco en la salud de los yanomamis al no haber continuidad y no alcanzar a las comunidades más alejadas. Con el transcurrir de los años el Ministerio de Salud no asignó presupuesto especial para atender la salud yanomami, sino que afirmó quedaban incorporados en la Misión Guaicaipuro y se fue abandonando a su suerte a los yanomamis salvo acciones esporádicas con apoyo de la fuerza armada. Siguen falleciendo yanomami por enfermedades prevenibles si hubiese voluntad de actuar con responsabilidad y mediante acciones integrales y persistentes.

Sin embargo, señala el informe, "En el control del territorio no sólo no hubo avances, sino que hay un retroceso", pues "La minería tanto legal como ilegal pone en riesgo la salud, la integridad y vida de los yanomamis y otros pueblos indígenas". De tal manera, que "Actualmente también hay presencia de mineros que realizan actividad ilegal pero además se tolera la presencia de grupos irregulares de distinta naturaleza ya sea por complicidad de la fuerza armada o por falta de eficacia de ésta para ejercer el control del territorio".

En consecuencia, "Hoy existe mayor riesgo para los Yanomami que en 1993. Una muestra del incumplimiento del acuerdo amistoso".

Y por ello, "27 años después la comunidad Yanomami denuncia presencia de mineros que desarrollan minería ilegal con la complicidad de funcionarios militares".

Prueba de lo cual, que el 10 de junio 2020 representantes de varias comunidades yanomami denunciaron:

–Somos como unas 14 comunidades, la más grande son Parima A, Parima B y Parima C, la comunidad Haximú es la que está más cerca de los campamentos de los mineros, y estos garimpeiros que llegaron están dentro de la propia comunidad Haximú.

Hay un comando de la GNB, ubicado en la Sierra Delgado Chalbaud y por allí es que han entrado unos 80 garimpeiros y después agarran un camino que hace que entren a Haximú que está entre uno o dos días caminando, precisamente están asentados allí ahorita y las autoridades les permitieron instalar unas cuatro (4) máquinas para sacar oro y minerales. Las comunidades indígenas se están quejando porque cuando llegaron, comenzaron normalmente pero luego nos vimos muy afectados más por la malaria y la contaminación de los ríos que otra cosa, tenemos que buscar agua mucho más lejos para no intoxicarnos, ellos están en los mismos terrenos que circulaban cuando la masacre.

Nosotros nos abastecemos con agua y pesca del Río Orinoco y el Río Haximú, que son los que se están viendo contaminados por echarle el mercurio, y no se puede pescar ni tomar de esa agua, ese es el gran daño que se le hace a las comunidades, y tenemos que caminar un día entero para poder pescar y para tomar agua, como unas dos horas, esto es un desastre para la comunidad.

Lo más reciente que hemos vivido con esta situación es desde 2016 cuando empezaron a ingresar unas dos (2) maquinarias, y en 2018 ingresaron dos (2) más, en ese entonces había unos 40 garimpeiros y a finales de 2019, llegaron unos 40 más, que están instalados en tierra yanomami, hay otros grupos que entran y salen que antes no se veían.

III

AMBIENTE

El 3 de septiembre de 2020 Caraota Digital, reportó:
-La comunidad indígena de Santo Domingo de Turasen en el
municipio Gran Sabana rechazó la instalación y operación de la
Corporación Venezolana de Minería (CVM) en sus tierras. La
responsabiliza de fomentar y formalizar la extracción aurífera en
zonas protegidas, entre ellas, el Parque Nacional Canaima.

Ahora le toca al Parque Nacional Canaima

El 3 de septiembre de 2020 *Caraota Digital*, reportó:

-La comunidad indígena de Santo Domingo de Turasen en el municipio Gran Sabana rechazó la instalación y operación de la Corporación Venezolana de Minería (CVM) en sus tierras. La responsabiliza de fomentar y formalizar la extracción aurífera en zonas protegidas, entre ellas, el Parque Nacional Canaima.

El pronunciamiento es una respuesta de la comunidad a la intención de instalar una oficina de esta empresa estatal minera en Santa Elena de Uairén, capital del municipio, reseña El Correo del Caroní.

Este parque fue creado el 12 de junio de 1962 y declarado Patrimonio Mundial por la Unesco en 1994.

La fuente agregó:

–Aunque no hay detalles sobre la eventual instalación, los indígenas temen que esta sea la antesala a un aval del Estado para emprender la minería en zonas protegidas, como el Parque Nacional Canaima, donde ya hay explotación minera.

A través de un comunicado, la comunidad acusó a la institución de implementar políticas públicas no acordes. La cuales fomentan la desunión y que debilitan las estructuras organizacionales de los pueblos indígenas.

Expresan que la instalación no cumple con el principio de la consulta previa, libre e informada a los pueblos originarios. Ni con el mandato de respetar la soberanía, sustentabilidad y visión sistémica. Así como el desarrollo bajo principios ecológicos y el respeto a las comunidades indígenas.

"En 20 años no se ha podido desplazar ni romper con una élite corrupta y desprestigiada. Sin canales de comunicación política con la mayoría de los pueblos indígenas", sentencian en el comunicado.

Caraota Digital señaló, además:

–La comunidad exige a las autoridades gubernamentales cumplir a cabalidad lo establecido en la Constitución. La consulta previa, libre e informada a los pueblos indígenas sobre cualquier acción que se quiera cometer en sus territorios ancestrales. Acciones que además pueden afectar su modo de vida.

Más tomando en cuenta que la minería en los territorios ancestrales ha traído consigo violencia, contaminación ambiental y enfermedades relacionadas con la malaria y la desnutrición dentro de los pueblos originarios.

En el sur del país se han reportados extensos territorios destruidos a consecuencia de la minería ilegal.

Es una guerra en peores condiciones que la sostenida contra los conquistadores españoles, pues se trataba entonces de un solo enemigo, y en el socialismo del siglo XXI, cuya Constitución Nacional y las leyes protegen teóricamente a nuestros indígenas, los pueblos originarios tienen en su contra las guerrillas colombianas afectas a la narcodictadura de Nicolás

Maduro, los narcotraficantes, los garimpeiros brasileños y las Fuerzas Armadas, obligadas legalmente a defenderlos, pero que en la práctica se convierten en sus enemigos.

El 13 de octubre de 2020 *El Nacional* reportó:

-Armando Obdola, presidente de la asociación civil *KAPE-KAPE*, lamentó que los indígenas venezolanos sean víctimas de la invasión de sus tierras y cultura, a más de 500 años de la llegada de los españoles.

Asimismo manifestó, de acuerdo con un comunicado difundido por la organización, que no solo enfrentan la llegada de los grupos mineros sino también de presuntos guerrilleros, pese a que han pedido el apoyo de las autoridades.

"Los indígenas están perdiendo la batalla contra los grupos armados que poco a poco se han ido apoderando de sus espacios", expresó Obdola.

Los indígenas pierden la batalla contra los grupos armados que se apoderan de sus tierras.

Asimismo, señaló que en zonas de los municipios Sucre, Sifontes y Cedeño del Estado Bolívar algunas poblaciones se han visto en la necesidad de permitir la operación de grupos irregulares porque no tienen cómo enfrentarlos.

Obdola aseguró que los habitantes sufren violencia, agresiones y chantaje.

-Los indígenas-afirmó- no tienen como comer ni producir. Llegaron estos grupos, a los que denunciaron en un principio y, al no recibir respuesta ni protección, han dado permiso bajo amenaza. La necesidad ha obligado a los indígenas a participar en la destrucción de sus tierras-

De igual modo el presidente de *KAPE-KAPE* dijo que las precariedades que viven los pueblos indígenas sobrepasan las consecuencias de la pandemia de covid-19. Y afirmó que éstos, aun siendo dueños de sus tierras, son esclavos de grupos armados de sindicatos y de guerrilla que actúan bajo la presunta complicidad de las instituciones del Estado.

Por lo tanto, el hambre y la miseria los obliga a huir hacia Brasil y Colombia.

Al respecto la periodista Sebastiana Barráez, de Infobae, señaló, con información de *KAPE-KAPE*, que se ha dado una movilización masiva de waraos hacia Brasil. Así también, los del pueblo jivi de Amazonas se han ido marchando hacia Colombia.

Al Arco Minero y la destrucción del Río Caura

El 9 de diciembre de 2020 Tony Frangie Mawad publicó un extenso estudio sobre las nefastas consecuencias que han tenido la explotación legal e ilegal de las riquezas del Arco Minero del Orinoco tanto en los pueblos originarios como en la naturaleza.

-La extracción de oro en la cuenca que genera más agua en Venezuela

-afirmó- significa contaminación con mercurio, malaria, caza masiva, esclavitud y etnocidio.

El autor recordó luego:

> *—Diez mil años tiene la presencia humana en el Caura. En los últimos veinte, la extensión de la minería está arrasando la salud y la cultura de sus comunidades ancestrales*

Alberto Blanco Dávila, especialista en turismo ecológico y actualmente director de la revista Explora, conoció las prístinas riberas del río Caura hace 25 años. Había sido contratado como asesor ambiental por Bernardo Kröning, un empresario alemán-venezolano que dirigía el grupo Cacao Travel y que estaba fundando la primera posada turística de la zona: Casa Tropical, en el pueblo de Trincheras.

Tras dos décadas organizando expediciones y conociendo cada rincón de sus saltos y selvas de verde profundo, Blanco Dávila lleva tres años sin volver al río: ya no es seguro. Mucho menos prístino: en menos de una década, explica, alrededor de cinco mil mineros se han asentado en la cuenca para explotar oro. Casa Tropical ya no recibe turistas curiosos desde Caracas y el extranjero: hace poco, la posada —donde ahora vive una pareja de exempleados— fue tomada temporalmente por sesenta miembros del Ejército de Liberación Nacional (ELN), la guerrilla marxista colombiana que controla vastas partes del territorio.

El Caura es el tercer río más caudaloso de Venezuela: inicia en el sudoeste de Bolívar, en el parque nacional Jaua-Sarisariñama, y desemboca en el Orinoco al cabo de 723 kilómetros. También es la cuenca que genera más agua en Venezuela. Dice Blanco Dávila que "todavía hay lugares que son totalmente prístinos, donde ningún ser humano ha puesto un pie".

> *Caura es un "mega laboratorio": allí se ha registrado más del 35 % de las especies biológicas del país y un 60 % de las de Guayana.*

Aproximadamente, y un cálculo conservador, hay unas 500 especies de aves de las más de 1.400 que hay en Venezuela, unas 40 de anfibios, 60 de reptiles, más de 180 de mamíferos y unas 3.000 plantas vasculares, cerca del 80 por ciento de todas las plantas endémicas del "Escudo Guayanés", dice Blanco Dávila. De hecho, según un estudio botánico de 2008, hay al menos 56 especies endémicas restringidas a la cuenca del río.

Pero a la zona llegó el depredador socialismo del siglo XXI, en connivencia con las guerrillas colombianas afines a la narcodictadura, traficantes y delincuentes de toda especie a causar desolación y muerte, de la naturaleza y de sus protectores, los indígenas.

Tony Frangie Mawad detalló al respecto:

...hoy, el Caura está contaminado de mercurio. La minería en la cuenca empezó a muy baja escala hace dos décadas, en el Yuruani, un tributario del Caura. Eso comenzó a cambiar con proyectos para legalizar la minería artesanal, como Misión Piar. Y en 2016 llegó el Arco Minero del Orinoco: un área para la explotación minera de mayor envergadura que Suiza o Panamá, considerada ilegal por la Asamblea Nacional legítima, y que se ha transformado en un territorio violento sin regulación alguna, gobernado por bandas criminales, grupos guerrilleros y traficantes de oro.

Y como el narcodictador Nicolás Maduro requería más recursos económicos para repartir entre sus socios corruptos de Venezuela y el exterior, especialmente la dictadura cubana, pues había arrasado con el próspero negocio petrolero y ferrominero de Ciudad Guayana, "En abril de 2020, por decreto oficial y sin consultar a los pueblos indígenas locales o estudiar el impacto ambiental en el área (como requieren los artículos 120 y 129 de la Constitución), el Ministerio de Desarrollo Minero Ecológico agregó parte del Caura y otros ríos al área de explotación". Y "Desde entonces, -explicó TNF- el paisaje fluvial ha sido salpicado por balsas mineras —que eliminan residuos con agua y dragan el lecho del río en busca de oro y diamantes— incluso fuera del área delimitada por el decreto. Por ello, en mayo, los habitantes del pueblo de Maripa salieron a protestar".

Y lo que hace 15 años se podía considerar la cuenca más prístina de toda Venezuela y una de las más prístinas de todo el mundo entero", dice Blanco Dávila, pero hoy el mercurio contamina desde Maripa —cercano a la desembocadura del Caura en el Orinoco— hasta el Salto Pará (donde el río comienza a conocerse como Merevari).

Según Alejandro Álvarez Iragorry, biólogo y coordinador de la organización de derechos ambientales y humanos Clima 21, citado por TMF, "Los impactos de este tipo de explotación son enormes y no mitigables", y "pueden ser considerados en algunos casos como a perpetuidad".

TMF explicó además que "Diversos grupos étnicos hacen vida en el Bajo Caura, un área poblada desde al menos hace diez mil años según registros arqueológicos: principalmente, desplazándose por la cuenca, los yekuana (de la familia lingüística caribe) y sanema (de la familia lingüística yanomami) como también los hoti o joti (sin relación lingüística con ningún otro grupo) que han permanecido más aislados del mundo criollo. También, en menor cantidad, hay comunidades kariña, guahibo y pemón".

Igualmente señaló que en los pueblos de Trincheras y Aripao hay comunidades afrovenezolanas: descendientes de esclavos que llegaron a Angostura (hoy Ciudad Bolívar) tras escapar de las plantaciones de Esequibo y Demerara en el siglo XVIII, en ese entonces parte de la Guayana Neerlandesa, hoy Guyana.

–Allí, –afirmó- en 1758, las autoridades coloniales españolas les concederían la libertad y tierras para vivir. "Los aripaeños tienen una cultura afroindígena, diferente a la de otras comunidades afrovenezolanas", explica Karina Estraño, miembro del Laboratorio de Ecología Humana del Centro de Antropología del IVIC, "tienen vínculos familiares muy antiguos con pueblos caribes, principalmente los kariñas, y sus patrones de vida están fuertemente arraigados en los ciclos naturales de la cuenca del río Caura. En este sentido, son navegantes expertos, pescadores y pequeños agricultores".

Como su sustento son las aguas del río y sus peces (de hecho, yekuana significa "gente de río" en su lengua), el mosaico multicolor de pueblos que habita en el Caura ha tenido que sufrir los efectos del mercurio en la cuenca, vertido desde las minas donde se usa para separar el oro de otros minerales. "Todo lo que vive en el río está envenenado", dice Blanco Dávila, "los indígenas están enfermos y lo que come todo el mundo allí". Según el ecologista, hasta se han reportado casos de la enfermedad de Minamata, un síndrome neurológico grave y permanente causado por envenenamiento de mercurio.

El autor del estudio precisó también:

-En 2012, antes del Arco Minero, Fundación La Salle y la UDO encontraron que 92 % de las mujeres yekuana y sanema tenían una exposición al mercurio muy superior al límite recomendado por la OMS, y 36,8 % podían tener hijos con desórdenes neurológicos. Desde entonces, a pesar del drástico incremento de la explotación minera, no ha habido evaluaciones. "Pero dado que la contaminación por mercurio es acumulativa, y las áreas explotadas en la Caura han incrementado", Además, en los pueblos de Trincheras y Aripao hay comunidades afrovenezolanas: descendientes de esclavos que llegaron a Angostura (hoy Ciudad Bolívar) tras escapar de las plantaciones de Esequibo y Demerara en el siglo XVIII, en ese entonces parte de la Guayana Neerlandesa, hoy Guyana. Allí, en 1758, las autoridades coloniales españolas les concederían la libertad y tierras para vivir. "Los aripaeños tienen una cultura afroindígena, diferente a la de otras comunidades afrovenezolanas", explica Karina Estraño, miembro del Laboratorio de Ecología Humana del Centro de Antropología del IVIC, "tienen vínculos familiares muy antiguos con pueblos caribes, principalmente los kariñas, y sus patrones de vida están fuertemente arraigados en los ciclos naturales de la cuenca del río Caura. En este sentido, son navegantes expertos, pescadores y pequeños agricultores".

Según el ecologista, hasta se han reportado casos de la enfermedad de Minamata, un síndrome neurológico grave y permanente causado por envenenamiento de mercurio.

En otra parte del estudio su autor apuntó que el turismo internacional se desvaneció del Caura hace varios años y con este, se desvanecieron los trabajos de motoristas, artesanos, marineros, cocineros y guías baqueanos que sustentaban a las comunidades del área.

-Además, -indicó- la depredación minera ha generado "una economía perversa que destruye todos los procesos económicos tradicionales", dice Álvarez Iragorry. Esto ha llevado a que los productos comercializados se midan por el "patrón oro" (es decir, usando el oro como moneda) además de a una erupción de prostíbulos, bares y libre expendio de drogas.

Desde hace varios años, los capitanes indígenas de la zona junto a la organización indígena Kuyujani (que agrupa 54 comunidades yekuana y sanema) han denunciado un sistema de "neoesclavitud". Esta explotación ha agravado las relaciones ancestrales de las dos etnias, pues tradicionalmente los sanema han sido dependientes de los yekuana: ahora, los sanemas sirven de caleteros que cargan insumos para los campamentos, subordinados a los mineros.

Así, los indígenas del Caura se han visto forzados a formar parte de la precaria economía minera. "La mayoría de los indígenas locales no están trabajando a voluntad", dice Blanco Dávila, "o los matan o se mueren de hambre". También, la situación ha causado un realineamiento demográfico debido a la incursión masiva de mineros criollos, brasileños, colombianos y guyaneses además de grupos paramilitares, bandas criminales y guerrilleros de la FARC disidente y el ELN que han tomado áreas enteras.

A continuación, apuntó, citando a Blanco Álvarez, que, sobre este abanico mafioso, está la complicidad de miembros de las Fuerzas Armadas, quienes tienen puntos de control muy fuertes en zonas del río.

–Es –revela– una cadena que empieza desde el escalón más bajo: el hoti o el sanema, luego los yekuana, todos los grupos mafiosos y paramilitares y arriba, en la punta de la pirámide, el general que tiene control de esa zona. Y arriba de él: las altas esferas del gobierno en Caracas.

La violencia del Alto Caura se ha ido desplazando a lo largo de toda la cuenca, explica Karina Estraño. "Son conocidas las masacres y desapariciones de indígenas en la mina El Silencio".

Blanco Dávila aseguró que "El sur es como otro país: eso es un territorio feudal, donde ni los gobernadores tienen palabra", agregando que "Allí los que mandan son los generales, que son como reyes. Y los grandes perdedores son las culturas indígenas del sur del Orinoco".

También afirmó que los grupos indígenas del Caura habían "sabido mantener un equilibrio: nunca habían tenido un contacto y transculturación tan directo y fuerte con los criollos como los pemones, y la politiquería nunca había entrado tan arriba en el Caura".

De igual modo aclaró:

-Lo mismo pasa con la cacería, que antes se hacía estrictamente por subsistencia y basada en un "conocimiento ancestral y de sabiduría sobre la selva: qué animales matar, qué animales no matar, saber distinguir que una danta está embarazada y por tanto no pueden matarla. Pero el equilibrio ambiental de los indígenas se ha desmoronado en los últimos años".

Después, citando a Karina Estraño, aseguró que esta alertó sobre el grave riesgo de etnocidio existente en la cuenca del Cauca, que se cierne sobre las poblaciones indígenas y afrodescendientes, advirtiendo que el término etnocidio que la misma menciona fue acuñado por el antropólogo francés Robert Jaulin en su libro La paz blanca, aparecido en 1970, refiriéndose al hostigamiento de los bari del Catatumbo por parte de los misioneros jesuitas y compañías petroleras. En la citada obra su autor redefine el concepto de etnocidio como la exterminación de una cultura sin necesariamente exterminar su gente.

El ecologista Blanco Ávila refiere al respecto:

-La minería los ha hecho dejar todas sus actividades ancestrales, ya no te construyen un bongo" ... "la cestería yekuana -su simbología, su valor ornamental, su cosmovisión- se está perdiendo". Ahora, "no encuentras ningún yekuana que sepa de cestería" ... los artefactos culturales del grupo son de alta sofisticación, con patrones geométricos uniformes y de color.

Recalcó después;

-También está sucediendo una pérdida epistemológica de etnobotánica y etnozoología. Les preguntas los nombres de las palmas y es raro que te respondan: si saben, deben ser de una comunidad muy aislada o muy ancianos...Sus estilos de vida tradicionales y tradiciones, su cultura, sus cosmovisiones: todo ha sido alterado por la llegada de estos grupos criminales. Esta disrupción masiva del orden cultural de los yekuana, sanema y otros grupos ha significado a su vez un incremento de prostitución, alcoholismo y drogas, directamente relacionado a las nuevas comunidades mineras y redes económicas. Muchos indígenas están hoy alcoholizados.

Además, ... el estilo de vida pescador de Trincheras y Aripao - "los únicos pueblos negros del sur del Orinoco"- se ha visto interrumpido por la incursión minera: Todos tienen que trabajar para los mineros, los militares y los guerrilleros. Las culturas de los grupos indígenas y afroindígenas del Caura se basan en una relación profunda con la naturaleza.

Con palabras de Estraño reveló el autor:

No hay separación entre el ser humano y el ambiente", explica siendo el río "el eje que articula todas las acciones", lo cual implica culturalmente el cuidado y respeto de este y de la vida silvestre de sus aguas y selvas. Pero ahora, "con la irrupción de la minería, se ha impuesto una nueva concepción de la naturaleza: como objeto de uso y saqueo". Así, el tradicional entendimiento espacial se está viniendo abajo.

Blanco Dávila, por su parte, recordó que la reserva forestal del Caura, con una superficie de cinco millones de hectáreas, fue creada en 1968 por el gobierno de Raúl Leoni.

–En 2017, -explicó- se le sumarían dos millones de hectáreas más al ser transformada en un parque nacional por el gobierno de Maduro. Pero la realidad dista de los decretos. Tenemos la mejor legislación de Latinoamérica sobre el tema ambiental, pero son parques nacionales en papel porque no se cumple ninguna normativa.

Álvarez Iragorry señaló al respecto que "El área establecida como Parque Nacional Caura se superpone en un espacio muy pequeño del Arco Minero del Orinoco", y advirtió que la resolución 0010, que autoriza el uso de balsas mineras, es contraria a una importante cantidad de normas legales ambientales venezolanas, incongruentemente ignoradas por el propio gobierno

Por su parte Estraño indicó que la creación del parque nacional fue rechazada por los indígenas de la cuenca, pues no fueron consultados, violando el derecho de autodeterminación y creando una situación contradictoria con el derecho territorial que les asegura la Constitución, que como señala Álvarez Iragorry tal derecho no representa un derecho de propiedad tal como es entendido por las naciones occidentales.

–Es el derecho –aclaró– a vivir en un territorio de acuerdo con sus reglas y costumbres ancestrales, sin interferencia externa y tomando decisiones autónomas respecto a las actividades que se lleven a cabo allí". Pero, a pesar de la normativa legal establecida por la Constitución de 1999 y por la Ley de Demarcación y Garantía del Hábitat y Tierras de los Pueblos Indígenas de 2001, los indígenas jamás han recibido el control de estos ni han visto la formalización de los territorios demarcados. "Los yekuana, sanema y hoti hicieron todos los trabajos para lograr la demarcación de sus territorios", explica Estraño, "pero no hubo respuesta de las autoridades".

El texto revela también que en 2013 la Asociación Civil Afrodescendientes de Aripao nació para demarcar las tierras utilizadas por la comunidad y tres años después solicitó formalmente la ocupación colectiva del territorio, basándose en el esquema tradicional del uso de tierras de la población. Pero además inició el proceso de titularización colectiva del bosque comunitario de Suapure, protegido por un Acuerdo de Conservación con la ONG Phynatura.

Indicó igualmente que en los últimos años la malaria ha causado estragos en el área.

Respecto a la deforestación ocasionada por la minería de oro a cielo abierto, la bióloga María Eugenia Grillet, especializada en ecología de insectos, ha expresado que esta actividad abre una especie de laguna donde se usa mercurio para poder amalgamar el oro,

–El minero –afirmó– está creando hábitats acuáticos para que los mosquitos vectores se reproduzcan. Así, en campamentos, conformados por un "rancho provisional de cuatro palos con bolsas de plástico, casi sin paredes y durmiendo con hamacas en plena selva", los mineros quedan expuestos a las picadas.

De hecho, el autor de este estudio apunta que las investigaciones de la bióloga han arrojado que un incremento de la deforestación, para la explotación minera, favorece la malaria.

–Una disminución de área de bosque de 1.02 por ciento, que son miles de hectáreas, –observa la bióloga– ha significado un incremento de la malaria de 746 por ciento. Además, el gobierno ha abandonado las políticas sanitarias mientras que personas de todo el país, forzadas por la crisis económica, se han establecido en el sur del Orinoco por la explotación minera. De allí, una vez que producían ganancias, volvían a sus tierras de origen: llevando al parásito de la malaria en su sangre. Por ello, "la malaria se ha mudado un poco más al norte porque el país no tiene una política de monitoreo y vigilancia", La Organización Mundial de la Salud ubica más de la mitad de los casos de malaria del continente americano en Venezuela, que en 1961 había erradicado la enfermedad en su territorio.

En otra parte de este trabajo Álvarez Iragorry recuerda.

–El 80 por ciento del agua potable de Venezuela está al sur del Orinoco... la destrucción de la cuenca del Caura es un crimen ambiental que afectará la calidad de vida y potencial de desarrollo de toda la región... El Caura desemboca en el Orinoco, llevando los sedimentos y metales pesados hacia el Mar Caribe y sus islas. Esto significa el envenenamiento por mercurio de peces que son consumidos por poblaciones ribereñas y caribeñas... y también de otras más alejadas, que consumen peces a través del comercio.

En cuanto a Blanco Dávila, éste asegura que un futuro minero no es viable, porque toda minería es destructiva en todos los aspectos y no existe la minería ecológica.

Recolonización Indígena

C on el chavismo gobernante desde febrero de 1999, sólo en teoría existe la protección de los pueblos originarios por parte de los entes oficiales, ya que en la práctica sucede lo mismo que durante la colonia, cuando la corona española dictaba leyes para favorecerlos y los conquistadores decían respecto esas normas que las acataban, pero no las cumplían.

En el socialismo del siglo XXI los indígenas son desalojados de sus tierras, no con guerreros montados en caballos, que no conocían, y con lanzas, sino con armas de guerra modernas empleadas contra ellos por quienes deberían protegerlos, con helicópteros artillados y otros instrumentos letales, como el mercurio, que envenena las aguas que consumen. A ellos se suman las guerrillas colombianas y bandas delictivas que mantienen el orden sangrientamente en las tierras que les fueron arrebatadas por la fuerza.

El 3 de octubre de 2020, en *TalCual*, Abelardo Pérez, con información del entonces diputado de la Asamblea Nacional, Miguel De Grazia, planteó la recolonización indígena y el ecocidio del Arco Minero del Orinoco.

Lo que sigue es el resumen:

–El Arco Minero del Orinoco, uno de los planes bandera del gobierno de Nicolás Maduro para obtener las divisas que la malograda industria petrolera dejó de aportar, ha significado, además del ecocidio de una de las principales reservas naturales de Venezuela, una involución social sin precedentes enmarcada en la recolonización indígena y su esclavitud a manos de los grupos delincuenciales que dominan el negocio.

Luego en el primer intertítulo sentenció:

–Destrucción y recolonización indígena. Es la mejor manera de describir lo que ocurre en las zonas donde la llamada revolución bolivariana ha permitido la actividad minera; en especial en los espacios donde el ecocidio del Arco Minero del Orinoco avanza sin control.

Después en el siguiente párrafo Miguel De Grazia alertó:

–El Arco Minero, ubicado en Amazonas, Bolívar y Delta Amacuro con Sierra Imataca, afecta prácticamente 50% del territorio nacional. Originalmente se había destinado 12% de la superficie nacional, pero se ha ido expandiendo exponencialmente hasta abarcar todo el estado Bolívar, afectando nuestros parques, todas las etnias indígenas que allí habitan, la hidroeléctrica de Guri y por supuesto, la vida cotidiana de cada uno de los ciudadanos de esa zona.

Abelardo Pérez agregó:

–Según el parlamentario por el Estado Bolívar, además del envenenamiento del agua y de la fauna silvestre con mercurio y cianuro; la presencia de grupos irregulares como la organización islámica musulmana chií Hezbolá y la yihadista Hamas; el Ejército de Liberación Nacional (ELN) y disidentes de las extintas FARC (ambos de Colombia); garimpeiros brasileños; así como del hampa común, en la zona se está produciendo una recolonización indígena.

Por su parte, Miguel De Grazia aseveró:

- "Así comienza lo que nosotros hemos dado a llamar la recolonización indígena que guarda estrecha relación con la violencia, porque una vez que los indígenas muerden el peine y entran en la vorágine de la minería entonces difícilmente salen y las únicas opciones que les quedan es ser desplazados, esclavizados o muertos".

Y en seguida afirma que los grupos que dirigen la actividad minera orquestan la anarquía para imponer 'su ley' e inventan ataques de irregulares que supuestamente quieren tomar sus tierras y les ofrecen a los indígenas protección, que no es otra cosa sino es llevar a otros malandros a la zona.

-Todo es –afirma- un teatro de operaciones para finalmente desplazar a los pueblos indígenas que terminan viviendo en vertederos de basura".

El periodista indicó también que con De Grazia coincide Allan Brewer Carías, quien adicionó que además del ecocidio que ocurre al sur del Orinoco se produce un "etnocidio" de los pueblos ancestrales producto de la política deliberada y de omisión por parte del Estado.

-Existe –dijo- una situación de emergencia humanitaria compleja creada por el Estado. Toda la barbarie y el daño irreversible que se ha producido en la zona conocida como Arco Minero es producto de una política de Estado.

Abelardo Pérez explicó, asimismo:

-Durante su participación en la video-conferencia «Minería ilegal en el escudo de la Guayana venezolana», organizada por Universitas Fundación, Brewer Carías afirmó que el Estado venezolano es el primer depredador del ambiente «y para ello viola absolutamente todo lo que pueda indicar el ordenamiento jurídico nacional».

Añade que en el decreto N° 2.248 donde se oficializó en 2016 la creación de la Zona de Desarrollo Estratégico Nacional "Arco Minero del Orinoco" solo se mencionan las palabras "ambiente" e "indígena" una y dos veces, respectivamente. No aparece en el decreto el impacto ambiental, estudios sobre el impacto ambiental y concesiones menos. Todo eso desaparece y se crea una gran zona con el único objetivo de que el Ejecutivo nacional, a través de mecanismos previstos en ese decreto con una Dirección General de Gestión Territorial "haga lo que quiera".

Agrega que "con gran ironía", en la Gaceta Oficial N° 40.855 donde fue incluido el decreto sobre el Arco Minero, está publicado el Reglamento Orgánico del Ministerio de Ecosocialismo, "sin embargo, nada de lo que allí está previsto se cumple".

Pero hay más anomalías.

-Para Brewer en el marco de toda la ilegalidad adelantada con la creación del Arco Minero, se suma el otorgamiento de permisos a una "fantasmagórica" empresa militar creada en tiempos de paz: la Compañía Anónima Militar de Industrias Mineras, Petrolíferas y de Gas (CAMIMPEG). Todo el ámbito que le correspondía al Ministerio de Energía se les otorgó a los militares para que desarrollen actividades mineras con una empresa militar. ¿Cuándo se creó esa empresa? Dos semanas antes de la creación del arco minero, "muy coincidente".

Al respecto, según la información que maneja el diputado De Grazia, la recolonización indígena ocurre con la venia de la Fuerza Armada Nacional (FAN) a través de la CAMIMPEG.

-Hay un cóctel de violencia –observa- con una injerencia directa por parte de los cuerpos de seguridad, fundamentalmente de la FAN, que son dirigidas por el cartel de los Soles y cuyo instrumento es el CAMIMPEG que opera y entrega las zonas de operaciones a los grupos "delincuenciales".

Asegura que durante la era de Hugo Chávez (1999-2013) y Francisco Rangel Gómez (gobernador del Estado Bolívar 2004-2017) las zonas mineras fueron entregadas a los llamados pranes, a quienes ahora Nicolás Maduro quiere sustituir con el ELN "porque son mucho más fieles y leales desde el punto de vista político"

A su juicio, "Nicolás Maduro, Diosdado Cabello, Tareck El Aissami, Vladimir Padrino López, Antes lo fue Hugo Chávez y Francisco Rangel Gómez (ex gobernador de Bolívar) son los responsables directos" y "Esto cambia en la medida que van mutando también las circunstancias y por supuesto, el componente militar y la complicidad, no la lealtad, sino la complicidad de las Fuerzas Armadas hacia el Cártel de los Soles, de la élite militar, de la cúpula militar que hace vida activa en esa vasta extensión de territorio".

AP recordó que, en 1998, durante la campaña presidencial, una de las banderas enarboladas por el entonces candidato Hugo Chávez fue la constituyente "ecológica", que planteaba, entre otros puntos, el respeto a los pueblos indígenas y la protección a la biodiversidad a fin de lograr una sociedad ambientalmente sustentable.

Pero 22 años después los derechos de los pueblos indígenas consagrados en la Constitución de 1999 quedaron en el olvido y según De Grazia actualmente se violan todos.

–Al manejar inapropiadamente estas sustancias, –se lee en el reportaje– al verterlas en nuestras aguas las envenenan, no podemos beberlas, los peces se contaminan y cuando son consumidos provocan consecuencias irreversibles en materia de salud, afectaciones que van desde enfermedades en la piel hasta trastornos psíquicos

En los años 60 Venezuela fue declarada por la Organización Mundial de la Salud (OMS) como el primer país del mundo libre de malaria, y hoy volvemos a ser líderes en malaria en el mundo entero. De hecho, la mayor concentración de malaria en Venezuela se concentra al sur del Orinoco, afectando fundamentalmente a los pueblos indígenas.

Al respecto, la doctora María Eugenia Grillet aseguró que, si bien la deforestación que genera la minería extractiva afecta e impacta negativamente la biodiversidad, contradictoriamente promueve la abundancia de ciertas especies como son los mosquitos vectores de la malaria.

–Las pozas de agua que utilizan los mineros para la extracción del oro –advirtió– son luego abandonadas y colonizadas por esta especie de zancudos que en estrecho contacto con los mineros aumenta la transmisión de esta enfermedad, así como a la propagación tanto en el área local como en el regional.

La informante, PhD en Ecología, quien también intervino en la citada videoconferencia, apuntó asimismo que, en los últimos 20 años, asociado con el aumento de la deforestación, se ha producido un incremento significativo en la curva de casos malaria en toda la región del sur del Orinoco.

Violencia contra los Indígenas en el Arco Minero del Orinoco

E l 26 de agosto de 2020 la ONG *FUNDAREDES* denunció ante la Fiscalía del Estado Bolívar la actuación de grupos armados irregulares por el control del Arco Minero, situación que ha dejado a la población indígena en un estado de sometimiento y vulneración de sus derechos, llegando incluso a generar muertes violentas por parte de quienes se disputan la explotación del territorio, mientras que las instituciones venezolanas no actúan para detener estos hechos, ni para investigar y hacer justicia.

Así lo reportó la referida institución en una Nota de Prensa publicada en el portal *La Patilla*, medio digital que explicó:

-En tal sentido, Tibisay Tirado, coordinadora de *FUNDAREDES* en el Estado Bolívar, consignó una denuncia ante la Fiscalía Superior de dicha entidad, donde se explica cómo los grupos conocidos como "sindicatos" y que operan dentro del Arco Minero, conforman una estructura de poder que impone una cultura de violencia, cuyas víctimas principales son las comunidades y pueblos indígenas de las zonas en las que cada uno de ellos ejerce su área de influencia.

Narra la incidencia hecha por *FUNDAREDES* que, según lo denunciado por miembros de la comunidad indígena Yekuana, los ciudadanos Cristian Flores y Franklin Sarmiento, en el mes de mayo del presente año fallecieron tras recibir varios impactos de bala; ellos formaban parte de la Guardia Indígena del Alto Caura y fueron emboscados por un grupo armado irregular que arremetió contra todos los presentes en la zona minera ilegal la Bullita ubicada en el sector Salto la Puerta, en la boca del Yuruaní con el Caura entre los municipios Cedeño y Sucre del Estado Bolívar.

Luego advirtió:

-Estos dos casos no son los únicos, y así se ha constatado ya que *FUN-DAREDES* adelanta una documentación sobre la vulneración de los derechos humanos en estados fronterizos, y específicamente en Bolívar, donde la violencia además se comete en medio del silencio, por el temor que tienen los ciudadanos de denunciar pues temen por sus vidas.

Desde *FUNDAREDES* y su Observatorio de derechos humanos se solicitó a la Fiscalía, como es su deber, ordenar y dirigir la investigación penal de la perpetración de los hechos punibles para hacer constar su comisión con todas las circunstancias que puedan influir en la calificación y responsabilidad de los autores y demás participantes, así como el aseguramiento de los objetos activos y pasivos relacionados con la perpetración.

De igual modo −apuntó *La Patilla*− se exigió al Fiscal Superior del Ministerio Público en Bolívar, se ordene el inicio de la investigación penal correspondiente a los efectos de determinar si efectivamente los hechos descritos se corresponden con la existencia de situaciones en las cuales grupos armados irregulares hayan tenido participación efectiva que constituya vulneración de derechos para las personas que participan en las actividades de explotación minera en la circunscripción del Estado Bolívar y que frente a estos hechos se les garantice a estas poblaciones de alto riesgo el cumplimiento de los derechos consagrados en la Constitución...

Otras instituciones nacionales e internacionales han denunciado los abusos de toda naturaleza que se cometen en esa porción multiminera del país, sin que tales denuncias hayan surtido efecto, principalmente por la presencia activa de militares de alto rango en tales anomalías degradantes del medio ambiente y los derechos humanos, en complicidad con elementos de la delincuencia organizada y sectores de la guerrilla colombiana afines a la narcodictadura de Nicolás Maduro.

-A nivel internacional, -denunció en uno de sus informes anuales *Freedom House*- las operaciones ilegales de oro de Venezuela han permitido al régimen de Maduro fortalecer las alianzas estratégicas con otros gobiernos corruptos para evadir conjuntamente las sanciones internacionales. Turquía y los Emiratos Árabes Unidos se encuentran entre los principales beneficiarios del oro venezolano, también es bien conocido que Irán y Rusia ofrecen un puerto seguro a la riqueza ilícita venezolana; todos estos países están clasificados como "No Libres". Sin embargo, según los recientes esfuerzos del periodismo de investigación, la proliferación transnacional de las actividades financieras ilícitas de Venezuela va más allá de los regímenes autocráticos y amenaza a las democracias tanto en el hemisferio occidental como en Europa.

En el documento citado, *Freedom House* sugirió que a la Misión Internacional Independiente de determinación de los hechos sobre Venezuela se le hiciera una extensión de la duración y el alcance para permitir investigar los brutales abusos contra los Pueblos Indígenas y otras graves violaciones cometidas en el Arco Minero del Orinoco.

El 3 de septiembre de 2020 el portal *Caraota Digital*, con información de *El Correo del Caroní*, reportó:

-La comunidad indígena de Santo Domingo de Turasen en el municipio Gran Sabana rechazó la instalación y operación de la Corporación Venezolana de Minería (CVM) en sus tierras. La responsabiliza de fomentar y formalizar la extracción aurífera en zonas protegidas, entre ellas, el Parque Nacional Canaima, declarado Patrimonio Mundial por la Unesco en 1994.

La fuente advirtió empero:

-Aunque no hay detalles sobre la eventual instalación, los indígenas temen que esta sea la antesala a un aval del Estado para emprender la minería en zonas protegidas, como el Parque Nacional Canaima, donde ya hay explotación minera.

También señaló:

-A través de un comunicado, la comunidad acusó a la institución de implementar políticas públicas no acordes. Las cuales fomentan la desunión y que debilitan las estructuras organizacionales de los pueblos indígenas.

Expresan que la instalación no cumple con el principio de la consulta previa, libre e informada a los pueblos originarios. Ni con el mandato de respetar la soberanía, sustentabilidad y visión sistémica. Así como el desarrollo bajo principios ecológicos y el respeto a las comunidades indígenas.

"En 20 años no se ha podido desplazar ni romper con una élite corrupta y desprestigiada. Sin canales de comunicación política con la mayoría de los pueblos indígenas", sentencian en el comunicado.

La comunidad exige a las autoridades gubernamentales cumplir a cabalidad lo establecido en la Constitución. La consulta previa, libre e informada a los pueblos indígenas sobre cualquier acción que se quiera cometer en sus territorios ancestrales. Acciones que además pueden afectar su modo de vida.

Más tomando en cuenta que la minería en los territorios ancestrales ha traído consigo violencia, contaminación ambiental y enfermedades relacionadas con la malaria y la desnutrición dentro de los pueblos originarios.

Al final *Caraota Digital* expresó:

-En el sur del país se han reportados extensos territorios destruidos a consecuencia de la minería ilegal.

El 13 de octubre de 2020 *El Nacional* publicó el reportaje "Los indígenas pierden la batalla contra los grupos armados que se apoderan de sus tierras", donde Armando Obdola, presidente de la asociación civil *KAPE-KAPE*, dijo que hay poblaciones esclavas de grupos armados y guerrilleros que actúan bajo la presunta complicidad de las instituciones del Estado.

Asimismo, lamentó que los indígenas venezolanos sean víctimas de la invasión de sus tierras y cultura, a más de 500 años de la llegada de los españoles y señaló, que no solo enfrentan la llegada de los grupos mineros sino también de presuntos guerrilleros, pese a que han pedido el apoyo de las autoridades.

–Los indígenas, –afirmó– están perdiendo la batalla contra los grupos armados que poco a poco se han ido apoderando de sus espacios... no tienen como comer ni producir. Llegaron estos grupos, a los que denunciaron en un principio y, al no recibir respuesta ni protección, han dado permiso bajo amenaza. La necesidad ha obligado a los indígenas a participar en la destrucción de sus tierras.

Agregó que las precariedades que viven los pueblos indígenas sobrepasan las consecuencias de la pandemia de covid-19 y aun siendo dueños de sus tierras, son esclavos de grupos armados de sindicatos y de guerrilla que actúan bajo la presunta complicidad de las instituciones del Estado.

El 6 de noviembre del mismo año, la periodista Sebastiana Barráez, de *Infobae*, escribió:

–La organización *KAPE-KAPE* refleja que se ha dado una movilización masiva de waraos hacia Brasil. Así también, los del pueblo jivi de Amazonas se han ido marchando hacia Colombia

No solo los naturales, como en las tribus o comunidades llaman a quienes no son indígenas, buscan salir de territorio venezolano, huyendo del hambre y la miseria.

La organización *KAPE-KAPE* refleja que se ha dado una movilización masiva de waraos hacia Brasil "a pie, canalete y hasta en cola". Así también, los del pueblo jivi de Amazonas se han ido marchando hacia Colombia.

Luego explicó que dicha organización, que defiende y protege los derechos de los pueblos indígenas, está presidida por Armando Obdola; Héctor Habanero, director general y Tatiana Núñez, representante senior de Canadá.

Después indicó:

–La travesía incluye moverse en embarcaciones a canalete por no menos de 7 días, desde el bajo Delta hasta el puerto de Barrancas del Orinoco en Monagas, con descanso de unos tres días, para continuar la ruta hacia San Félix navegando. El objetivo de los waraos es llegar a Brasil. En un viaje a todo riesgo para cruzar la frontera caminando y pidiendo cola.

La periodista, con información de la referida institución, precisó igualmente que según la oficina del Alto Comisionado de las Naciones Unidas para los Refugiados (ACNUR), creada después de la Segunda Guerra Mundial, el 65% de los indígenas venezolanos que se registran en Brasil han solicitado asilo, y el 66% es de la etnia warao. ACNUR contabilizó, hasta junio de 2020, que en Roraima había unos mil 300 waraos: más de 970 en Pará y 600 en Amazonas.

Por otro mencionó que la emisora *Radio Fe y Alegría Noticias* da cuenta que los indígenas se desplazan en no menos de 49 embarcaciones y que *KAPE-KAPE* pudo confirmar con voceros de Barrancas del Orinoco, que este éxodo de indígenas warao comenzó desde hace un mes aproximadamente y que este es el grupo más grande que se ha movilizado en conjunto hasta ahora. Mientras los waraos se desplazan hacia Brasil, la migración indígena de Amazonas lo hace hacia Colombia. "Indígenas del eje carretero sur, específicamente del pueblo jivi, se siguen yendo de sus comunidades ante las precarias condiciones socioeconómicas en las que se encuentran en su territorio de origen", revela *KAPE-KAPE*.

En el siguiente fragmento apuntó:

−La ONG destaca que habitantes de las comunidades Coromoto, Platanillal, Rueda, entre otras, han migrado a Colombia en los últimos 3 meses (de agosto a octubre), buscando mejores condiciones de vida que hoy no tienen garantizadas en sus comunidades en vista de la crisis humanitaria compleja que atraviesa el país. ´Algunos de ellos tienen doble nacionalidad o son descendientes directos de indígenas colombianos´

A los indígenas que huyen de territorio venezolano no les importan los controles ni las restricciones sanitarias del gobierno ante COVID-19. "De la comunidad Platanillal se han marchado en los últimos 3 meses 69 adultos, 4 de ellos de la tercera edad, 16 niños y 17 adolescentes. Mientras de la comunidad se han ido a Colombia, buscando mejorar su situación, 17 adultos y 18 niños, según los datos suministrados a *KAPE-KAPE* por voceros comunitarios del eje carretero sur".

Califican de inédita, para Venezuela y la región, la migración forzosa indígena, así como la venezolana en su totalidad, lo que ha abierto "el debate entre organizaciones y países receptores sobre el tratamiento que debe dársele a los indígenas desde la perspectiva de los derechos humanos".

Los indígenas se han desplazado mayoritariamente al Departamento Vichada, específicamente a Puerto Carreño y Cumaribo y el Departamento Guainía

Hace tres días *KAPE-KAPE* alertó, con información de *Radio Fe y Alegría*, que "autoridades militares venezolanas obligaron a volver a sus tierras a un grupo de waraos del estado Delta Amacuro que huían de la crisis humanitaria con destino a Brasil".

Según relatan los waraos ya habían llegado a tierra en los Barrancos de Fajardo, San Félix, Estado Bolívar, cuando los militares los detectaron y los obligaron a regresar por la misma ruta.

"Hasta inicios de noviembre de 2020, no se conoce con exactitud el número de waraos que han decidido partir desde la selva deltaica porque ya no aguantan el hambre", siempre con la esperanza de ser recibidos en Brasil'', destaca *KAPE-KAPE*.

En otra parte del reportaje se lee:

-La crisis de los indígenas en Venezuela es abrumadora. Es indignante el uso que se hace de los indígenas por parte de los candidatos del Partido Socialista Unido de Venezuela (PSUV), del gobernador de Bolívar, general Justo Noguera Pietri, de la ministra de los Pueblos Indígenas, Yamilet Mirabal, incluso del canciller Jorge Arreaza y por supuesto de Nicolás Maduro.

Al final del reportaje la periodista escribió:

-Un dirigente indígena le dijo a *KAPE-KAPE* que en la apartada geografía hay tres centros de salud con excelentes infraestructuras, pero ´no hay medicina, las enfermeras atienden los partos con antorchas o con linternas si las consiguen´.

El dirigente Mónico Campero denunció la muerte de indígenas waraos por tuberculosis en las comunidades de Santa Rosa de Araguao y San Antonio en la parroquia Santos de Abelgas", dice la organización destacando que Campero les dijo que "la muerte de Argelio Martínez de 34 años por la enfermedad, sin ningún tipo de atención por falta de transporte para el traslado de los afectados".

El 6 de febrero de 2021 Tamara Suju, defensora de derechos humanos, denunció en su cuenta en Twitter denunció el amedrentamiento de comunidades indígenas de San Luis del Morichal, en el Municipio Sifontes del Estado Bolívar para controlar la zona y desplazar a sus pobladores y continuar destruyendo nuestra selva.

Así lo dio a conocer *El Nacional*, que añadió:

-Me llegan imágenes de la llegada de hombres armados y los llamados sindicatos mineros a la comunidad indígena de San Luis del Morichal, municipio Sifontes #OrodeSangre. "El motivo es controlar la zona y desplazar a sus pobladores para continuar destruyendo nuestra selva", advirtió Suju en su cuenta oficial de Twitter.

La abogada recordó que este tipo de acciones solo han traído muerte y destrucción dentro de las comunidades indígenas.

El Nacional recordó igualmente que en abril del año pasado la Asamblea Nacional alertó a la comunidad internacional sobre este "oro de sangre" y ratificó que queda prohibida su venta, comercialización, circulación en todo el territorio nacional, así como también su importación en contradicción al ordenamiento jurídico.

-Además –agregó- responsabilizó a Nicolás Maduro de todas las actividades ilícitas de explotación y contrabando del oro y demás materiales pertenecientes a la República que han sido desarrollados por la Compañía Anónima Militar para las Industrias Mineras Petrolíferas y de Gas por el ministerio de la Defensa.

De igual forma, acusó al régimen de Nicolás Maduro ante los organismos de defensa de los derechos humanos y declarada persecución contra los pueblos indígenas y otras comunidades que habitan en los estados Amazonas, Bolívar y Delta Amacuro que ha generado el desplazamiento forzoso, muerte de sus habitantes y destrucción de sus asentamientos en su economía y desarrollo social.

Dos días después Jhoalys Siverio @jhoalys, de *Crónica.Uno*, reportó:

-Puerto Ordaz. Fue la tarde del pasado martes 2 de febrero cuando indígenas pemones de San Luis de Morichal, una comunidad ubicada en el Municipio Sifontes del Estado Bolívar, alertaron sobre un intento de invasión por parte de un grupo armado. Estos arribaron a través de los ríos Cuyuní y Chicanán.

Los habitantes de San Luis de Morichal denunciaron que la intención del grupo armado es ejercer la minería ilegal en sus tierras ancestrales. El temor de la comunidad es que esto conlleve a asesinatos, como ha ocurrido en otras oportunidades.

Jhoalys Siverio agregó:

—A través de las redes sociales, Lexys Rendón, directora de Laboratorio de Paz, instó a las Fuerzas Armadas, Ministerio para la Justicia y Paz y a la Región de Defensa Integral, a proteger a esta comunidad indígena.

Por años, la comunidad de San Luis de Morichal se ha negado a la presencia de estos irregulares. Seis desaparecidos y cuatro asesinatos ha sido el lamentable saldo", recordó.

El pasado fin de semana, se difundió un video que da cuenta de que cada vez crece la presencia del grupo armado instalando su campamento en la localidad.

Luego recordó:

—Desde el 2 de febrero, pemones de San Luis de Morichal, comunidad indígena en Bolívar, denuncian un intento de invasión en sus tierras. ONG y líderes de la comunidad han indicado que viven en una situación de «casi secuestro», ante las arremetidas del grupo armado.

Igualmente apuntó.

—La comunidad de San Luis de Morichal tiene contabilizados al menos 15 asesinatos en 11 años. Pero la arremetida vino con más fuerza desde 2017, con el fin de que los indígenas abandonen sus tierras.

Durante este tiempo han ocurrido asesinatos, secuestros y desapariciones denunciadas por líderes indígenas, que incluso han costado vidas, como la muerte de Oscar Meya», recordó la asociación civil *KAPE-KAPE*.

En abril de 2018, la comunidad San Luis de Morichal denunció el asesinato de dos de sus hermanos pemones, a manos de grupos armados autodenominados sindicatos. Uno de ellos fue Oscar Meya, hermano del capitán Omar Meya.

Por otro lado, explicó:

-El consejo de caciques del pueblo pemón denunció que el 13 de marzo de ese año, Meya fue secuestrado. El segundo caso fue el de Domingo Cabrera, desaparecido el 30 de julio de 2017.

KAPE-KAPE también recordó que, en junio de 2018, «al menos cinco personas fueron asesinadas por grupos armados en esta comunidad pemón, según denunció en su momento Juvencio Gómez, líder indígena de la Gran Sabana, quien relataba que los habitantes de San Luis de Morichal estaban en una situación casi de 'secuestro', pues nadie podía entrar ni salir del sector por el constante asedio de grupos armados».

Indígenas de San Luis de Morichal solicitan protección para la comunidad y los capitanes pemones. El grupo armado está presuntamente vinculado al sindicato de Fabio Enrique González Isaza, conocido como el Negro Fabio o simplemente Fabio, un líder del pranato minero en El Dorado.

Fran Tovar, del portal *Costa del Sol*, con información de Sebastiana Barráez, de *Infobae*, también se refirió a estas agresiones en la edición del 23 de febrero del mismo año.

En efecto, apuntó:

-Los indígenas de la Gran Sabana y La Paragua decidieron que hoy tomarán las tierras demarcadas como indígenas y que han venido siendo invadidas por grupos armados irregulares que las usan para ejercer la minería ilegal. La decisión la dejaron plasmada en un acta, luego de no haber recibido respuesta institucional alguna por parte del Estado Venezolano. Eso quedó decidido en el Acta de la Asamblea de Capitanes y Consejos de Ancianos de esas comunidades indígenas realizada el pasado domingo 21 de febrero.

En el siguiente párrafo, luego de señalar que "Aun cuando la Constitución de Venezuela tiene artículos especialmente dirigidos a la protección de los indígenas", a sus comunidades, desde hace tiempo grupos armados han invadido sus tierras sagradas.

-Las Comunidades Indígenas del Estado Bolívar – se explica más adelante– han decidido retomar sus tierras demarcadas como indígenas, y el martes 23 de febrero, harán frente a los grupos armados de minería ilegal, que se encuentran invadiendo dichos territorios en San Juan de Morichal, Municipio Sifontes", dijo un vocero de los indígenas.

A su vez denuncian la inacción y complicidad de algunos funcionarios del Estado venezolano con los grupos armados que ejercen la minería ilegal en esa zona. Es por ello por lo que decidieron hacer cumplir sus derechos establecidos en la Ley de Delimitación de Tierras Indígenas y la Constitución de la República.

Después apuntó:

–Con lemas como "Respeten Tierras Indígenas", "Detengan La Minería Ilegal", los pueblos indígenas, sus capitanes y ancianos, solicitan el respaldo de la comunidad nacional e internacional, el apoyo para presentar el caso ante la Asamblea Nacional a través de la diputación de la Alternativa Popular Revolucionaria (APR).

En el acta que al efecto firmaron, se lee:

– "La comunidad de San Luis de Morichal se declaró en emergencia y en sesión permanente ante la flagrante invasión y violación de los derechos originarios a las tierras comunitarias perpetrados por parte de terceros no indígenas, denominados mineros ilegales, desde el 02 de enero 2021 en el sitio de El Chivao, río Chicanan, el cual dista a menos de un kilómetro de la sede de la comunidad".

"La comunidad de San Luis de Morichal observa que la situación de invasión, ocupación ilegal y perturbación, por parte de terceros no indígenas no ha cesado, pero a la intervención y atención directa del Gobierno".

Y agregan que "la situación de amenaza de parte de los invasores ha afectado a los niños y niñas de la comunidad, psicológica y emocionalmente, lo cual ha ameritado la paralización de actividades escolares mientras persista la situación".

El 26 de agosto de 2020 el portal La Patilla reportó la denuncia que formuló la ONG *FUNDAREDES* ante la Fiscalía del Estado sobre la actuación de grupos armados irregulares por el control del Arco Minero, situación que ha dejado a la población indígena en un estado de sometimiento y vulneración de sus derechos, llegando incluso a generar muertes violentas por parte de quienes se disputan la explotación del territorio, mientras que las instituciones venezolanas no actúan para detener estos hechos, ni para investigar y hacer justicia.

En tal sentido, Tibisay Tirado, coordinadora de *FUNDAREDES* en el Estado Bolívar, explicó en la denuncia ante la Fiscalía Superior de dicha entidad, cómo los grupos conocidos como "sindicatos" y que operan dentro del Arco Minero, conforman una estructura de poder que impone una cultura de violencia, cuyas víctimas principales son las comunidades y pueblos indígenas de las zonas en las que cada uno de ellos ejerce su área de influencia.

-Narra la incidencia hecha por *FUNDAREDES* –explicó *La Patilla*- que, según lo denunciado por miembros de la comunidad indígena Yekuana, los ciudadanos Cristian Flores y Franklin Sarmiento, en el mes de mayo del presente año fallecieron tras recibir varios impactos de bala; ellos formaban parte de la Guardia Indígena del Alto Caura y fueron emboscados por un grupo armado irregular que arremetió contra todos los presentes en la zona minera ilegal la Bullita ubicada en el sector Salto la Puerta, en la boca del Yuruaní con el Caura entre los municipios Cedeño y Sucre del Estado Bolívar.

La fuente advirtió, además:

-Estos dos casos no son los únicos, y así se ha constatado ya que *FUN-DAREDES* adelanta una documentación sobre la vulneración de los derechos humanos en estados fronterizos, y específicamente en Bolívar, donde la violencia además se comete en medio del silencio, por el temor que tienen los ciudadanos de denunciar pues temen por sus vidas.

Desde *FUNDAREDES* y su Observatorio de derechos humanos se solicitó a la Fiscalía, como es su deber, ordenar y dirigir la investigación penal de la perpetración de los hechos punibles para hacer constar su comisión con todas las circunstancias que puedan influir en la calificación y responsabilidad de los autores y demás participantes, así como el aseguramiento de los objetos activos y pasivos relacionados con la perpetración.

Así mismo se exigió al Fiscal Superior del Ministerio Público en Bolívar, se ordene el inicio de la investigación penal correspondiente a los efectos de determinar si efectivamente los hechos descritos se corresponden con la existencia de situaciones en las cuales grupos armados irregulares hayan tenido participación efectiva que constituya vulneración de derechos para las personas que participan en las actividades de explotación minera en la circunscripción del estado Bolívar y que frente a estos hechos se les garantice a estas poblaciones de alto riesgo el cumplimiento de los derechos consagrados en la Constitución de Venezuela.

Esta información fue difundida en una Nota de Prensa hecha llegar a los medios de comunicación social por *FUNDAREDES*.

Militarización de los Pueblos Indígenas

El 4 de julio de 2019 Orianny Granado, de *TalCual*, con datos del Informe de la Alta Comisionada de las Naciones Unidas para los Derechos Humanos, Michelle Bachelet, señaló que la militarización de pueblos indígenas ha provocado violencia e inseguridad y agregó:

–Los pueblos indígenas son parte de la población más afectada por la emergencia humanitaria compleja que se vive en Venezuela. El

abuso de poder por parte de los cuerpos de seguridad y la política unilateral de Nicolás Maduro hacia los países vecinos, han traído graves consecuencias a estos pobladores.

Así lo refleja el reciente informe publicado por la Alta Comisionada de las Naciones Unidas para los Derechos Humanos, Michelle Bachelet, en el que expresa que acciones como la militarización de tierras y recursos tradicionales de las poblaciones indígenas han provocado una ola de "violencia e inseguridad en sus territorios", todo esto durante los últimos años.

Aseguraron que esto representa serías "violaciones de los derechos colectivos de los pueblos indígenas a sus tierras", lo que ha hecho que estas personas pierdan el derecho sobre aquello que les pertenece.

Reitera el documento que en Venezuela los indígenas -que constituyen un 2,5% de toda la población- se han visto enfrentados a los mismos desafíos en materia de derechos humanos que el resto del país, aunque muchas veces se han enfrentado a retos mucho mayores.

"La situación humanitaria ha perjudicado desproporcionadament e los derechos económicos y sociales de muchos pueblos indígenas, especialmente sus derechos a un nivel de vida digno, incluido el derecho a la alimentación, y su derecho a la salud", detalla el informe de la Alta Comisionada de la ONU para los Derechos Humanos, Michelle Bachelet

La periodista apuntó igualmente:

-Bachelet explicó que medidas tomadas por Nicolás Maduro como el cierre de la frontera con Brasil y Colombia, han traído consecuencias "graves" en los grupos indígenas, "cuyo territorio tradicionalmente se extiende a ambos lados de la frontera, como lo son los Wayuu.

Desde la ONU se denuncia la presencia de grupos armados en territorios indígenas, muchos en búsqueda de minerales, especialmente en los estados Amazonas y Bolívar. Resalta el aspecto diferenciador de la incursión de estas personas en esas zonas, afectando gravemente a mujeres y niñas.

"La minería también provoca graves daños ambientales y en la salud, como el aumento del paludismo y la contaminación de las vías fluviales".

Tiene un efecto diferenciado en las mujeres y niñas indígenas, que corren mayor riesgo de ser objeto de trata de personas. "El hecho de no consultar a los pueblos indígenas sobre estas actividades constituye una violación de su derecho a la consulta"

Granado reveló igualmente en otra parte del reportaje:

-También hace referencia el documento a la muerte de siete indígenas durante el 2019 en circunstancias que consideraron violentas. "Las autoridades y los dirigentes indígenas, comprendidas las mujeres, son objeto con frecuencia de amenazas y ataques por parte de agentes estatales, lo que repercute en su derecho a la libre determinación. En el estado Bolívar, las comunidades pemón que se oponen al gobierno, en particular las autoridades y los dirigentes indígenas, se enfrentan a una represión selectiva por parte de los agentes del Estado".

-El informe recuerda a lo ocurrido durante lo que fue el intento de la oposición por ingresar al país la ayuda humanitaria, "en febrero de 2019, se produjeron incidentes violentos en el territorio pemón en el contexto de la posible entrada de ayuda desde el cercano Brasil. Sin embargo, no se produjeron de forma aislada, sino en medio de la tensión entre el gobierno y la comunidad pemón, la cual denuncia una creciente inseguridad, de la que son muestra las muertes causadas el año pasado".

La Alta Comisionada de las Naciones Unidas para los Derechos Humanos recomendó a la administración de Nicolás Maduro que "cese toda intimidación y ataques contra los pueblos indígenas, incluidos/as sus líderes, y garantice su protección y adopte todas las medidas necesarias para proteger sus derechos individuales y colectivos, incluido su derecho a la tierra".

Ninguna de las recomendaciones sugeridas en su informe la alta funcionaria de la ONU fue acatadas por la narcodictadura.

IV

Un Comodin para el Chavismo

El 24 de agosto de 2020 la ONG Sociedad Homo et Natura
publicó en la Web el texto que se reproduce a continuación:
–El 9 de agosto pasado se celebró el Día de los Pueblos Indígenas.
Las comunicaciones con estos apartados lugares son muy
precarias, la información nos llega con mucho retraso.
Presentamos a continuación opinión e información brindada por
integrantes de nuestra organización indigenista. Ha pasado el de
nuestros pueblos y en nuestro país no hubo nada que celebrar.

Un comodín para el chavismo

l 31 de julio de 2020 la periodista Sebastiana Barráez en *Infobae*, uno de los tantos portales bloqueados abusivamente por el narcodictador Nicolás Maduro para invisibilizar los múltiples problemas que aquejan a la población, especialmente su segmento más vulnerable, escribió:

–Lo que ha sucedido con los indígenas en Venezuela demuestra el uso que como comodín les han dado a esos pueblos ancestrales. Desde que Hugo Chávez llegó al poder insistió en la necesidad de visibilizar a los indígenas venezolanos, incluso con leyes, diputados y su representante en el gabinete ministerial. Una vez que manifestaron diferencias con los lineamientos de la revolución, han sido tratados con brutalidad, arrebatándole derechos conquistados, desconociendo sus espacios, sus guardias y ahora el derecho a que todos puedan escoger a sus parlamentarios.

Y agregó:

-La ministra de Pueblos Indígenas, Aloha Núñez, ni siquiera se identifica como tal, incluso en sus redes sociales lo hace como vicepresidenta de Pueblos Indígenas del PSUV y Coordinadora General del Movimiento Indígena Unido de Venezuela. No se ha pronunciado ante el asesinato de indígenas, ante el abandono de comunidades, ante el tráfico sexual de niños o la esclavitud de jóvenes y adultos indígenas en la explotación del oro.

Luego apuntó:

-Núñez, quien parece más orgullosa de ser militante del Partido Socialista de Venezuela que ser representante indígena, también guardó silencio cuando el Tribunal Supremo de Justicia (TSJ), en una maniobra política desincorporó el 5 de enero 2016 a los tres diputados del estado Amazonas, con representación indígena: Romel Edgardo Guzamana, Nirma Estella Guarulla Garrido y Julio Harón Ygarza.

La ponente de la decisión que tomó el TSJ contra los tres parlamentarios de Amazonas, un estado indígena por excelencia fue la entonces magistrada Indira Maira Alfonzo Izaguirre, quien recientemente fue nombrada presidenta del Consejo Nacional Electoral. El diputado Ygarza la considera "responsable del fraude electoral más grande de la historia política venezolana, al no dejar incorporar a los 3 diputados del estado Amazonas electos por más de 20 pueblos indígenas, para que fueran su voz en el parlamento".

Indira Maira Alfonzo Izaguirre, después de cumplir las instrucciones de la narcodictadura en el CNE, entre ellas abultar groseramente, contraviniendo la Carta Magna, el número de parlamentarios para las elecciones del 6 de diciembre de 2020, a fin de darle una migaja de la torta electoral al sector entreguista y adulante de la oposición; igualmente menoscabar los derechos políticos de los pueblos indígenas

en dicho proceso en la votación dirigida a escoger a sus tres representantes, que se hizo a mano alzada y no en primer grado, regresó a la
Sala Electoral del funesto Tribunal Supremo de Justicia para desde esa
instancia favorecer los intereses del PSUV.

El Indigenismo Hipócrita

E
l 10 de diciembre de 2018 Erika Farías, alcaldesa del Municipio
Libertador, de Caracas, hizo retirar de la autopista El Valle-Coche la
estatua del León, figura animal que le rindió homenaje a la ciudad
capital de Venezuela, que, desde su fundación, en el año 1567, se denominó
Santiago de León de Caracas.

Dicha estatua formó parte del patrimonio histórico de la ciudad capitalina.
En su lugar fue colocada una escultura de la cacica Apacuana.

Sobre ese atentado cultural, en su cuenta en Twitter, Samuel Ull-
rich@sam_ulrich escribió:

-10 dic. 2018

#ArrasoElChavismo Y se llevó consigo a la estatua del León de Caracas
que daba la bienvenida a la ciudad en la Valle-Coche. En su lugar dejan
a una indígena que ni siquiera habitó en el Valle de Caracas. Esto fue
inconsulto, un abuso de poder, #DevuelvanalLeóndeCaracas.

El 12 de octubre de 2004, siendo alcalde en la misma jurisdicción capitalina
Aristóbulo Istúriz, con su anuencia, grupos chavistas y presuntos indígenas
derribaron el monumento a Colón en el Golfo Triste, obra de Rafael de la
Cova.

En nombre de los indígenas, sin previa consulta, el chavismo gob-
ernante desde febrero de 1999 ha cometido todo tipo de tropelías
culturales. Pero sus problemas existenciales desde esa fecha se han
multiplicado y quienes debían resolverlos se han convertido en agentes
activos y pasivos de las agresiones de toda índole cometidas contra los
pueblos originarios que dicho régimen dice representar

Igualmente, en Caracas, el narcodictador Nicolás Maduro, un ignorante de la
historia pre y poscolombina, rebautizó la autopista Francisco Fajardo con el
nombre de Gran Cacique Guaicaipuro. Justificó el atropello asegurando que
Fajardo, a quien algunos historiadores, como J.A. Cova atribuyen la primera
fundación de esa ciudad, era un genocidio, invisibilizando su condición de
mestizo, hijo de la margariteña cacica Isabel.

Al respecto vale la pena citar el artículo del escritor margariteño Francisco
Suniaga publicado en *Monitor ProDavinci* el 3 de mayo de 2015 y el 14 de
octubre de 2020.

-Una de las víctimas favoritas de los gobernantes socialistas bolivarianos
–explicó– ha sido la historia de Venezuela. Así como desconocen la existencia
de la ciencia económica, se han empeñado a lo largo de sus tres lustros
en desconocer o distorsionar la narración del acontecer nacional, que
los historiadores han ordenado según patrones técnicos universalmente
aceptados. Tarea de larga data hecha con la idea de que el cuento de quiénes
somos y qué hemos hecho sobre esta tierra quede registrado, y pueda contarse

con algo de certidumbre a las generaciones futuras.

Los compatriotas que han tenido a su cargo la conducción del Estado desde hace más de quince años sustituyen la historia de Venezuela por una mitología de su propia inspiración, negadora de hechos suficientemente documentados y analizados científicamente en distintos tiempos y en todo el continente. Han creado así un entuerto que podríamos llamar "mito historia"; una narración muy plana y elemental, donde los actores no son hombres (y "hombras") que vivieron una época y se comportaron según los patrones de conducta imperantes en ella, sino unos dioses míticos que eran buenos o malos, en el sentido más primario o infantil del término.

En el siguiente párrafo observó:

–Para los narradores de la mito historia bolivariana, los españoles nunca llegaron a las costas de este país ni fueron, junto con indígenas y africanos, uno de los tres ingredientes principales de la masa que nos conforma. El propio Chávez, el gran gurú de la feligresía socialista, hablaba de "nosotros los descendientes de indios y negros". Todo lo bueno, regular o malo que los españoles hicieron sobre esta tierra (y en el resto de América), lo reducen a una sola palabra: genocidio. Calificativo que le endilgan incluso a Cristóbal Colón, quien no pasó de ser un italiano aventurero, en el peor de los casos. Ese es el pensamiento detrás de la decisión de designar el 12 de octubre "Día de la Resistencia Indígena" y de promover que unos orates derribaran la estatua de Colón en Caracas y la arrastraran por la avenida que aún lleva su nombre.

Luego apuntó:

–En la narración nacional mito historia, Simón Bolívar no murió de tuberculosis como dijo su médico Manuel Próspero Reverend, sino que fue envenenado por Santander en una conspiración como las de Game of Thrones. Su rostro no era como el que retrataron sus coetáneos, quienes lo vieron en innumerables ocasiones en distintas edades, sino como se les ocurrió a unos rusos formados en investigación criminal, que con su sola osamenta (exhumada a tal fin) fueron incluso capaces de determinar que tenía el cabello chicharrón. Páez no fue un personaje imprescindible en nuestra independencia y formación como nación sino un traidor a Bolívar. De la misma manera, a Caracas la fundaron cuando Juan Barreto dijo (ya se me olvidó cuál fue esa fecha y sigo creyendo que ocurrió el 25 de julio de 1567).

Después indicó:

-Gracias a la mito historia, el dictador corrupto Cipriano Castro devino en héroe de la patria y Betancourt, en cambio, fue un violador de los derechos humanos, que nada tuvo que ver con la gestación y establecimiento de la democracia. Asimismo, los guerrilleros comunistas apoyados por Fidel Castro —a quienes Betancourt combatió para salvar la institucionalidad que nos había tomado ciento cincuenta años construir— eran unos ángeles libertarios. El cuento también sustenta la tesis, no podía ser de otra manera, de que Chávez no dio un golpe militar el 4 de febrero de 1992, sino que encabezó una rebelión por la dignidad nacional. Capítulo que en estos últimos días continúa con la propuesta de que, por aquella gesta, y por toda la grandiosa herencia que nos legó (incluyendo la presidencia de Nicolás Maduro y la deuda externa astronómica), "el comandante Eterno" sea declarado el Libertador del Siglo XXI.

Casi en paralelo a esa moción, se ha añadido una nueva página a la mito historia bolivariana. Ese nuevo registro comenzó a establecerse hace unos años, en el Aló Presidente N° 167, el 12 de octubre de 2003. En ese programa "el Eterno" afirmó que Francisco Fajardo, el mestizo guaiquerí margariteño no fue, como enseñaban en la escuela burguesa, un héroe de nuestros primeros tiempos.

Igualmente refirió:

-Nicolás Maduro, nuevo jefe académico de la mito historia, fue más allá. El pasado 02 de febrero de 2014 declaró: "Hay por ahí quienes todavía rinden homenaje a los genocidas. Todavía hay autopistas por ahí con nombre de genocidas. Francisco Fajardo. ¿Y quién fue Francisco Fajardo? Un genocida.

No obstante que esa afirmación en boca de Maduro —como consta en su currículo y prueba su desempeño— carece de auctoritas, de inmediato, como es norma en esta reencarnación caribeña del socialismo real de Europa del Este, comenzó a ser repetida por la nomenklatura gobernante (por cierto, para la consolidación de la mito historia es fundamental repetir como loros goebbelianos los asertos de los líderes). Hace unos días —la nota de Noticiero

Digital es del 27 de abril–, Jorge Rodríguez, el alcalde de Caracas (la ciudad de cuyos cimientos Fajardo comenzó a construir), dijo esto otro: "... Francisco Fajardo, autor de uno de los genocidios más espantosos que haya conocido la historia de la humanidad".

Esta afirmación equipara a un modesto mestizo margariteño del siglo XVI con el camarada Mao Tse Dong (campeón mundial indiscutido de la disciplina), el camarada Josef Stalin (subcampeón) y los camaradas Kim Il Sun, sus herederos y el camarada Pol Pot (quienes acumulan méritos suficientes para disputarle a Hitler la medalla de bronce). Esa acusación de Francisco Fajardo, como es línea partidista, resuena ya en todas las instancias del aparato bolivariano.

Francisco Suniaga apuntó en el siguiente párrafo de su artículo:

–No por historiador, que no lo soy, sino por margariteño –gentilicio que comparto con la honorable familia Fajardo, oriunda de El Poblado e integrantes de la Comunidad Indígena Francisco Fajardo, que ocupa media Porlamar – me siento obligado a salir en defensa de este paisano, a quien pretenden ahora, casi cinco siglos después, encerrar en el Ramo Verde de la historia (con el mismo tipo de pruebas con las que encierran a las víctimas del presente).

Francisco Fajardo –me enseñaron en mi escuela de La Asunción, que de burguesa nada tenía– fue un mestizo, hijo de un español con una mujer indígena llamada Isabel, miembro (o miembra) importante de la etnia guaiquerí que poblaba Margarita y parte de la costa de lo que ahora es el Estado Sucre. Fajardo era bilingüe y, habiendo sido Margarita la base desde donde partieron tantas expediciones al continente, fue jefe de algunas de ellas. Siendo la más importante aquella que concluyó con la fundación del Hato San Francisco, en el Valle de Caracas.

Los guaiqueríes no hicieron resistencia a los conquistadores españoles –las mujeres guaiqueríes menos– porque los margariteños, desde los tiempos en que Margarita no se llamaba Margarita sino Paraguachoa, el pendejo lo han tenido lejos. Desde el primer momento vieron a los conquistadores españoles como los aliados necesarios para repeler a unos terribles enemigos que por tiempos inmemoriales los habían asaltado, asesinado e, incluso, devorado: los caribes. Sí, los invasores provenientes de lo que ahora es Brasil –fue aquella y no la de los conquistadores españoles la primera "planta insolente"–, cuyo grito de batalla no podía ser más revelador del espíritu que los animaba: ana karina rote aunicon paparoto mantoro itoto manto. Que traducido a nuestro idioma castellano (herencia por cierto de aquellos conquistadores genocidas) significa: "Sólo nosotros somos gente, aquí no hay cobardes ni nadie se rinde y esta tierra es nuestra". Me atrevería a asegurar que fue precisamente esa última frase la que menos les gustó a los margariteños, que, como es fama, por un terreno son capaces de cualquier sacrificio (pregúntenle a Chanito Marín, si no).

Y a continuación puntualizó:

–Según lo resume el Diccionario de Historia de Venezuela de la Fundación Polar (de notas tomadas de historiadores como J. A. Cova, El capitán poblador margariteño Francisco Fajardo; Juan Ernesto Montenegro, Origen y perfil del primer fundador de Caracas; Manuel Pinto, Fajardo, "el precursor"; Graciela Schael Martínez, Vida de Don Francisco Fajardo; y Gloria Stolk, Francisco Fajardo, crisol de razas) en la vida de Francisco Fajardo no hubo nada parecido siquiera a una masacre, mucho menos a un genocidio (los invito a buscar la definición técnica de esa palabra en cualquiera de los instrumentos de la ONU). Según la nota de esa importante y confiable obra, Fajardo se vio envuelto en escaramuzas en las que dio muerte, por ahorcamiento, a un cacique del litoral central que llevaba por nombre Paisana.

Además, advirtió:

–Pero aún en el caso de que hubiera ajusticiado cobardemente a muchos de sus adversarios, hay que considerar que Francisco Fajardo fue un hombre de su tiempo y su conducta es del siglo XVI y no de este, y por tanto no se le puede juzgar con los parámetros del presente (Inés Quintero, que sí es historiadora, me dijo que ese error se conoce técnicamente como anacronismo).

Las preguntas que toca hacerles a los mito historiadores bolivarianos son obvias. Más allá de que Chávez negó su condición de héroe en uno de sus cientos de Aló Presidente; de que Maduro lo llamó genocida en unas de sus miles de declaraciones; y Jorge Rodríguez lo haya proclamado como tal criminal en un acto donde se honraba la memoria de Eliezer Otaiza, ¿cuál es la fuente histórica para sustentar tan gruesa acusación? ¿De qué obra, en que texto, quién fue el historiador, dónde está el documento de donde emanó el conocimiento que llevó a juzgar y condenar inaudita altera parte a Francisco Fajardo, un capitán mestizo margariteño que vivió entre 1524 y 1564? ¿Cómo pudo ser genocida un hombre que se hacía acompañar mayormente por sus paisanos guaiqueríes (tribu reconocidamente pacífica), en una época en que en Venezuela no había gente para cometer ese abominable crimen y faltaban todavía más de 400 años para que la palabra genocidio siquiera apareciera sobre la faz de la tierra?

Finalmente, para los pocos que puedan ignorarlo, hay un hecho que refleja quién pudo haber sido Francisco Fajardo para la gente de su tiempo. En una de esas expediciones, al pasar por Cumaná, Fajardo fue apresado por el jefe español de la ciudad, Alonso Cobos, quien lo juzgó sumariamente (como ahora) y lo condenó a la horca (como pretenden hacer ahora) sin respetar sus derechos más elementales. Debido a ello, los guaiqueríes de Margarita, quienes más lo conocían, atravesaron el mar en sus canoas, tomaron Cumaná y apresaron a Cobos. Lo llevaron a la isla y lo entregaron a las autoridades. Esa conducta no la provoca un malvado. A diferencia de Fajardo, Cobos fue juzgado de acuerdo con Derecho por la Real Audiencia de Santo Domingo y condenado a muerte por su abuso. Esa es la historia que se conoce y registra sobre la vida de Fajardo. Si sus detractores del presente actuaran con responsabilidad, por lo menos se abstendrían de repetir la infamia hasta presentar las pruebas que la ética pública obliga.

El 19 de julio de 2021 Wolfgang Gil Lugo, de *Monitor ProDavinci*, analizó la hipocresía del chavismo en el manejo de las cuestiones relativas a los pueblos originarios.

– Hace unas semanas atrás, el régimen venezolano ha sustituido el nombre de la autopista Francisco Fajardo por el de Gran Cacique Guaicaipuro, con el evidente propósito de manipulación ideológica.

El cambio fue arbitrario y antipolítico. Arbitrario, pues solo responde a un ejercicio de poder sin atenerse a ninguna racionalidad saludable. Es una demostración de quién manda, pues el poder es para humillar a los demás. También es antipolítico porque no es el producto de una consulta con todos los sectores de la ciudad, como tampoco responde a clamor popular alguno.

Wolfgang Gil Lugo explicó a continuación:

—En cuanto al contenido de dicho cambio, podemos observar que se ha sacrificado el nombre de un personaje histórico que simboliza el mestizaje por otro que lo niega. Nuestra realidad es una mezcla étnica, de modo que se nos invita a privilegiar, de forma disfuncional, solo un aspecto de nuestra herencia. Todo esto se hace para introducir un conflicto anacrónico en la conciencia social.

Hay un viejo chiste de Jaimito que cuenta que agarra a golpes a su compañero de clases de origen español. Cuando la maestra le pregunta que por qué lo hace, el travieso rapaz responde que porque los españoles son enemigos de la independencia de Venezuela. La maestra le explica que eso sucedió hace mucho tiempo. A esto Jaimito le responde que él se acaba de enterar. Este chiste, que fue repetido por el fallecido Hugo Chávez, ha resultado ser la máxima que rige la dinámica que el totalitarismo quiere aplicar a la conciencia histórica del país.

El chavismo no ha construido ni una sola obra de relevancia. Se ha limitado únicamente a cambiarles los nombres de obras construidas en la dictadura de Marcos Pérez Jiménez y en la democracia por otros, generalmente indígenas o de ese mamotreto político que mientan socialismo del siglo XXI. Los pueblos originarios están desde 1999 en peores condiciones que cuando llegaron los conquistados españoles, porque han sido despojados de sus tierras por oficiales militares que deberían protegerlos, el narcotráfico, las guerrillas colombianas aliadas de la narcodictadura, etc.

Luego explicó:

—Dicho lavado de cerebro está compuesto por varios elementos. Uno de ellos consiste en el impulso romántico de tratar de fundar la república no en la razón, sino en el sustrato prelógico de un pasado primitivo y primigenio. De esta manera, se pone el mito del buen salvaje al servicio de las pasiones en contra de la racionalidad en la política.

El segundo elemento consiste en aumentar el arsenal simbólico que diferencia a los que tienen el poder y los que no. El discurso debe entenderse en el sentido de que los actuales gobernantes son los únicos herederos del victimismo histórico. Por el contrario, tanto los países democráticos del primer mundo como la alternativa democrática nacional son representantes atávicos de los genocidas.

Lo más paradójico es que el mismo régimen está acusado de ser partícipe de actos en contra de los derechos humanos, poblaciones originarias incluidas. En efecto:

-El régimen venezolano ha encontrado mucha inspiración para su apropiación del espacio simbólico en las ideologías que animan las políticas identitarias de la izquierda posmoderna.

La cultura posmoderna nos ha traído un nuevo producto de la teoría crítica: el pensamiento poscolonialista. Desde el punto de vista de su propósito explícito, pretende superar las injusticias que han tenido lugar como consecuencia del pasado colonial. Dicho propósito es loable. El problema está en la distorsión ideológica que puede tomar.

Es parte de dicha distorsión la suposición de que los países que lograron su independencia todavía son dependientes de las antiguas metrópolis europeas. La hipocresía de esta forma de pensamiento supone que las metrópolis siguen siendo responsables de la falta de madurez de las antiguas colonias, aunque sus imperios correspondientes hayan desaparecido. Es una forma velada de paternalismo que condena al infantilismo a las nuevas repúblicas. No solo eso, sino que permite a los gobiernos nacionalistas y totalitarios arrojar la culpa a otros de lo que es su propia responsabilidad. Como un contraejemplo, imagínense a los Estados Unidos de América reclamándole a Inglaterra todavía sobre su pasado colonial.

Otra hipocresía de mayor calado es que este pensamiento se ha convertido en cómplice de una nueva forma de despojo. Ahora se ataca a las sociedades democráticas en nombre de las poblaciones originarias, pero esto es completamente simbólico, pues no hay ninguna ventaja para dichas poblaciones. Realmente quedan sometidas a un nuevo espolio en nombre de una revolución que no es más que la disposición entreguista de una voluntad tiránica a potencias imperiales afines.

Esto es posible porque este pensamiento poscolonialista no incluye como potencias explotadoras a las que están fuera de la política democrática occidental. Así, se hace la vista gorda con cualquier acto imperialista de China o Rusia.

El modus operandi consiste en apoderarse de la historia para declarar que los indígenas fueron víctimas. Luego se declaran herederos exclusivos de dicho victimismo. Tercero, lo utilizan como arma ideológica contra los opositores democráticos.

Gracias a la magia de la complicidad, estos crímenes no han sido denunciados de forma sistemática por las organizaciones no gubernamentales correspondientes. Tal vez porque también estén influenciadas por esa ideología anti-post-colonialista.

Respecto a Guaicaipuro, el articulista de *ProDavinci* indicó:

–Nos cuenta la historia que Guaicaipuro fue un héroe de su pueblo, un guerrero imbatible en el campo de batalla. Por esa razón, los conquistadores lo vencen de forma contumaz: esperan la noche para tomarlo por sorpresa cuando descansaba en su choza.

Si bien Guaicaipuro ha sido el símbolo legítimo de un líder que defiende a su pueblo de la agresión extranjera, ahora se le quiere convertir en un símbolo del poder dominante, capaz de ceder soberanía y entregar las riquezas nacionales a potencias extranjeras autoritarias con el fin de conservar el poder.

Este cambio de nombre de la autopista es propio de un ente que destruye de forma sistemática. Su vocación un mundo en ruinas. Dicha realidad hay que recubrirla de forma simbólica. El recurso consiste en escudarse en una supuesta superioridad moral, la defensa de las víctimas, cuando en realidad son víctimas lo que están produciendo.

El uso del victimismo indigenista es anacrónico. Ya los indígenas no son explotados por el Imperio español, instancia que dejó existe hace mucho tiempo. Resucitarlo tiene una función ideológica, despertar las pasiones políticas. Esto pone en peligro el respeto mutuo que exige una sociedad civilizada.

La Narcodictadura pisoteó los Derechos de los Pueblos Indígenas

Tanto la Constitución Nacional como otras leyes e instituciones gubernamentales establecen normas dirigidas a proteger los derechos de los pueblos indígenas a vivir con dignidad. Inclusive el teniente coronel (r) Hugo Chávez en la campaña política que, en diciembre de 1998, cuando ganó su única elección sin trampa, hizo énfasis en la prioridad que daría desde la Presidencia de la República a la problemática indígena. En la realidad no ocurrió así, todo lo contrario, los problemas de los pueblos originarios se multiplicaron sin que desde ninguna de las instancias gubernamentales creadas al efecto proporcionara la respuesta adecuada y precisa, no para que los resolviera totalmente, porque materialmente eso es imposible, sino para que los redujera a su mínima expresión y fueran menos letales.

El viernes 9 de agosto de 2019 Gabriela Buada Blondell, de Amnistía Internacional Venezuela, reportó:

-Son muchas las niñas indígenas que han sido sometidas a ejercer la prostitución alrededor de las minas. La violencia hace de las suyas bajo la mirada cómplice del Estado

Venezuela está sumergida en una profunda crisis de derechos humanos y al referirnos específicamente a las poblaciones vulnerables, no podemos dejar de hacer énfasis en lo que viven los pueblos indígenas. Grupo especialmente violentado que pareciera que nunca logrará la reivindicación de sus derechos o que sencillamente pasarán muchos años para que sean protegidos.

Mirando hacia atrás, unos 15 a 20 años, las promesas políticas mostraron inclusión y derechos civiles en la legislatura venezolana a favor de los pueblos indígenas. Sin embargo, podemos inferir que lo que ha sucedido en este transcurrir, muestra que no solo fueron utilizados, sino que, en la actualidad, son impactados de manera diferenciada y con mayor profundidad por la emergencia humanitaria compleja que se vive en el país. Tanto así, que muchos grupos corren el riesgo de desaparecer.

Luego recordó:

-En el último informe sobre la situación de derechos humanos en Venezuela, presentado por la oficina del Alto Comisionado de las Naciones Unidas se dedica un capítulo a la vulneración de los derechos de los pueblos indígenas y se insta al Gobierno de Venezuela a adoptar de inmediato medidas específicas para detener y remediar las graves vulneraciones de derechos económicos, sociales, civiles, políticos y culturales que se han documentado en el país. El documento refiere que los pueblos indígenas constituyen el 2,5 por ciento de la población de Venezuela y hay más de 50 grupos. Individualmente, estos enfrentan los mismos desafíos a sus derechos humanos que la población en general, pero de manera desproporcionada y/o diferenciada. También enfrentan desafíos a sus derechos colectivos como pueblos indígenas.

Igualmente señaló:

–Las organizaciones de derechos humanos locales han denunciado constantemente las violaciones a los derechos colectivos de los pueblos indígenas a sus tierras, territorios y recursos tradicionales.

Al efecto, José David González, Coordinador del Comité de Derechos Humanos de la Guajira, comentó:

–Han perdido el control de sus tierras, incluso a causa de la militarización por parte de los agentes del Estado. La presencia de los cuerpos de seguridad ha provocado violencia e inseguridad en estos territorios en los últimos años, a lo que se suma la presencia de bandas criminales organizadas y grupos armados.

En otra parte del reporte su autora, tras señalar con información adquirida en la Web, que la explotación del Arco Minero del Orinoco (AMO) es un ecocidio anunciado, donde se extraen minerales como el carbón, oro, hierro, bauxita, cobre, cromo, magnesita, níquel, diamante entre otros, relató que el gobierno venezolano ha favorecido más a las empresas privadas involucradas en la zona que a las 16 etnias que reclaman la propiedad de esas tierras.

–Defensores y organizaciones insisten –indicó– que el AMO ha sido la peor amenaza que han vivido los indígenas y que desde 1999 esperan por la reivindicación de sus derechos, cuando fue promulgada la Constitución vigente.

Diversos medios de comunicación también han denunciado que las mafias hacen de la suya en el lugar, y muchas de ellas son dirigidas desde las cárceles. También, los habitantes indican que los militares venezolanos están clandestinamente involucrados en la industria ilegal del oro, apoyando a las pandillas a cambio de una parte de sus ganancias.

A lo anterior añadió que la Organización de Mujeres Indígenas Amazónicas Wanaaleru explica que son muchas las niñas indígenas que han sido sometidas a ejercer la prostitución alrededor de las minas y la violencia hacen de las suyas bajo la mirada cómplice del Estado.

Una de sus voceras, Andrea Pacheco, le reveló que "Las sangrientas batallas de las bandas rivales por el control sobre las minas han convertido a Bolívar en uno de los estados más peligrosos del país".

En otra parte del reporte Gabriela Buada Blondell apuntó:

–Es así, como se muestra un pequeño panorama de lo que se vive en Bolívar y cómo los pueblos indígenas son los más afectados en este ecocidio, ya que estas personas ocupan un territorio intervenido en el que no se elaboraron estudios de impacto ambiental y sociocultural.

En el informe de la ONU también se dedicó un apartado para este tema que dice que: la extracción de minerales, especialmente en los estados Amazonas y Bolívar, incluyendo la región del Arco Minero del Orinoco, ha dado lugar a violaciones de diversos derechos colectivos, entre otros los derechos a mantener costumbres, modos de vida tradicionales y una relación espiritual con su tierra. La minería también provoca graves daños ambientales y en la salud, como el aumento del paludismo y la contaminación de las vías fluviales. Tiene un efecto diferenciado en las mujeres y niñas indígenas, que corren mayor riesgo de ser objeto de trata de personas. El hecho de no consultar a los pueblos indígenas sobre estas actividades constituye una violación de su derecho a la consulta.

Por todos estos males los indígenas han tenido que huir para no morir.

–La migración forzada se ha posicionado como la única opción de super-vivencia para los indígenas que habitan en regiones fronterizas. La falta de acceso al derecho a la salud y a los servicios básicos ha ocasionado que la dignidad se consiga en otros horizontes. La razón es que el Estado tampoco se ha interesado por atender a estas poblaciones y los programas sociales no se implementan con regularidad dejando a la intemperie a miles de personas entre ellas, mujeres y niños.

Algunos voceros de los pueblos indígenas en el Estado Zulia denuncian que reciben el programa social cada tres meses, incluso en el mes de junio "las cajas llegaron abiertas" y a pesar de que hicieron el reclamo nadie supo explicarles lo que sucedía. Yelitza Gómez, habitante del lugar, asegura que los jefes de cuadras le sacan los productos a la caja y los más afectados son los niños que ya comienzan a verse en estado de desnutrición.

En febrero de 2019 se produjeron muertes de pemones por parte de fuerzas militares que impidieron el ingreso al país de ayuda humanitaria.

–Este hecho explicó Amnistía Internacional– también fue mencionado en el informe de la Alta Comisionada... se produjeron incidentes violentos en el territorio pemón en el contexto de la posible entrada de ayuda desde el cercano Brasil. Sin embargo, no se produjeron de forma aislada, sino en medio de la tensión entre el Gobierno y esta comunidad, la cual denuncia una creciente inseguridad, de la que son muestra las muertes causadas el año pasado.

En efecto:

–El 22 febrero, unos soldados abrieron fuego contra miembros de la comunidad pemón de Kumaracapay, a tres de los cuales mataron y a 12 hirieron. Durante estos eventos, cuatro soldados fueron retenidos por los pemones, y reportaron haber sufrido malos tratos. El 23 de febrero, en la ciudad de Santa Elena la GNB hizo un uso excesivo de fuerza contra personas, tanto indígenas como no indígenas, entre ellos personas que se dirigían a la frontera para recibir ayuda. Las personas testigos describieron ataques y caos que duraron todo el día y parte de la noche, en los que la GNB disparó indiscriminadamente desde tanquetas a corta distancia y se lanzaron ataques contra el hospital. Ante la falta de medicamentos y suministros, las personas heridas fueron trasladadas a un hospital brasileño a 200 kilómetros de distancia, en el que se practicaron operaciones quirúrgicas a muchas de ellas, quienes tienen por delante meses de rehabilitación. El ACNUDH confirmó que siete personas murieron (cuatro indígenas y tres no indígenas) y 26 resultaron heridas por disparos de las fuerzas militares. Al menos 63 personas (indígenas y no indígenas) fueron detenidas. Las personas detenidas fueron objeto de malos tratos. Al ACNUDH le preocupan las declaraciones de personas testigos de las que cabe deducir que puede que fueran matadas muchas más personas. También le preocupan los informes sobre una posible fosa común, lo que amerita una investigación más a fondo. El Estado aún no ha emprendido una investigación independiente e imparcial de los incidentes. Durante esos hechos, fuerzas militares tomaron el control del aeropuerto de la comunidad pemón de Maurak, que hasta entonces estaba bajo control indígena. Maurak y otras dos comunidades siguen militarizadas.

Estos hechos obligaron a por lo menos 966 pemones a huir al Brasil (48), y la mayoría de las personas dijeron en entrevistas para el informe de la ONU que no regresarían por miedo a ser perseguidas. Los hechos y el posterior desplazamiento han causado un daño irreparable a los pemones, quienes han sufrido violaciones de sus derechos individuales y colectivos, que atañen a sus costumbres, su territorio y la libre determinación.

El 10 de julio de 2019 *Primer Informe* se refirió al reportaje especial que publicó la prestigiosa revista norteamericana de aventuras *Outside* sobre el guía de tepuyes pemón, Rolando García, a juicio de ese medio impreso asesinado por órdenes de Nicolás Maduro, en febrero de ese año, durante la represión que ordeno para impedir el ingreso de la ayuda humanitaria que entraría al país desde Brasil.

Michael Canyon Meyer escribió al respecto:

-Rolando García llevó a su primer grupo de excursionistas a la cima del Monte Roraima de 9.220 pies en 1983, cuando aún era un adolescente. Continuaría a la cima de la montaña, el punto más alto en el Parque Nacional Canaima de Venezuela, al menos 250 veces durante su carrera como uno de los mejores guías de la región.

García perfeccionó su oficio en la época de "la otra Venezuela", cuando el país era el más rico de América Latina durante las últimas décadas del siglo XX. La prosperidad ayudó a crear un flujo constante de aventureros venezolanos y turistas internacionales a Canaima para ver Angel Falls (el Salto Ángel), la cascada más alta del mundo, y el paisaje antiguo que inspiró El Mundo Perdido de Sir Arthur Conan Doyle. Durante ese tiempo, el parque también atrajo a los escaladores que buscaban nuevas rutas de grandes muros por sus gigantescas montañas de mesa, llamadas tepuis, como Kukenan y Roraima, que han albergado algunos de los logros más famosos de Chris Sharma, Kurt Albert y Stefan Glowacz, tres de los mayores escaladores del mundo.

Luego indicó:

-A lo largo de la carretera principal que atraviesa Canaima hasta la frontera con Brasil, y sentado en la base de Roraima, el pueblo indígena de Pemón en Kumaracapay se convirtió en una parada clave para los que llegan al parque. También fue el hogar de García y su esposa, Zoraida Rodríguez, quienes recibieron a escaladores y excursionistas en su hogar.

Es posible que muchos miembros de la comunidad de García nunca tengan la oportunidad de aventurarse más allá de su propia esquina del parque, pero su carrera como el guía más famoso del país le dio a García la oportunidad de viajar a través de Venezuela.

En otro párrafo indicó:

-Las personas que vieron a Rolando en su casa en su hamaca podrían pensar que nunca había abandonado su pueblo", dice Daniel Mamopulakos, "pero este tipo ha estado en todas partes". Mamopulakos, un escalador y ciclista de montaña que vive aproximadamente 600 millas al noroeste de Canaima en Caracas conoció a García en 2002 y se acercó a él en docenas de viajes a zonas rurales.

Y en el siguiente apuntó:

-Conocí a García en abril de 2018. Fue mi guía para una expedición de dos semanas en Canaima con el Proyecto Tepui, una organización de escaladores de roca venezolanos que desarrollan un turismo sostenible en el parque. Tenía una constitución compacta y una sonrisa rápida. No era un atleta obvio hasta que vi la gracia de su movimiento. García conocía cada roca de la Gran Sabana producto de sus años de guía, pero no estaba menos comprometido que yo cuando vi este paisaje por primera vez.

Y en el otro señaló:

-Mientras estábamos juntos, García explicaba cómo él y su esposa ayudaron a hacer de Kumaracapay un destino para los visitantes, su lucha por mantener vivo el turismo en el parque ante la agitación política, y su visión del futuro del parque y de los Pemones para cuando el país se estabilizará y los visitantes regresaran.

Después escribió:

-La familia García es famosa entre las personas que conocen la historia del treking en el área, dice Mamopulakos. "Son una de las pocas familias que han logrado continuar en el turismo a pesar de las luchas de nuestro país".

La economía de Venezuela ha estado en caída libre durante casi una década debido a la corrupción y el desmoronamiento de la infraestructura bajo el liderazgo de Hugo Chávez y su sucesor escogido, Nicolás Maduro. Los años de crisis también causaron un cambio dramático en la economía del Parque Nacional Canaima. A medida que los dólares del turismo disminuían, el Pemón comenzó a trabajar cada vez más en minas de oro ilegales en y alrededor del parque. García veía como guías y porteadores que trabajaban a su alrededor, se estaban convirtiendo en mineros. Destinos que una vez fueron populares entre turistas, enfrentaron el peligro de convertirse en pozos mineros.

Sin embargo, "A pesar de estos cambios, García estaba decidido a continuar con el estilo de vida tradicional de su familia" y "Para obtener ingresos fuera del trabajo como guía, él y su esposa abrieron una tienda fuera de su hogar en la carretera principal que atraviesa Canaima", en la cual "Vendieron empanadas a los camioneros que se dirigían a la frontera con Brasil y servían comidas de pollo, arroz y cerveza a los excursionistas y ciclistas de montaña que aún venían al parque".

Asimismo, expresó:

–La familia hizo tallas de madera, tejidos y otras artesanías para venderles también a los turistas, pequeños recuerdos del tiempo que pasaron en la casa de la familia a la sombra de las montañas. Como su profesión elegida se estaba volviendo insostenible, García estaba ansioso por ayudar al Proyecto Tepui. El grupo argumenta que incluso un pequeño número de empleos estables en la industria del turismo tienen el potencial de crear una alternativa económica a la minería, brindando oportunidades para las comunidades indígenas mientras protegen el medio ambiente.

En los últimos años, García también pasaba tiempo en el campo con los miembros de la organización. Esas expediciones formaban parte de una misión más grande para capacitar a una nueva generación de guías Pemón. García era importante para su trabajo, y un ejemplo para los porteadores más jóvenes de que una vez fue posible ganarse la vida en las montañas, algo que podría volver a ser posible.

Sin embargo, en febrero de este año, toda la fuerza de la crisis más reciente de Venezuela descendió sobre el apacible poblado.

El autor explicó luego:

−La agitación se había desatado en enero cuando el líder de la oposición y presidente de la Asamblea Nacional, Juan Guaidó, invocó la constitución para juramentarse como el presidente legítimo, citando irregularidades en la reelección de Maduro en 2018. Reconocido por Washington y más de 50 gobiernos como el líder legítimo de Venezuela, Guaidó comenzó a coordinarse con los Estados Unidos, Brasil y Colombia para brindar ayuda humanitaria a los ciudadanos empobrecidos del país. Maduro vio la llegada de alimentos y medicamentos extranjeros como una amenaza para su régimen y envió fuerzas militares para impedir que los envíos de ayuda ingresaran al país. Los líderes de la etnia Pemón declararon su intención de intervenir pacíficamente en apoyo de la ayuda humanitaria, pero sin querer estaban preparando el escenario para un enfrentamiento con el gobierno de Maduro.

Las fuerzas del del régimen ingresaron a Kumaracapay en las primeras horas del 22 de febrero, en su camino para bloquear la ayuda humanitaria que ingresaría a través de la frontera con Brasil. Los aldeanos intentaron detenerlos. No está claro si crearon una barrera física o humana. En un video de un teléfono celular que se tomó esa mañana, más de una docena de soldados armados de la Guardia Nacional Bolivariana ingresaron a la aldea a pie. Se puede escuchar a un indígena dirigiéndose a los soldados con calma: "Si quieres entrar, tienes que dejar tus armas atrás". A medida que los soldados continuaron avanzando, los pemones les suplicaron que "respetaran a la gente". Entonces comenzó el tiroteo.

Zoraida Rodríguez, esposa de Rolando, enfrentó a los soldados pidiéndoles que se fueran. Le dispararon y murió a solo unos pasos de la puerta de su casa. García corrió en su ayuda y recibió un disparo en el abdomen. Sobrevivió mientras lo transportaron durante seis horas en automóvil a un hospital en Brasil, pero murió el 2 de marzo después de una semana en cuidados intensivos.

Los indígenas pemones enfrentaron con sus trajes ancestrales la violencia de la Guardia Nacional ordenada por Maduro

La pareja dejó cinco hijos, de 10 a 19 años. Su hija mayor fue testigo del ataque. Su historia me fue transmitida por Mamopulakos y confirmada por otro testigo entrevistado por Foro Penal, una organización venezolana de derechos humanos. Mis intentos de contactar a la hija de García no tuvieron éxito. Además de García y Rodríguez, la Guardia Nacional mató a Kliber Pérez, un guía de montaña de 24 años. Otros once resultaron heridos. Más tarde, ese mismo día, el asalto a los manifestantes continuó en la ciudad cercana de Santa Elena de Uairén, en la entrada sur del parque. En total, Foro Penal estima que siete personas murieron, más de 40 resultaron heridas y más de 60 fueron detenidas ilegalmente durante los ataques contra las dos aldeas.

El gobernador del Estado de Bolívar, miembro del gobernante Partido Socialista, culpó a los pemones por los ataques, en una entrevista con Reuters en marzo pasado, calificando las acciones de los residentes de Kumaracapay como "actos terroristas".

Muchos de los pobladores del pueblo de García han huido a Brasil por temor a más represalias del gobierno. Este éxodo incluye a sus cinco hijos, que pudieron unirse a su padre cuando éste se encontraba en su lecho de muerte. Desde que se contactaron con amigos de la familia para anunciar la muerte de sus padres, se han escondido más en Brasil y están fuera de contacto. Intenté alcanzarlos varias veces, pero no tuve éxito.

Sobre esta agresión criminal contra indefensos pemones por parte de los cuerpos de exterminio de la narcodictadura, Lexis Rendón, activista de derechos humanos e investigadora de PROVEA sobre situación de pueblos indígenas, publicó un extenso y pormenorizado informe, en el cual se lee:

–El 02.02.2019, el presidente de la Asamblea Nacional Juan Guaidó anunció el ingreso de ayuda humanitaria por Colombia y Brasil y en respuesta el 08.02.2019, Nicolás Maduro llamó a reforzar la frontera con Brasil.

El 08.02.2019, indígenas denunciaban que militares estaban cerrando los accesos con alcabalas itinerantes una frente al Hospital de Santa Elena de Uairén donde revisaban cada vehículo en busca de ayuda humanitaria. En esa oportunidad indígenas Pemones lograron sacar las alcabalas una de ella con alambre de púas que mantenía la Fuerza Armada Nacional Bolivariana (FANB). En entrevista para Reuters el 09.02.2018, el alcalde de Gran Sabana

Emilio González dijo en compañía de los seis caciques de Gran Sábana: "Estamos preparados físicamente, sin armamento, dispuestos a abrir la frontera para recibir la ayuda humanitaria". Jorge Pérez Cacique General de Gran Sábana expresó "Nosotros somos originarios de la Gran Sabana y no vamos a permitir que unos generales de afuera decidan por nosotros, somos autoridades legítimas y gobierno local". Ángel Páez, líder Pemón expresó. "En el caso supuesto de que llegue la ayuda humanitaria y se impida su paso, se suspenderán los ingresos de los camiones así sean del gobierno nacional" (...) "Si no hay para el pueblo, ni para el gobierno habrá".

La investigadora de PROVEA agregó:

–El 21.02.2019, el Consejo General de Caciques del Pueblo Pemón (CCGPP) publicó un comunicado donde se aprecia la fractura del movimiento indígena pemón con relación a la situación política y humanitaria del país: Ratificaron las buenas relaciones con el "ejecutivo nacional" quien les prometió reuniones de "Alto Impacto" con autoridades de justicia ordinaria para revisión de expedientes y casos inconclusos, con la Asamblea Nacional Constituyente (ANC) para leyes indígenas, con la comisión de demarcación para revisar los expedientes de los sectores, y con el Ministro de defensa y el Comando Estratégico Operacional de la Fuerza Armada Nacional Bolivariana (CEOFANB); Frente a la denominada ayuda humanitaria expresaron una postura imparcial pero "aquella persona que decidida participar en la actividad de la ayuda humanitaria lo harán bajo su responsabilidad a título personal sin utilizar el nombre de todo un pueblo que ha decidido no participar por la mayoría"(...) Se le hace un llamado al alcalde de la Gran Sabana Emilio González ya que "actividades políticas partidistas que se realice fuera de las decisiones de las mayorías en esta Asamblea General serán consideradas violatorias a la libre determinación de nuestro pueblo".

Expresaron que autoridades no deben hacer proselitismo político partidista entre las comunidades indígenas; Aclararon que "sólo los Caciques Comunitarios de Manakru (Santa Elena Sector 5) y Kumarakapai (Sector Kawanayen Sector 6) acompañarán al Alcalde y su partido político bajo su responsabilidad y por tanto sólo ellos asumirán las consecuencias que pueda acarrear tal situación"; por último dictaminaron que la GTP no podía custodiar, participar, ni resguardar las acciones del 23.02 por considerarlas político partidistas.

Este comunicado del CCGPP, dejó en total indefensión a las comunidades de Manakru y KumaraKapai que había anunciado su participación en la entrada de la ayuda humanitaria, haciendo público la división que daba la espalda al alcalde de Santa Elena de Uairén. Una carta aval para la acción indiscriminada de la FANB contra indígenas, sabiendo que no tendrían apoyo o reacción unida de comunidades del Pueblo Pemón en defensa de los hermanos de sectores 5 y 6 por órdenes de sus caciques generales. Ese mismo día, Nicolás Maduro anunció que "a partir de las 20 horas queda cerrada la frontera con Brasil"

El 22 de febrero. Ataque militar armado contra la población de Kumaraka-pai

Según diversos testimonios recogidos por PROVEA: el 22.02.2019, en horas de la madrugada, en la troncal 10, en KumaraKapai (San Francisco de Yuruany) a 68 Kms de Santa Elena de Uairén, llegaron varios convoyes de la FANB que se dirigían a la frontera con Brasil. Algunos indígenas que hacen labores de vigilancia pertenecientes a la GTP trataron de para el paso. Residentes de la localidad comenzaron a salir de sus casas para saber qué pasaba y militares dispararon indiscriminadamente para luego huir del lugar. En el sitio quedaron heridas las primeras 18 personas, varias de gravedad.

Un médico del ambulatorio de KumaraKapai declaró: "Primero llegaron tres pacientes con heridas de balas múltiples en el tórax. No teníamos los insumos necesarios para atender tal cantidad de gente. No teníamos gasas para hacer compresión en las heridas. Por eso, los que estaban decayendo era por hemorragias. Una de las primeras que trajeron fue a la señora Zoraida (Zoraida Rodríguez, indígena Pemón). Pero estuvo 30 minutos con vida nada más" Ella se encontraba dentro de su casa cocinando empanadas -el cual era su oficio diario- cuando fue alcanzada por 3 balas en el tórax. Indígenas aseguran que nunca dispararon perdigones, las balas desde un primer momento eran de sus armas de fuego. Los heridos más graves entre ellos Rolando García, esposo de Zoraida Rodríguez herido en el abdomen, fueron trasladados al Hospital de Boa Vista, en Roraima Brasil, el resto al Hospital de Santa Elena de Uairén.

El sábado 23.02.2019, testigos afirmaron al Programa Venezolano de Educación Acción en Derechos Humanos (PROVEA) que en horas de la mañana un grupo nutrido de la población de Santa Elena de Uairén, hombres, mujeres, jóvenes y personas mayores, indígenas y no indígenas salieron caminando pacíficamente, sin armas a la frontera con Brasil para apoyar el ingreso de la ayuda humanitaria.

Frente a la entrada del Fuerte Escamoto la Guardia Nacional Bolivariana (GNB) impedía el paso hacia la frontera. A medida que comenzaron a acercarse y concentrarse para tratar de pasar, fueron reprimidos en un primer momento con bombas lacrimógenas y perdigones, posteriormente empezaron a dispararles con armas de fuego hiriendo a decenas de personas.

Al mismo tiempo, se desarrollaba una protesta pacífica en el casco central de Santa Elena de Uairén exigiendo la entrada de la ayuda humanitaria, allí la represión se desarrolló con igual patrón, pero los disparos provenían, según testigos, de armas automáticas de gran calibre y con participación de civiles armados. Los disparos iban directo al cuerpo y la cabeza. La represión duro toda la mañana hasta mediodía.

José Hernández fue el primer asesinato reportado, de 20 años, se encontraba en el Casco Central, un GNB en 4 esquinas luego de acorralar a los manifestantes le disparó en la cabeza; José Pérez fue asesinado en el piquete de la GNB, vía a la frontera con Brasil, le dispararon en el pecho. El tercer asesinato fue el de José Barrios, de 23 años, herido de bala en la cabeza en frente de un comando de la Guardia Nacional en el casco Central.

Después se lee:

-En horas de la tarde la GNB, instaló varias alcabalas en diversos sectores, acabando con las protestas. Apostados también en las entradas de los hoteles, realizaron requisas y allanamientos ilegales buscando al alcalde de Gran Sabana, Emilio González, diputados y líderes indígenas y no indígenas. El Hospital Rosario Vera Zurita reportaba al menos 30 heridos, los más graves transferidos a Brasil, estado de Roraima. Sumaban 25 detenidos entre el Fuerte Escamoto y la comandancia de la GNB. En total habrían sido detenidas al menos 58 personas el viernes 22 y el sábado 23 de febrero.

En otra parte del informe PROVEA apuntó:

-Un patrón nacional recurrente en la represión gubernamental, se vivió con la toma por parte la Policía Nacional Bolivariana (PNB) del hospital Vera Zurita en Santa Elena de Uairén desde el 23.02.2019, con la gravedad que se extendió por 10 días. Trancando el acceso y las salidas del hospital, impidiendo la entrada excepto de heridos o familiar directo, y las salidas. Realizaban requisas indiscriminadas; presionaron a personal médico y de asistencia para llevarse apresados a los heridos en protestas que estaban dentro de las instalaciones. Testigos denunciaron que varias personas fueron detenidas arbitrariamente del hospital al Fuerte Escamoto.

Y agregó:

-En Santa Elena de Uairén, diferentes testimonios confirmaron otro patrón de actuación por parte de los órganos de seguridad policial y militar en labores represivas que consiste en la grabación de manifestantes o toma de fotos, para luego buscar a manifestantes, perseguirlos, amedrentarlos y/o apresarlos a través de esos registros.

Testigos afirmaron a PROVEA que militares, cuerpos de seguridad y GNB, tenían una lista con nombres, apellidos, direcciones y usaban sus teléfonos con fotos y vídeos de manifestantes, líderes indígenas, autoridades legítimas, comerciantes y líderes sociales no indígenas. La persecución y búsqueda se inició en las comunidades de Gran Sábana con alcabalas militares donde detenían a las personas, las requisaban y si estaban en la lista las dejaban detenidas. Se realizaron allanamientos ilegales a viviendas, de hoteles, posadas, de mercados, buscando a las personas que aparecían en las listas y como patrón recurrente efectivos robaron a las personas indígenas y no indígenas, despojándolas de teléfonos celulares, computadoras y otros bienes.

La amenaza y el terror se apoderaron de comunidades indígenas. Testigos afirmaron a PROVEA que militares gritaban "Maten a esos indios, tenemos autorización de matar a esos indios, vamos a matarlos. Tenemos orden de matar. Directo, apúntenlos bien, mátenlos. ¿Quieren plomo? entonces vamos a echar plomo!". La mayoría de los líderes huyeron por las trochas hacia Pacaraima, Brasil, mientras que las comunidades pemón decidieron que se trasladarían masivamente a sus conucos a las afueras de las comunidades en la selva ya que "En peligro de su vida son los que están de frente contra el gobierno municipal".

Un testigo afirmó "Primera vez que yo veo este tipo de acción en nuestro municipio, este es un municipio tranquilo, pero este fin de semana han sembrado y generado xenofobia y terror en los niños".

Un educador pemón dijo a PROVEA: "Somos una piedra de tropiezo para el gobierno, en vez de trabajar con nosotros, somos una piedra porque estamos trabajando la mayoría como indígenas, tenemos cuerpos de seguridad propia Guardia Territorial Pemón (GTP) que hacen lo que no hacen los policías. Porque se ha dado apoyo a la alcaldía por ser un alcalde indígena. Sienten que se ha quitado el poder" (...) "Siempre nos han querido desplazar y los que hemos quedado, nosotros, siempre nos han arrinconado y violando nuestros derechos" (..) "El gobierno viene detrás de nuestras riquezas, aquí hay minerales y estamos pisando minerales que ellos buscan, mercurio, coltán que consiguieron, aquí en gran sabana, uranio oro y diamante" (...) "Eliminar nuestras organizaciones, comprar nuestros caciques generales y comunales, comprarlos y tenerlos como a unos títeres. Como indígenas, ¿nos vamos a matar entre nosotros? y los militares riéndose, yo no comparto eso".

En el siguiente párrafo *PROVEA* señaló:

-Lisa Henrito, lideresa Pemón el día 26.02.2019, a través de sus redes sociales envío una carta pública donde denunciaba: "Yo, Lisa Lynn Henrito Percy, mujer indígena Pemón, defensora de los derechos individuales y colectivos de mi pueblo, por ende, defensora de los derechos humanos denunció ante la opinión local, regional, nacional e internacional la violación de los derechos de los niños, niñas y adolescentes a la vida y a la protección en casos de conflictos armados... Insisto que esto es un conflicto armado por la forma como llegaron las Fuerzas Armadas de esta nación que desde el día viernes, 22 de febrero de 2019, han venido atacando al pueblo, matando manifestantes indígenas y no indígenas y hasta esta fecha y hora, martes, 26 de febrero 2019 a las 5:55 pm sigue la guerra psicológica, hostigamiento y persecución militar. La intimidación donde a cada rato pasan los tanques, los convoyes full de efectivos militares, vehículos oficiales con supuestos efectivos de la policía allanando casas y en hora de la noche hay toque de queda, una situación que ya vienen afectando a nuestros ancianos y ancianas, a nuestros niños y niñas porque jamás habíamos vivido una situación como esta".

Luego precisó:

–El 22.02.2019, en testimonios, indígenas narraron que alrededor de las 7am llegó un avión militar al aeropuerto de Santa Elena de Uairén y un contingente vía terrestre y lo toman militarmente. Es preciso señalar, que la comunidad de Maurak y Turasen donde se encuentran los linderos del aeropuerto es territorio indígena Pemón. Desde hace 3 años, Pemones administran el aeropuerto, hacen el resguardo de las instalaciones junto a funcionarios de la GNB y las operaciones correspondientes para su funcionamiento. Esto ha sido parte de los reclamos del pueblo pemón, en el uso compartido de sus tierras y se llegó a un acuerdo en beneficio de toda la comunidad, Pemones controlan la mayoría de la parte operativa contratados a las órdenes del Instituto Nacional de Aeronáutica Civil (INAC). "La comunidad es parte del aeropuerto, el aeropuerto queda dentro de los linderos de la comunidad y ver a los militares arremetiendo contra el aeropuerto es una amenaza contra la comunidad".

Alrededor de las 8am la comunidad pemón se entera de la toma ilegal y militar del aeropuerto, se dirigen a las instalaciones, desarman a los militares, los llevan a la comunidad indígena y los entregan a la custodia en la selva, GTP. La cifra varía según testigos, alrededor de 20 militares, los GNB que laboran junto a indígenas diariamente fueron dejados en libertad.

Indicó, asimismo:

–El 27.02.2019, como a las 11am llegó a la comunidad un contingente más grande de efectivos de la GNB y el ejército, con tanquetas y tropa trancando el punto de control del aeropuerto que comunica la vía hacia las comunidades indígenas, en un ataque sorpresa con bombas lacrimógenas, pedigones y armas de fuego, extendiéndose por 2 horas hasta que a la 1pm retomaron militarmente aeropuerto

Los indígenas pemón que se encontraban en el puesto de control en la vía hacia el aeropuerto, salieron corriendo, allí detuvieron a Jorge Gómez, hijo del cacique general del sector VI, Gran Sábana y perteneciente a la GTP. En las instalaciones del aeropuerto detuvieron a 3 personas -al no indígena lo dejaron en libertad-, aprehendiendo a Nicodemo Martínez, Boris William Hernández indígenas Pemones funcionarios a las órdenes (INAC). Los trasladaron al Fuerte Escamoto luego al comando de la GNB. El cacique general del sector 6, Jorge Pérez, medió a través de una comisión con militares en Fuerte Escamoto, hasta que logró que los dejaran en libertad. Los GNB los trasladaron de la Comandancia a Fuerte Escamoto y los liberaron alrededor de las 11pm.

En las instalaciones del comando de la GNB, Pemones fueron objeto de amenazas verbales y torturas psicológicas, les gritaban que "la orden era matar a los indios". Fueron sometidos a torturas, tratos crueles, inhumanos y degradantes. Nicodemo Martínez testificó: "Nos golpearon con un palo y nos daban patadas, en la cabeza, en el cuerpo, nos daban corriente y nos bañaron con picante". Cuando los torturaban les gritaban que los habían vistos dentro de las filas de la GTP y que por eso los iban a matar. Cuando los soltaron, afirman que les aplicaron cremas para disimular las heridas. Martínez, según testigos tenía visiblemente un ojo morado, todos recibieron primeros auxilios en un sitio escondido y fueron sacados por las trochas del país para ser atendidos en Brasil.

Como es natural ya en la narcodictadura, sus personeros negaron las agresiones contra los pemones.

En efecto, Diosdado Cabello, para entonces presidente de la inconstitucional Asamblea Nacional Constituyente, el mismo 22 de febrero confirmó que una persona habría fallecido en el suceso, pero lo calificó como un "Falso Positivo" y aseguró: "Se está demostrando que el evento ocurrido en Kumarakapai no involucra a la GNB por el tipo de cartuchos que se usaron ahí"(...)"bandas armadas del diputado Américo De Grazia y del partido Voluntad Popular estarían involucradas en el incidente, en el que una persona murió y 14 resultaron heridas".

El informe de PROVEA refirió también que el 24 de febrero viajaron a Santa Elena de Uairén Santa Elena de Uairén, el vicepresidente sectorial para el Desarrollo Social y Territorial Aristóbulo Istúriz; la ministra del MINPI, Aloha

Núñez, el gobernador bolivarense Justo Noguera Pietri, la gobernadora del Estado Monagas Yelitze Santaella y el constituyente Francisco Ameliach.

-No dieron cifras de asesinados, heridos, ni se reunieron en el hospital con las víctimas, -advirtió- pero la actuación fue denominada una victoria.

Istúriz declaro al final de una marcha que se realizó en el sector La Línea de Santa Elena de Uairén "Anunciamos al país que aquí hay un control absoluto y paz, la paz ha vuelto" (...) "Aquí estamos en Santa Elena, en perfecta unión cívico militar; nuestro gobernador Justo Noguera del cual nos sentimos orgullosos ha dirigido de manera contundente esta victoria popular que hemos obtenido, el rescate y el control de toda la vida aquí en Santa Elena".

Sigue el informe de PROVEA:

-El 24.02.2019, se supo a través de la cuenta Twitter de Francisco Ameliach que habían efectuado una reunión con el CCGPP, "Reunión en Santa Elena de Uairén con el Consejo de Caciques del Pueblo Pemón, nuestros hermanos indígenas ratifican su decisión de defender la Soberanía Nacional, la Constitución de la República Bolivariana y el reconocimiento de @NicolasMaduro cómo presidente de la República".

El 25.02.2019, el Movimiento Indígena Amazonenses de Derechos Humanos "CACIQUE ARAMARE" (MOINADDHH) que agrupa a veintiún (21) pueblos indígenas del Estado indígena de Amazonas emitió un Pronunciamiento de "rechazo en torno al ataque violento de que están siendo objeto los hermanos indígenas del pueblo pemón en Santa Elena del Uairén". Allí denunciaron "la violencia y persecución por parte de las FANB y demás grupos de criminales e instaron a Comunidad Internacional, OEA, ONU, UNIÓN EUROPEA, Comisión Interamericana de Derechos Humanos, a la Corte Penal Internacional de la Haya, y demás instancias pertinentes dictar las medidas de protección necesaria para nuestros hermanos indígenas que están siendo objetos de persecución en las selvas del Estado Bolívar-Santa Elena de Uairén-Venezuela".

El 27.02.2019, el Grupo de Trabajo sobre Asuntos Indígenas (GTAI), emitió un pronunciamiento exigiendo el cese inmediato de la violencia en los territorios del pueblo Pemón de la Gran Sabana; la desmilitarización de algunas zonas ancestrales, respeto a las autoridades tradicionales pemón, el cese del hostigamiento y reconocimiento a la jurisdicción indígena.

El 28.02.2019, La Comisión Interamericana de Derechos Humanos (CIDH) emitió la resolución 7/2019, medida cautelar N° 181-19, a favor de indígenas de la etnia Pemón de la comunidad de KumaraKapai allí obligan a Venezuela a proteger y garantizar la vida e integridad de Indígenas Pemones y la comunidad.

El 01.03.2019, organizaciones indígenas y aliadas de los pueblos indígenas, incluyendo PROVEA emitieron un comunicado público, denunciando que a la fecha el hostigamiento, la represión y las violaciones a derechos indígenas pemones seguían ocurriendo.

El Hospital de Santa Elena seguía tomado por la Policía Nacional Bolivariana (PNB), los allanamientos ilegales, alcabalas militares, las amenazas contra líderes indígenas y no indígenas continuaban, obligándolos a migrar de manera forzosa a Brasil, o a permanecer encerrados en sus conucos.

El cierre de la frontera obstaculizaba el acceso a alimentos, el acceso a la salud, el derecho a la educación de niños y niñas de las comunidades pemón fronterizas cuya vida depende de la provisión de bienes de primera necesidad en país vecino. "El intercambio de frontera permite el acceso a bienes para garantizar derechos fundamentales que debido a la crisis humanitaria compleja no existen en Venezuela. El cierre de la frontera está agravando de manera muy rápida la situación interna en las zonas de frontera. Los alimentos comienzan a escasear y los precios aumentan afectando a los más vulnerables.

Indígenas Pemones por la persecución y el miedo no han podido llevar lo generado en sus conucos a los centros de intercambio comercial afectando el ciclo y sobrevivencia del sector. Urge la apertura de la frontera para no recrudecer los efectos de la crisis humanitaria compleja en la zona".

Pero el silencio se apoderó del CCGPP.

-El 11 de abril de 2019 –precisó PROVEA- informaron que la Coordinación General y la secretaria ejecutiva del CCGPP asistieron a una asamblea del Sector 5 Kawanayen en Kumarakapai. Recibidos por el Cacique Comunitario Richard Fernández con el objetivo principal de "escuchar al pueblo de kumarakapai después del suceso del 22 y 23 de febrero".

En la sistematización de la asamblea destacan la siguientes peticiones: El movimiento indígena y sus caciques generales y comunitarios no pueden parcializarse por ninguna tendencia partidista "deben gobernar para todos"(...) "deben ser la voz genuina de las comunidades sin dejarse manipular por el gobierno, ni por la oposición sino deben cumplir con los que demandan las comunidades indígenas"; La FANB no debe utilizarse intimidación de las comunidades indígenas sino para garantizar la seguridad fronteriza. Se acordó: Solucionar la división por tendencias partidistas en Kumarakacai; caciques deben exigir con más contundencia el cumplimiento del estado para garantizar la salud, educación, vivienda, alimentación, etc.; crear una comisión de la verdad con ancianos, profesores y junta directiva de la comunidad para esclarecer los hechos; Convocar a una reunión urgente con la policía comunitaria; no permitir la instalación de la seguridad denominada Aretauka; el CCGPP debe solicitar el estatus de investigaciones por el fallecimiento de indígenas el 22 y 23 de febrero; coordinar la salida de la GNB en la comunidad. El cacique general de Gran Sabana expresó que el CCGPP repudia la violencia y exige que se garantice justicia por los muertos de febrero; "que cese odio, rabia y rencor entre hermanos por motivos políticos y que se vuelva al cauce de la lucha indígena que han llevado líderes ancestrales del movimiento indígena. Y que en el territorio pemón nunca vuelva a suceder hechos de violencia por ideologías políticas partidistas. Además de pedir perdón y disculpas por si ha habido malas actuaciones de los caciques generales y comunitarios; y que los errores que se hayan cometido nos enseñen a mejorar y seguir avanzando."

El 18.04.2019 en Kawanayen, se realizó un encuentro de caciques y líderes Pemón, sin la presencia del sector VI, ni del sector Kamarata, con la participación de Cecilio Pérez, Constituyente de la ANC, denominado "Todos unidos por La Paz como hermanos".

El 30.04.19 el CCGPP emitió una declaración, bastante preocupante para la protección y seguridad de las comunidades, el derecho a la disidencia política, la protesta pacífica sobre todo tras la militarización, el hostigamiento y la persecución contra indígenas.

Utilizando el lenguaje de criminalización antes rechazado con contundencia señalaron al movimiento Aretauka como "Secesionista", dejando en condición de desamparo y gran vulneración a indígenas que se oponen y disienten de forma visible al gobierno nacional. Sobre todo, a indígenas de las comunidades de Manakru (Santa Elena #6) Kumarakapai (Sector Kawanayen #5) Santa Elena de Uairén y Maurak que se encuentran huyendo del país y cuyos sectores están férreamente militarizados y vigilados. Además, los señalan como "dirigentes políticos, grupos económicos de dudosa reputación y prófugos de la Justicia al margen de las decisiones de la Asamblea General del Pueblo Pemón".

A pesar de sus pronunciamientos previos sobre la obligatoriedad indígena de hacer minería ilegal dadas las duras condiciones en que viven las comunidades, declararon que no necesitan que se diseñen mecanismos de apoyo humanitario internacional para el pueblo pemón ya que estos violarían principios de sobrevivencia y de resistencia indígena.

Condenaron todo acto violatorio al derecho a la vida, pero sin mencionar a los Pemones asesinados, ni a los torturados, ni detenidos o heridos; Solicitaron al ministerio público un informe sobre las investigaciones los sucesos del 22 al 24 de febrero; No rechazaron la persecución, migración forzosa ni destitución inconstitucional del alcalde indígena de Santa Elena de Uairén, por el contrario, establecen que hay un vacío de poder y piden que se proceda según las leyes para una nueva elección. Repudiaron el intento de golpe de estado que según ellos se estaría cometiendo contra Nicolás maduro y llamaron a rechazar "las sanciones económicas impuesta por el Gobierno de los Estados Unidos de Norte América y el Reino Unido y que los mismos no se inmiscuyan en los asuntos internos de nuestro país". La comisión de la verdad indígena solicitada por comunidades y víctimas no se activó y no se estimó la jurisdicción indígena para la búsqueda de la verdad y Justicia para pemones asesinados, heridos, torturados y apresados.

En otra parte del documento de PROVEA se informa:

-La masacre de Santa Elena de Uairén, dejó un lamentable saldo de 7 personas asesinadas por las fuerzas de seguridad del Estado. No Indígenas: José Hernández, 25 años, asesinado el 23.02.2019; José Barrios Carrasco, 22 años, asesinado el 23.02.2019; Jorge González, 41 años, herido el 23.02.2019, falleció el 03.03.2019. Indígenas Pemón: Zoraida Rodríguez, 45 años, asesinada el 22.03.2019; José Elsey Pérez Márquez, 20 años, asesinado el 23.02.2019; Kliber Pérez, 24 años, herido de bala el 22.03.2019, falleció el 27.02.2019; y Rolando García, 52 años, herido el 22.03.2019, falleció el 02.03.2019. PROVEA tuvo conocimiento de al menos 58 detenciones arbitrarias, 16 indígenas Pemones, 4 adolescentes; 3 Pemones torturados; 15 heridos de bala el 22 de febrero, y recibidos en el Hospital General en Brasil 23 heridos de bala entre 22 y el 24 de febrero.

Según cifras extraoficiales de voz de indígenas en Pacaraima estimaban al menos de febrero a abril sumaban alrededor de 1200 desplazados forzosos, cifras semejantes a las reportadas por la Agencia de Naciones Unidas para Refugiados (ACNUR) que estimaban para abril unas 1000 personas; unos 1,264 estudiantes del área de Santa Elena que están inscritos al otro lado de la frontera en Brasil en Pacaraima quedaron sin acceso a la educación durante 3 meses; se implementaron pasos por trochas custodiadas por militares de la GNB que cobraran 100 reales alrededor de 25 dólares a cada personas en rutas peligrosas. El alcalde indígena de Gran Sábana aún se encuentra también desplazado forzosamente a Brasil debido a las amenazas contra su libertad, integridad y vida; al igual que líderes indígenas y no indígenas, comerciantes y miembros de la comunidad de Maurak, Turasen, KumaraKapai; actualmente habrían retornado según informes indígenas entre 400 y 500 indígenas pemones; Los militares y órganos de seguridad del Estado permanecen en Santa Elena de Uairén, así como en el aeropuerto que no ha sido devuelto al pueblo Pemón.

En la parte final del informe PROVEA alertó:

-A 1 año de los sucesos, se desconoce el estatus de las investigaciones llevadas a cabo por el Ministerio Público. No existen detenciones, ni señalamientos de posibles responsables, existe total impunidad frente a lo sucedido. Se desconoce de fuentes oficiales el número de personas heridas que se encuentren en el país o en Roraima, Brasil; la cantidad exacta de Pemones en situación aún de desplazamiento forzoso.

Comunidades indígenas del pueblo Pemón de Manakru, Santa Elena, sector VI, y Kumarakapai, Kawanayen Sector V; requieren de investigación imparcial que garantice Justicia frente a las personas que resultaron asesinadas en total indefensión y en el ejercicio de la manifestación pacífica; la desmilitarización de sus territorios; el cese de la persecución y el hostigamiento contra sus líderes y habitantes; la devolución de las operaciones del aeropuerto en territorio indígena, la demarcación del territorio; un programa de atención en materia de salud, alimentación, educación y alternativas a la minería ilegal; una investigación imparcial que incorporé la jurisdicción indígena y la ordinaria para que haya verdad, justicia y no impunidad en estos hechos.

El 9 de mayo de 2020, el portal La Patilla, en el reportaje titulado "Defensores de derechos indígenas exigen que no haya impunidad en asesinatos a miembros del pueblo Ye'kwana", reportó:

El observatorio indígena KAPE-KAPE denunció la impunidad que gira en torno al asesinato de dos indígenas ye'kwanas por parte de mineros ilegales pertenecientes a un grupo armado vinculado a la minería ilegal (sindicato). El suceso ocurrió en la zona minera Bullita del sector Salto La Puerta, en la boca del río Yuruaní con el río Caura del Municipio Sucre en el Estado Bolívar, el miércoles 6 de mayo.

La Patilla añadió:

-Hasta ahora, el observatorio indígena confirmó 3 víctimas: Cristian Flores, Franke Sarmiento y una persona sin identificar que era trabajador informal. KAPE-KAPE informó que se trató de una emboscada organizada por sindicatos mineros contra la Guardia Indígena del Caura.

El grupo de trabajo socioambiental Wataniba reportó que aún no han rescatado los cuerpos debido al control de la zona de estos grupos violentos. Fueron 13 ye'kwanas, un pemón y un sanoma los atacados, quienes lograron sobrevivir huyeron a la selva sin alimentos ni pertrechos. Además, solicitó al Estado realizar una investigación efectiva e imparcial para determinar responsabilidades en el asesinato de los ye'kwanas.

Señaló también:

-Según la información proporcionada por Wataniba, la coordinación Kuyujani Ye'kwana – Sonema de la cuenca del río Orinoco denunció ante las autoridades competentes la amenaza de entrada a la fuerza de los grupos armados días antes de lo sucedido, sin embargo, no obtuvieron respuestas.

Hay 53 comunidades que viven entre Caura y Erebato en riesgo de ser víctimas de ataques violentos como este sin que el Estado venezolano intervenga para protegerlos. Los grupos armados vinculados a la minería ilegal llevan al menos 7 años en la zona.

Igualmente indicó:

-KAPE-KAPE denunció en un comunicado emitido el 7 de abril, que más de 20 indígenas han muerto en contextos violentos vinculados a la extracción aurífera ilegal en los últimos 2 años.

"A la luz de los hechos y las acciones cada vez más sangrientas y crueles que estos grupos ejercen en contra de los pueblos indígenas que habitan estos territorios de manera legítima, KAPE-KAPE exige que esta barbarie no quede nuevamente impune", versó el documento.

Una de las maneras de reducir la incidencia de la violencia en estos territorios es la demarcación de estos, el reconocimiento de los espacios que son de los indígenas como herencia ancestral. Nicolás Maduro reprobó el proceso de demarcación del territorio de estas familias indígenas en el Caura. Kuyujani había presentado el expediente en 2001 ante la Comisión Nacional de Demarcación de Hábitats y Tierras Indígenas y en 2005 la comisión había aprobado el proceso.

La demarcación permite establecer protocolos de consulta previa libre e informada cuando se plantee la necesidad de llevar a cabo proyectos de interés nacional cuyas decisiones los involucre directamente, de lo contrario, sus territorios, y, en consecuencia, sus vidas, continuarán sujetas a la discrecionalidad de políticas que pueden perjudicarlos, y a merced de grupos armados vinculados a la minería (sindicatos).

En este sentido, Wataniba exige al Estado retomar con urgencia el proceso de demarcación de hábitats y tierras indígenas en la cuenca del río Caura, garantizar la integridad física y cultural de los pueblos Ye'kwana y Sanoma, ante la actividad minera en la zona y la presencia de grupos armados e implementar medidas efectivas para controlar la minería ilegal en la zona iniciando por el desalojo de los grupos mineros y el control de la presencia y actuación de los sindicatos mineros en territorios habitados por indígenas.

La fuente digital explicó igualmente que "La organización denuncia un aumento de la actividad minera ilegal en su territorio en los últimos años que ha tenido un negativo impacto ambiental, sociocultural y sanitario" y "Además, la movilización constante de los mineros dentro de las comunidades indígenas aumenta el riesgo de contagio por la COVID-19 en esta población"; sin embargo, "Aunque no hay medidas específicas indicadas para la protección de comunidades indígenas por parte de la Organización Mundial de la Salud (OMS), es recomendado el aislamiento completo".

El reporte de La Patilla apuntó luego:

–A inicios de abril, la coordinación de las Organizaciones Indígenas de la Cuenca Amazónica (COICA) exigió ocho acciones a los países amazónicos para garantizar la protección y supervivencia de los pueblos indígenas históricamente desatendidos durante la pandemia del nuevo coronavirus. Ese mismo mes, comunidades indígenas de la Gran Sabana exigieron el refuerzo de la prevención sanitaria y ayuda alimentaria.

Wataniba exige que los territorios indígenas sean áreas libres de actividad minera ilegal, y de la presencia del sindicato minero, honrando el Plan Caura, creado en 2010 para la protección del territorio, y la creación del Parque Nacional Caura, en 2017 para proteger el territorio de forma integral.

Al final puntualizó:

–La organización Clima 21, Ambiente y Derechos Humanos también rechazó la violencia continua en las zonas mineras de Venezuela, especialmente en la Amazonía. Además, subrayó que los derechos humanos van de la mano con la garantía de los derechos ambientales, por lo que debe abrirse paso a la implementación de un programa para la atención de las víctimas de la violencia y la contaminación por mercurio, así como implementar estrategias para la sostenibilidad, proceso que debe nacer de la participación democrática de todos los actores involucrados.

El 2 de junio de 2020 *El Nacional* reportó:

–Romel Guzamana, diputado a la Asamblea Nacional y presidente del Parlamento Amazónico, alertó sobre la incursión de grupos armados pertenecientes a las FARC, el ELN, y el Hezbolá bajo el amparo de las Fuerzas Armadas Nacional de Venezuela, en comunidades indígenas que están asentadas en el sur del país.

Denunció que estas organizaciones delictivas extranjeras manejan el contrabando de combustible, minería ilegal y narcotráfico en la zona. Además, tienen el control de la Amazonía, considerada el pulmón vegetal del mundo, por ser extensa y rica en recursos minerales, "que está siendo explotada y entregada vilmente a manos criminales".

Guzamana lamentó que los indígenas no pueden hacer uso de sus propios territorios, intereses, y de los recursos naturales que emanan en sus comunidades.

Frente a ello, el parlamentario aseveró que la presencia de estos grupos irregulares socava la soberanía e irrespeta la Constitución Nacional.

Finalmente "Solicitó al presidente encargado de Venezuela, Juan Guaidó, denunciar ante los organismos internacionales y a los gobiernos de Colombia y Brasil a trabajar de forma mancomunada en defensa y protección de los territorios indígenas, sus derechos ancestrales y legislación" y "Aseguró que el Parlamento Amazónico junto a sus diputados miembros velará porque la Constitución se cumpla, garantice el respeto a los derechos y deberes de los indígenas por el Estado venezolano y se haga justicia a los pueblos originarios que han sido vilipendiados por esta dictadura.

Indígenas

El 15 de agosto de 2021 el portal *Costa del Sol* reprodujo el artículo **"Indígenas"** de Ramón Guillermo Aveledo, donde autor comenzó afirmando:

–Defiendo la Constitución. Los venezolanos, investidos o no de autoridad, tenemos la obligación de cumplirla y exigir su cumplimiento. Si el artículo 333 nos impone "el deber de colaborar en el restablecimiento

de su efectiva vigencia" en los casos de acto de fuerza o derogatoria ilegítima, con más razón tendríamos que empezar por actuar de acuerdo con sus mandamientos.

Y añadió:

–Los pueblos indígenas de nuestro país, antes amparados por la norma antidiscriminatoria del artículo 61 de la Carta de 1961 y por políticas públicas con expresiones legislativas y administrativas, vieron jerarquizada la tutela de sus derechos en los artículos 118 al 126 de la Constitución de 1999 en su capítulo "De los derechos de los pueblos indígenas". Al explicar estas disposiciones la Exposición de Motivos reconoce el progresivo reconocimiento jurídico de la realidad de la diversidad cultural nacional representada por los pueblos indígenas, pero su rango constitucional constituyó un logro para esas comunidades históricamente marginadas y un motivo de optimismo en cuanto al inicio de una etapa nueva y justa.

En consecuencia "El artículo 119 reconoce la existencia de los pueblos y comunidades indígenas, sus especificidades culturales y organizativas y su derecho a la propiedad colectiva de las tierras ancestrales cuya determinación corresponde al Ejecutivo "con la participación de los pueblos indígenas", y "En el 120 se compromete el Estado a que el aprovechamiento de los recursos naturales en sus hábitats se hará "sin lesionar la integridad cultural, social y económica". el siguiente 121 reconoce el derecho a su identidad étnica y cultural con todas sus consecuencias; y el 122 reconoce "su derecho a la salud integral con respeto a sus tradiciones y "terapias complementarias, con sujeción a principios bioéticos".

En el siguiente párrafo Aveledo señala los otros derechos de los indígenas, tan golpeados tanto en la dictadura del teniente coronel (r) Hugo Chávez, como en la narcodictadura de su sucesor por obra y gracia suya:

–El 123 su derecho a sus propias prácticas económicas y a una capacitación profesional y asistencia técnica para el desarrollo local sustentable; el 124 la propiedad intelectual colectiva de sus conocimientos e innovaciones; el 125 el derecho a la participación política con su presencia en los cuerpos deliberantes; y el 126 reitera su condición de parte de la Nación venezolana, muy discutido por ciertos presuntos "indigenistas" en el fallido debate constitucional de 1992 y en consecuencia su corresponsabilidad en la seguridad del país.

Luego se preguntó sí se había cumplido con la aplicación de esta normativa constitucional, explicando: Las organizaciones indígenas sostienen que muy poco e incluso que hay aspectos en los que se ha retrocedido. Corregirlo es deber de todos.

En la misma fecha, Sebastiana Barráez escribió en el portal *Infobae* respecto a la farsa de las primarias del gobernante PSUV para la escogencia de sus candidatos para las mega elecciones del 21 de noviembre de 2021:

–El 73% de los indígenas registrados no pudo votar por un polémico cambio de centro de sufragio, y en el emblemático estado fronterizo denuncian corrupción de los funcionarios del Plan República. La jugada más brutal que el chavismo, en sus elecciones internas, cometió contra los indígenas, en el estado Apure, fue en el municipio Rómulo Gallegos, cuya capital es Elorza.

Y agregó:

–En Rómulo Gallegos el río es vital para que la población pueda movilizarse. Se burlaron de esos pueblos originarios, se burlaron de su inocencia, les volvieron a cambiar oro por espejitos, les prometieron el paraíso de una bolsa de alimentos.

Y lo más bajo, les pisotearon, con artimañas, la posibilidad de tener una figura femenina indígena como alcaldesa, en llave con otra mujer: la docente y presidente del Concejo Municipal Ricarda Yelitza Ojeda de Yusty a quien por cariño llaman La Kika y la edil María Ángela Rodríguez "La India María", quien es asesora de presidencia en el Parlamento Indígena de América, capítulo Venezuela.

Por lo tanto:

–La protesta de los líderes indígenas y la población en general obligó a que el PSUV enviara una comisión que llegó a recibir las denuncias. Lo absurdo es que quien los recibe y los orienta es el alcalde Jesús Solfredis Solórzano Laya, el denunciado porque su desespero no se quedó en usar los recursos de la alcaldía para favorecer a su pupilo Luis Aguilera, director general de la alcaldía, sino en montar un ardid para que los indígenas no lograran sacar ventaja en el resultado. Lo que en elecciones normales hacen contra opositores, esta vez lo usó contra las numerosas comunidades indígenas de Apure.

Sebastiana Barráez explicó luego:

–El caso es que cuando el viernes 6 de agosto se fueron a instalar las mesas electorales, para las elecciones internas del Partido Socialista Unido de Venezuela (PSUV), hubo la excusa de que estaba lloviendo mucho y que el helicóptero no pudo ir hasta el centro de votación de Riecito, población lejana de Elorza y que necesita de varias horas en embarcación rápida para poder desplazarse por el río Arauca. Todos en la zona coinciden en señalar que jamás se ha utilizado ningún helicóptero para instalar la mesa en esa zona. Al día siguiente, alguien había decidido que los indígenas que votaban en Riecito tendrían que hacerlo en Rancho Bonito, que queda más cerca de Elorza, pero los indígenas no podían hacerlo, porque no tenían tiempo de llegar, ni recursos ni embarcaciones rápidas para movilizarse por el río, única manera de llegar en época de lluvia, porque los terraplenes se cubren, se inunda la sabana y el transporte es solo en tractor.

Toda esta marramuncia impidió que el 73% de los indígenas no pudieran votar en ese proceso interno.

Sobre el particular, la periodista apuntó:

–Indígenas inscritos hay 2 mil 167, los cuales votan en estos lugares: el centro donde está la comunidad indígena más importante es Riecito (829 indígenas votantes) que está a más de tres horas río abajo, las poblaciones vecinas Alcornocar (405) y Boca Tronador (397); ahí está el centro más grande de votantes indígenas, de manera que al concentrar los centros en Riecito votaría ahí 1.631 indígenas. Para donde mudaron el centro, que está más cerca de Elorza los electores se dividen así: Manguito (287) y Rancho Bonito (249 electores), es decir 536.

Del total de dos mil 167 electores indígenas inscritos, el 73% no pudo votar por el cambio de centro de votación. Los indígenas que apoyaban a María La India no pudieron llegar y así se fraguó el fraude. "Nosotros no votaríamos por un racional, sino por la nuestra", es la queja más común entre los indígenas.

A eso hay que sumarle que, en Elorza, en el centro de votación Manuel Antonio Nieves, una parte del grupo de indígenas que estaba preparado para votar por María La India, fue retenido en un comedor la noche anterior para forzarlos a que votaran por el candidato del alcalde. (https://www.infobae.c om/america/venezuela/2021/08/10/a-indigenas-en-apure-les-dieron-bol sas-de-comida-y-los-encerraron-el-dia-antes-de-las-elecciones-del-PS UV-para-asegurarse-su-voto/).

El dirigente indígena yaruro, Adán Flórez, señaló que él, como traductor bilingüe, estaban en el interior del centro de votación, cuando "el Plan República se prestó para apoyar a la chama no indígena (Enny Rechidel), nos sacaron a nosotros los traductores, para manipular a los indígenas y obligarlos a votar por otro candidato (Luis Aguilera) que ellos no querían apoyar. Nosotros como indígenas estábamos apoyando a la candidata indígena, teníamos derecho", dice Flores.

Más adelante la periodista indicó:

–El concejal indígena Corozoboto Maporo había dicho unos días antes de las elecciones, en un video que ellos apoyaban a la Gobernación a Pedro Leal, pero que a la alcaldía respaldaban a Ricarda Ojeda, la que iba en llave con María La India.

Justificando por qué apoyaba al dúo de mujeres, y se rebelaba con lo que tradicionalmente ocurría con los indígenas, dijo que les ofrecían comida, pero que al día siguiente se les iba a terminar el mercado si hay mucha familia. Con amargura relata que "en tiempo de elecciones nos recogen, piensan que nosotros somos ganado, nos meten para el corral y llevan sal y nosotros venimos atrás, esa gente está haciendo así".

Resaltó que los usan como mercancía política, porque son indígenas, pero que "ya sabemos, estamos preparados y somos civilizados", finaliza diciendo.

Hace dos días el alcalde le regaló a Corozoboto un teléfono y lo llevó a su programa de radio, como manera de dar respuesta a la gran cantidad de quejas de la población indígena que no pudo votar. No hizo mención alguna al cambio de centro de votación lo que impidió, y por lo que la gran mayoría de los indígenas no pudo ejercer su voto. Se centró un número de indígenas encerrados en el comedor el día anterior a la votación interna y otros que trasladaban funcionarios de la alcaldía, además de los que manipularon porque no hablan el idioma.

No a la Impunidad

E l 9 de mayo de 2020 el portal La Patilla reportó:

    -El observatorio indígena *KAPE-KAPE* denunció la impunidad que gira en torno al asesinato de dos indígenas ye'kwanas por parte de mineros ilegales pertenecientes a un grupo armado vinculado a la minería ilegal (sindicato).

El suceso ocurrió en la zona minera Bullita del sector Salto La Puerta, en la boca del río Yuruaní con el río Caura del Municipio Sucre en el Estado Bolívar, el miércoles 6 de mayo.

Hasta ahora, el observatorio indígena confirmó 3 víctimas: Cristian Flores, Franke Sarmiento y una persona sin identificar que era trabajador informal.

KAPE-KAPE informó que se trató de una emboscada organizada por sindicatos mineros contra la Guardia Indígena del Caura.

La Patilla agregó:

-El grupo de trabajo socioambiental Wataniba reportó que aún no han rescatado los cuerpos debido al control de la zona de estos grupos violentos. Fueron 13 ye'kwanas, un pemón y un sanoma los atacados, quienes lograron sobrevivir huyeron a la selva sin alimentos ni pertrechos. Además, solicitó al Estado realizar una investigación efectiva e imparcial para determinar responsabilidades en el asesinato de los ye'kwanas.

Según la información proporcionada por Wataniba, la coordinación Kuyu-jani Ye'kwana – Sonema de la cuenca del río Orinoco denunció ante las autoridades competentes la amenaza de entrada a la fuerza de los grupos armados días antes de lo sucedido, sin embargo, no obtuvieron respuestas.

Después detalló:

-Hay 53 comunidades que viven entre Caura y Erebato en riesgo de ser víctimas de ataques violentos como este sin que el Estado venezolano intervenga para protegerlos. Los grupos armados vinculados a la minería ilegal llevan al menos 7 años en la zona.

La fuente digital apuntó después:

-*KAPE-KAPE* denunció en un comunicado emitido el 7 de abril, que más de 20 indígenas han muerto en contextos violentos vinculados a la extracción aurífera ilegal en los últimos 2 años.

A la luz de los hechos y las acciones cada vez más sangrientas y crueles que estos grupos ejercen en contra de los pueblos indígenas que habitan estos territorios de manera legítima, *KAPE-KAPE* exige que esta barbarie no quede nuevamente impune", versó el documento.

El comunicado indicó, además:

-Una de las maneras de reducir la incidencia de la violencia en estos territorios es la demarcación de estos, el reconocimiento de los espacios que son de los indígenas como herencia ancestral. Nicolás Maduro reprobó el proceso de demarcación del territorio de estas familias indígenas en el Caura. Kuyujani había presentado el expediente en 2001 ante la Comisión Nacional de Demarcación de Hábitats y Tierras Indígenas y en 2005 la comisión había aprobado el proceso.

La demarcación permite establecer protocolos de consulta previa libre e informada cuando se plantee la necesidad de llevar a cabo proyectos de interés nacional cuyas decisiones los involucre directamente, de lo contrario, sus territorios, y, en consecuencia, sus vidas, continuarán sujetas a la discrecionalidad de políticas que pueden perjudicarlos, y a merced de grupos armados vinculados a la minería (sindicatos).

En este sentido, Wataniba exige al Estado retomar con urgencia el proceso de demarcación de hábitats y tierras indígenas en la cuenca del río Caura, garantizar la integridad física y cultural de los pueblos Ye'kwana y Sanoma, ante la actividad minera en la zona y la presencia de grupos armados e implementar medidas efectivas para controlar la minería ilegal en la zona iniciando por el desalojo de los grupos mineros y el control de la presencia y actuación de los sindicatos mineros en territorios habitados por indígenas.

KAPE-KAPE del mismo modo denunció un aumento de la actividad minera ilegal en su territorio en los últimos años que ha tenido un negativo impacto ambiental, sociocultural y sanitario. Además, la movilización constante de los mineros dentro de las comunidades indígenas aumenta el riesgo de contagio por la COVID-19 en esta población. Aunque no hay medidas específicas indicadas para la protección de comunidades indígenas por parte de la Organización Mundial de la Salud (OMS), es recomendado el aislamiento completo.

-A inicios de abril, -señaló *La Patilla*- la coordinación de las Organizaciones Indígenas de la Cuenca Amazónica (COICA) exigió ocho acciones a los países amazónicos para garantizar la protección y supervivencia de los pueblos indígenas históricamente desatendidos durante la pandemia del nuevo coronavirus. Ese mismo mes, comunidades indígenas de la Gran Sabana exigieron el refuerzo de la prevención sanitaria y ayuda alimentaria.

Por otro lado, Wataniba exigió que los territorios indígenas sean áreas libres de actividad minera ilegal, y de la presencia del sindicato minero, honrando el Plan Caura, creado en 2010 para la protección del territorio, y la creación del Parque Nacional Caura, en 2017 para proteger el territorio de forma integral.

Según *La Patilla*, la organización Clima 21, Ambiente y Derechos Humanos también rechazó la violencia continua en las zonas mineras de Venezuela, especialmente en la Amazonía, subrayando que los derechos humanos van de la mano con la garantía de los derechos ambientales, por lo que debe abrirse paso a la implementación de un programa para la atención de las víctimas de la violencia y la contaminación por mercurio así como implementar estrategias para la sostenibilidad, proceso que debe nacer de la participación democrática de todos los actores involucrados.

Además, la vida de los pueblos originarios del Estado Bolívar ha experimentado la presencia de grupos extranjeros, perturbadores de esas comunidades que deberían ser protegidas por el Estado conforme a la Constitución Nacional del chavismo.

El 2 de junio de 2020, según reportó *El Nacional*, Romel Guzamana, diputado a la Asamblea Nacional y presidente del Parlamento Amazónico, instó al presidente encargado de Venezuela, Juan Guaidó, a denunciar ante los organismos internacionales y a los gobiernos de Colombia y Brasil a trabajar de forma mancomunada en defensa y protección de los territorios indígenas, sus derechos ancestrales y legislación.

En esa ocasión igualmente alertó sobre la incursión de grupos armados pertenecientes a las FARC, el ELN, y el Hezbolá bajo el amparo de las Fuerzas Armadas Nacional de Venezuela, en comunidades indígenas que están asentadas en el sur del país.

El parlamentario indígena denunció también que esas organizaciones delictivas extranjeras manejan el contrabando de combustible, minería ilegal y narcotráfico en la zona y, además, tienen el control de la Amazonía, considerada el pulmón vegetal del mundo, por ser extensa y rica en recursos minerales, "que está siendo explotada y entregada vilmente a manos criminales".

Del mismo modo lamentó que los indígenas no pueden hacer uso de sus propios territorios, intereses, y de los recursos naturales que emanan en sus comunidades.

También aseveró que la presencia de estos grupos irregulares socava la soberanía e irrespeta la Constitución Nacional.

El 23 de julio de 2021 Carlos Suniaga, de *TalCual*, con información emanada de la ONG *KAPE-KAPE*, reportó la inundación de las aldeas de los indígenas yekwanas, del Estado Bolívar, por la crecida del río Caura.

Según la referida ONG, en un despacho desde Ciudad Guayana, la intempestiva crecida del río Caura inundó al menos 10 casas en el sector indígena yekwana Puerto de Maripa, en el Municipio Sucre.

-Los nativos afirmaron –reportó también- que cada año en la temporada de lluvias el río entra a la aldea. Florencio Rojas, líder indígena de la zona, dijo que los miembros de su comunidad están preocupados porque algunos parientes tienen síntomas de gripe y malestar general.

Rojas agregó que "Hay miedo por futuros brotes de enfermedades asociadas a la acumulación de aguas estancadas" y exhortó a las autoridades regionales a tener una mayor vigilancia sanitaria en la zona para evitar que más personas se enfermen.

Probablemente a la ONG KAPE-KAPE la narcodictadura la acuse de terrorista por hacerse eco de esta terrible situación que vive la comunidad indígena yekwana, en vez de brindarle una solución permanente a la misma

KAPE-KAPE también reportó que en caseríos como Moitaco, la crecida del río Orinoco anegó 20 casas y en Bajo Caura al menos 45 familias tienen afectaciones leves por el efecto de la lluvia y el poderoso caudal del también llamado río padre. Asimismo, en Gran Sabana unas 15 familias de la etnia pemón reportaron que sufrieron afectaciones en sus viviendas.

El 30 de julio de 2021 Melquiades Ávila, de *El Pitazo*, reportó:

-Tucupita. – La indígena warao Luisa Moya, de 55 años, se percató de que su pequeña vivienda protegida por palmas, tallos de moriche y madera corría el riesgo de ser arrasada por el río Orinoco, que aumentaba de nivel cada día por las incesantes lluvias registradas en el sector Boca de Latal, en Delta Amacuro.

Sin pensarlo preparó sus macundales, cargó con sus animales (un gallo y dos perros) y emprendió el viaje hasta la zona alta deltana. Llegó a Tucupita este 28 de julio y se instaló en las inmediaciones del paseo Malecón Manamo de la ciudad.

Moya es parte de las 80 familias indígenas cuyas casas se encuentran afectadas en las comunidades Boca de Latal y Guapoa por el desbordamiento del Orinoco. Las aldeas están en la zona fluvial de la Parroquia Juan Millán, Municipio Tucupita del Estado Delta Amacuro. Al menos 30 familias waraos lograron salir del lugar y ahora viven en carpas improvisadas en la periferia de la capital.

Ávila agregó:

-*El Pitazo* también confirmó la movilización de habitantes provenientes del Delta Medio, sector vulnerable a la inundación del Orinoco. En otro extremo del estado, al menos 150 familias de la comunidad indígena Araguaimujo ya tienen acondicionado un viejo templo misional de religiosos que sirve de refugio.

Según Franklin Rojas, cacique de la aldea, el río Orinoco alcanzó las praderas y los morichales arrasando con los pequeños cultivos que sirven de sustento a las familias waraos. "No hay comida, todos los sembradíos quedaron bajo las aguas".

El vocero indígena igualmente aseguró que los pequeños poblados son los más afectados por la intempestiva crecida del llamado río padre.

-En nuestra comunidad –señaló- no contamos con atención sanitaria. Los niños y la población en general tienen diarrea, vómito y fiebre. Además, no hay comida y ninguna institución gubernamental se ha presentado al lugar.

El periodista escribió al final de la noticia:

-Los afectados necesitan agua potable, medicinas y alimentación mientras descienden las aguas para poder regresar a sus caseríos. Temen una crecida semejante a la registrada en el año 2018, que superó inundaciones históricas con 18,36 metros sobre el nivel del mar.

Colonicidio

I nspirado en los actos contra Cristóbal Colón dirigidos a borrarlo de la historia, ejecutados en Cuba por el tirano Fidel Castro, el teniente coronel (r) Hugo Chávez cambió la tradicional conmemoración del Día del Descubrimiento o Encuentro de Dos Pueblos por el Día de la Resistencia Indígena, el 12 de octubre de 2002, como si los aborígenes que encontró este al momento en que sus naves arribaron a la isla Huanahaní, que bautizó como San Salvador, en el archipiélago de las Bahamas, se hubieran resistido a los visitantes.

-El 12 de octubre de 2004, -se lee en Wikipedia, la enciclopedia libre- diversos movimientos y agrupaciones culturales afines al chavismo como la "Coordinadora Simón Bolívar", "Juventudes Indígenas" y "Movimientos

Populares" realizaron una concentración con el objetivo de «juzgar a Colón por el genocidio de las poblaciones amerindias hace 500 años». Después de ser declarado "culpable", la estatua fue condenada a "no ser más idolatrada", y fue derribada de inmediato de su pedestal, fragmentándose en dos piezas al caer desde diez metros de altura. Luego fue bañada en pintura roja y arrastrada hasta el Teatro Teresa Carreño, donde fue colgada y expuesta a los transeúntes. Los presentes solicitaron entonces que se fundiera la estatua y que el bronce se utilizara para crear otra estatua, esta vez de Guaicaipuro. Posteriormente la policía municipal recuperó la escultura, que fue colocada en una comandancia de policía. También fue recuperada la estatua de una india que acompañaba a Colón, que también fue fragmentada en varios pedazos.

El Monumento a Colón en el Golfo Triste fue encargado al escultor venezolano Rafael de la Cova en 1893, para conmemorar los 400 años de la llegada de Cristóbal Colón a América; fue concluida en 1904, siendo finalmente expuesta en el paseo Colón en 1934.

En julio de 2008, el paseo Colón fue renombrado paseo de la Resistencia indígena. El 9 de septiembre de 2008, el monumento fue declarado "Bien de Interés Cultural de la Nación".

El 12 de octubre de 2015, el narcodictador Nicolás Maduro inauguró en el sitio una estatua del cacique Guaicaipuro.

En 2002, el dictador Hugo Chávez, un ignorante de la historia colonial venezolana, firmó un decreto para rebautizar el tradicional Día de la Raza con el nombre de Día de la Resistencia Indígena, como si el 12 de octubre de 1492, cuando el almirante Cristóbal Colón y sus acompañantes llegó a Guanahaní, en el archipiélago de las Bahamas, que denominó San Salvador, hubiera sido rechazada por sus habitantes.

Nada que Celebrar

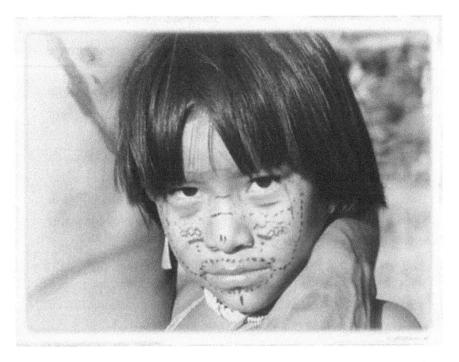

E l 24 de agosto de 2020 la ONG *Sociedad Homo et Natura* publicó en la Web el texto que se reproduce a continuación:

-El 9 de agosto pasado se celebró el Día de los Pueblos Indígenas. Las comunicaciones con estos apartados lugares son muy precarias, la información nos llega con mucho retraso. Presentamos a continuación opinión e información brindada por integrantes de nuestra organización indigenista. Ha pasado el de nuestros pueblos y en nuestro país no hubo nada que celebrar.

Nada que celebrar en Venezuela, tierra de más de 40 pueblos originarios guardianes de las zonas más diversas del planeta Tierra.

Nada que celebrar porque estamos bajo una gestión sorda, un Ministerio de los Pueblos Indígenas que solo ayuda a una parte muy pequeña de una élite pequeñísima de criollos y algunos indígenas mestizos del Zulia

Nada que celebrar porque los waraos siguen reportando más y más casos de VIH-sida sin ninguna atención del MINPI.

Nada que celebrar porque a cada instante un niño indígena muere por desnutrición, jivi, wotuja, warao, yukpa.

Nada que celebrar al ser testigos de los millonarios viáticos que se lleva al bolsillo las autoridades del MINPI, pues les agrada viajar al exterior y les desagrada visitar las comunidades indígenas

Nada que celebrar ante el abandono de las escuelas indígenas de Amazonas, Apure, Delta Amacuro, Zulia.

Nada que celebrar porque el alto gobierno continúa premiando al liderazgo del Ministerio de los Pueblos Indígenas otorgándole más poder de hacer y deshacer

Nada que celebrar porque ha sido este Ministerio de los Pueblos Indígenas un instrumento para la destrucción de los tejidos comunitarios de base. Apoyándose en ellos es que ahora impone candidatos fieles a las elecciones de la nueva Asamblea Nacional.

Nada que celebrar porque el MINPI ha contribuido de manera deliberada a la destrucción de liderazgos indígenas de base que tienen como agenda la vida y la dignidad.

Nada que celebrar porque algunas y algunos operadores políticos del MINPI cooperan de manera directa o indirecta en fortalecer la minería entre algunos indígenas, contribuyendo con su incapacidad y omisión del suministro de combustible para el ejercicio de la minería sin apoyar a las comunidades indígenas agrícolas

Nada que celebrar porque aún el pueblo yukpa cuenta sus muertos asesinados por el poder ganadero y jamás ha recibido gesto alguno de solidaridad humana por parte de ninguna autoridad del MINPI.

Sabemos que el alto gobierno no se plantea una rectificación de esa red de indolencia y pudrición que detenta el MINPI. La mediocridad, la adulación y la estrategia deliberada de aplastar a los pueblos indígenas son premiadas.

Luego detalló los casos de la impunidad contra el pueblo yukpa:

-Juicio contra el autor intelectual del crimen de Sabino Romero: no se ha iniciado aún, debe considerarse el hecho de que los 5 policías salen libres en 2018. El expediente está en el TSJ, se ha solicitado formalmente la revisión del caso y no se tiene respuesta.

Asesinato de los jóvenes indígenas Alexander Fernández Fernández. Darío Segundo García Fernández, José Luis Fernández Fernández y Cristóbal Fernández.

Sobre ninguno de ellos ha habido un pronunciamiento judicial apegado al Estado de Derecho.

Asimismo, detalló:

-Leonel Romero. No se sabe nada. La familia se mudó, espantada luego de vivir este condenable episodio, ese es otro problema que están viviendo los pueblos indígenas: su dispersión ante el terror que sufren.

Wilfrido Romero y Lorenzo Romero: no se sabe nada.

José Manuel Romero: padre del cacique Sabino Romero. Lamentablemente el informe forense dijo que fue por parásitos y no por los golpes que le propinaron sus captores.

El 14 de abril de 2005 organizaciones populares denunciaron un atentado contra Sabino Romero, que presuntamente fue dirigido por un ganadero del occidente del Zulia, acompañado de 30 sicarios fuertemente armados en la comunidad de Chaktapa.

El 1 de mayo de 2006 unos hacendados quemaron las casas y enseres de los yukpas como respuesta a las acciones de estas comunidades, que cansadas de estar arrinconadas en las montañas del cerro Pituyasco, empezaron a bajar a las haciendas para retomar sus tierras ancestrales.

El 26 de abril de 2008 un grupo armado asalta la comunidad de Chaktapa.

En la tarde un grupo de sicarios le disparó a Sabino con una escopeta de cinco tiros, hiriéndolo en el brazo, la cara y la cabeza. La hacienda Tizina, ubicada en tierras reconocidas como territorio yukpa, pero en la práctica usufructuada por hacendados, se convirtió en el epicentro de atentados.

El 13 de mayo de ese año se produjo un nuevo atentado contra Sabino Romero, el cual se repitió el 21 del mismo. Sus hijos fueron blanco de los ataques y éste resultó herido a golpes por los peones sicarios de una hacienda por la cual transitaba pacíficamente a pie.

El 7 de julio un grupo armado, amenazó verbalmente a los miembros de la comunidad de Chaktapa. Preguntan por Sabino, y al no ubicarlo, golpearon al anciano José Manuel Romero. Durante ese hecho, Guillermina Romero fue secuestrada en el vehículo del grupo armado, que la agredió sexualmente. La víctima se vio obligada a dejar solo a su hijo de 4 años, quien se refugió en el monte apareciendo a altas horas de la noche, picado por mosquitos, asustado y con hambre.

El 22 de julio se produjo la muerte del anciano José Manuel Romero, padre del cacique Sabino Romero, días después de haber sido duramente golpeado por un hacendado de la zona y sus empleados.

El 22 de agosto se llevó a cabo una fuerte represión militar en Cuesta del Padre, sector Yaza, contra los yukpa y cientos de militantes que se disponían a visitar las comunidades yukpas, para entregar alimentos y medicinas. Chávez se pronuncia a favor de los yukpas.

Dos días después, el teniente coronel ® Hugo Chávez afirmó: "Entre los yukpas y los ganaderos, me quedo con los yukpas" y además increpó la actitud ambivalente de funcionarios públicos que le hacen el juego al poder ganadero.

El de enero de 2009 la comunidad de Chaktapa fue tomada militarmente.

El 29 de septiembre del mismo amo se denuncian las concesiones dadas por CORPOZULIA a cuatro empresas de capital privado, de 6 lotes de carbón y fosfato números XXXIX, XLIX, L, LI, LII y LII, ubicados entre las comunidades Yukpa Maraca, Botoncha, Río Yaza, Kasmera, Shiraji, Guamopamocha, Chaktapa, Chaparro, Karañi, Tukuko, Paraya, Tontayonto, Shukumo y Mareba. (Gaceta Oficial N° 39.274, martes 29 de septiembre de 2009).

El 13 del siguiente mes se produjo un conflicto en el Yaza entre las comunidades de Chaktapa y Guamopamocha, que tuvo como saldo la muerte de dos indígenas y varios heridos. Fueron detenidos Olegario Romero Romero, cacique de Guamopamocha; Sabino Romero (herido a tiros por la espalda), cacique de Chaktapa y Alexander Fernández Fernández, quienes fueron recluidos inicialmente en Fuerte Macoa y posteriormente trasladados a la cárcel de Trujillo.

Del 18 al 25 de octubre de 2010 el padre José María Korta protagonizó una huelga de hambre para protestar contra la impunidad y sufrimiento de la comunidad Chaktapa, la privación de libertad de Sabino y otro yukpa.

El 10 de mayo de 2011 Sabino Romero y Alexander Fernández Fernández son declarados no culpables por la justicia ordinaria.

Entre el 12 y 13 de junio se lleva a efecto un juicio Yukpa en el Tukuko, y la comunidad declara inocente a Sabino Romero.

El 19 de diciembre es asesinado Darío Segundo García Fernández y heridos Alberto Fernández Fernández y Gerardo Fernández Fernández.

El 14 de abril de 2012 fueron asesinados Wilfrido Romero y Lorenzo Romero en las inmediaciones del sector Gil Blas con armas de guerra, fusiles AK.

El 23 de junio Alexander Fernández Fernández, José Luis Fernández Fernández y Leonel Romero fueron asesinados en altas horas de la noche en su casa ubicada en el parcelamiento Las Flores por cuatro sicarios encapuchados con acento colombiano. Al primero le sacaron los ojos.

El 8 de octubre triunfo de Chávez. La mayoría de los yukpas votó por él porque los hacendados/ganaderos los han amenazado en cada elección presidencial, que si pierde Chávez los van a matar y a sacar a todos de la Sierra de Perijá.

El 15 del mismo mes los yukpas sufrieron un atentado por parte de ganaderos, sicarios, Guardia y Ejército, resultando dos yukpas heridas, la joven Zenaida Romero, hija del cacique Sabino Romero, y Leticia Romero, de 60 años.

El 7 de noviembre integrantes de las comunidades yukpa fueron inter-ceptados y detenidos por la Guardia Nacional en un trayecto que duró aproximadamente 30 horas desde la Sierra de Perijá hacia la ciudad de

Caracas, con el fin de que no vinieran a reclamar a la capital.

El 3 de marzo de 2013 fue asesinado de Sabino Romero en la comunidad Tokuko y Lucía Romero y su hijo menor resultaron heridos.

El 4 de julio de 2017, en pleno centro de Caracas, Samuel Romero fue detenido por la policía, que al verificar sus datos se percata de que tiene una orden de captura de Machiques de Perijá. Fue liberado luego de dos días detenido en Cota 905.

El 14 de septiembre, en Machiques, fueron detenidos a golpes Rodolfo Jesús Fernández Fernández y Leonardo Fernández Fernández, hijos de Carmen Fernández, cacica de Kuse. Fueron privados de libertad acusados de robo de ganado y de carros. Salieron en la audiencia preliminar en libertad. Todo un montaje.

En fecha no determinada de 2018 individuos colombianos, que están operando irregularmente en Perijá, y yukpas integrantes del grupo del asesino de Sabino secuestran y torturan por 7 días a la familiar directa de Sabino, Anita Fernández Romero y la docente Marys Fernández Fernández en la hacienda Las Delicias, con complicidad de autoridades y hacendados locales.

El texto, publicado en la página Web de El Nacional, finalizó en los siguientes términos:

–Las violaciones de la Constitución y las leyes aún están en "pleno desarrollo". Continúa el acoso de hacendados, cuerpos militares y policiales.

Los yukpas están enfermos de tuberculosis (millones de zancudos están dentro de sus casas y sembradíos), leishmaniasis, hepatitis B, desnutrición severa en niños y ancianos, diarrea con sangre en niños y adultos, aislados –no hay vías de comunicación–, las cosechas no tienen financiamiento por parte del Estado –Gobierno nacional, regional ni municipal, mucho menos por el MINPI o Ministerio de Producción, Agricultura y Tierra. No hay facilidades para transporte de la cosecha y soluciones para dirigirse a los mercados de Machiques.

El 9 de agosto de 2021, con motivo del Día Internacional de los Pueblos Indígenas, Julio Borges, Comisionado Presidencial para las Relaciones Exteriores de Venezuela, reconoció lucha de los pueblos originarios frente a crisis humanitaria y acusó al narcodictador Nicolás Maduro de haberles declarado la guerra.

En un mensaje publicado en el Centro de Comunicación Nacional Borges expresó:

-Les enviamos nuestro reconocimiento por su lucha frente a las situaciones adversas que enfrentan en Venezuela", dijo el comisionado presidencial, en un mensaje destinado a las comunidades que han sufrido la peor crisis humanitaria del planeta ocasionada por la dictadura.

Como lo hemos dicho antes, Maduro les declaró la guerra a los pueblos indígenas. Les ha arrebatado sus derechos políticos y sociales, y por su fuera poco, muchos de nuestros indígenas han sufrido en carne propia la persecución y la represión de esta dictadura.

Además, alertó a la comunidad internacional sobre las implicaciones que tienen para los indígenas la explotación ilegal de oro en el Estado Bolívar.

-La minería ilegal propiciada por el régimen de Maduro —afirmó- ha causado un efecto negativo en las condiciones de vida de nuestros indígenas venezolanos. Brote de enfermedades como paludismo y problemas como esclavitud, violencia desmedida, trata de personas, son parte del impacto generado por el ecocidio que promueve Maduro a través de grupos irregulares extranjeros.

-Es necesario alzar la voz frente a lo que es un proceso de persecución, destrucción y aniquilamiento por parte de Maduro contra nuestros indígenas. Ya muchos han tenido que escapar a Colombia y Brasil, ante esta situación que se vive", concluyó Borges.

V

PROTECCIÓN LEGAL

*En teoría, los pueblos indígenas son protegidos por la
Constitución Nacional, la Fiscalía General de la República, la
Defensoría del Pueblo, la Ley Orgánica de Pueblos y
Comunidades Indígenas y el Ministerio para los Pueblos
Indígenas, constante de ocho vice-ministerios, creado el 8 de
enero de 2007 por el teniente coronel (r) Hugo Chávez.*

Proteccion Legal

En teoría, los pueblos indígenas son protegidos por la Constitución Nacional, la fiscalía general de la República, la Defensoría del Pueblo, la Ley Orgánica de Pueblos y Comunidades Indígenas y el Ministerio para los Pueblos Indígenas, constante de ocho vice-ministerios, creado el 8 de enero de 2007 por el teniente coronel (r) Hugo Chávez.

En la práctica, este segmento de la población venezolana se encuentra entre las más desprotegidas del país en materia sanitaria, social, económica, cultural y política. El ministerio que atiende a los indígenas es, sencillamente, un ente burocrático que en modo alguno atiende los asuntos de su competencia.

El artículo 119 de la Constitución Nacional consagra:

–El Estado reconocerá la existencia de los pueblos y comunidades indígenas, su organización social, política y económica, sus culturas, usos y costumbres, idiomas y religiones, así como su hábitat y derechos originarios sobre las tierras que ancestral y tradicionalmente ocupan y que son necesarias para desarrollar y garantizar sus formas de vida. Corresponderá al Ejecutivo Nacional, con la participación de los pueblos indígenas, demarcar y garantizar el derecho a la propiedad colectiva de sus tierras, las cuales serán inalienables, imprescriptibles, inembargables e intransferibles de acuerdo con lo establecido en esta Constitución y en la ley.

Por su parte, el artículo 120 establece:

–El aprovechamiento de los recursos naturales en los hábitats indígenas por parte del Estado se hará sin lesionar la integridad cultural, social y económica de los mismos e, igualmente, está sujeto a previa información y consulta a las comunidades indígenas respectivas. Los beneficios de este aprovechamiento por parte de los pueblos indígenas están sujetos a esta Constitución y a la ley.

El artículo 121 de la Carta Magna declara:

–Los pueblos indígenas tienen derecho a mantener y desarrollar su identidad étnica y cultural, cosmovisión, valores, espiritualidad y sus lugares sagrados y de culto. El Estado fomentará la valoración y difusión de las manifestaciones culturales de los pueblos indígenas, los cuales tienen derecho a una educación propia y a un régimen educativo de carácter intercultural y bilingüe, atendiendo a sus particularidades socioculturales, valores y tradiciones.

El artículo 122 de la Constitución Nacional reza:

–Los pueblos indígenas tienen derecho a una salud integral que

considere sus prácticas y culturas. El Estado reconocerá su medicina tradicional y las terapias complementarias, con sujeción a principios bioéticos.

El artículo 123 señala:

–Los pueblos indígenas tienen derecho a mantener y promover sus propias prácticas económicas basadas en la reciprocidad, la solidaridad y el intercambio; sus actividades productivas tradicionales, su participación en la economía nacional y a definir sus prioridades. Los pueblos indígenas tienen derecho a servicios de formación profesional y a participar en la elaboración, ejecución y gestión de programas específicos de capacitación, servicios de asistencia técnica y financiera que fortalezcan sus actividades económicas en el marco del desarrollo local sustentable. El Estado garantizará a los trabajadores y trabajadoras pertenecientes a los pueblos indígenas el goce de los derechos que confiere la legislación laboral.

Mientras que el artículo 123 indica:

–Los pueblos indígenas tienen derecho a la participación política. El Estado garantizará la representación indígena en la Asamblea Nacional y en los cuerpos deliberantes de las entidades federales y locales con población indígena, conforme a la ley.

Por otro lado, la Ley Orgánica de Pueblos y Comunidades Indígenas, dada, firmada y sellada en el Palacio Federal Legislativo, sede de la Asamblea Nacional, en Caracas, a los ocho días del mes de diciembre de dos mil cinco, que lleva la firma de Nicolás Maduro Moros como presidente de esa institución parlamentaria, en el capítulo II, artículo 63, determina:

–Los pueblos y comunidades indígenas tienen derecho a la participación y al protagonismo político. Para el ejercicio de este derecho se

garantiza la representación indígena en los cargos de elección popular, en la Asamblea Nacional, en los consejos legislativos, concejos municipales y juntas parroquiales en los estados con población indígena, o en cualquier otra instancia tanto en el ámbito nacional, estadal y parroquial, de conformidad con las leyes respectivas.

El artículo 64 de la referida ley es elocuente al respecto, ya que señala que en la Asamblea Nacional los pueblos indígenas serán representados por tres diputados o diputadas los cuales serán elegidos de acuerdo con la ley que regula la materia electoral.

En cuanto a su participación en concejos municipales y juntas en los estados, municipios y parroquias con población indígena, el artículo 66 establece que esta se regirá conforme al procedimiento establecido en la ley electoral en materia indígena.

Respecto a los procedimientos en materia indígena, la fiscalía general de la República, mediante Directiva No. Q012, de fecha 21 de julio de 2016, creó la figura de fiscales, funcionarios de ese organismo "a quienes corresponda el ejercicio de las respectivas acciones o recursos, con ocasión de la violación de los derechos y garantías constitucionales de los o las integrantes de los pueblos y comunidades indígenas, en el curso de procedimientos administrativos, civiles o laborales, tienen las siguientes atribuciones" y por lo tanto se les asigna la función de "Intentar las acciones a que hubiere lugar para hacer efectiva la responsabilidad penal, civil o administrativa de las personas o instituciones, según sea el caso que, por acción u omisión, violen o amenacen los derechos colectivos o individuales de uno o más pueblos y comunidades indígenas o de alguno de sus miembros", "Investigar los hechos punibles cometidos con la participación de indígenas o en contra de éstos", "Ejercer la acción penal, en los términos y condiciones establecidos en la Ley que rige la materia y el Código Orgánico Procesal Penal, preservando siempre la integridad cultural y los derechos reconocidos a los pueblos y comunidades indígenas en la Constitución de ... Venezuela y demás instrumentos legales nacionales e internacionales", "Solicitar las medidas cautelares o la cesación, modificación o sustitución de las mismas o de las sanciones acordadas, procurando en caso de medida privativa de libertad, el cumplimiento de esta última dentro del hábitat indígena" e "Interponer los recursos pertinentes de acuerdo con la ley", entre muchas otras, que en la práctica se convierten en letra muerta legal.

El PSUV plagia imagen de Indígena Wayúu

El 29 de junio de 2021 la Redacción de *El Pitazo* reportó:

-Miguel Iván Ramírez Boscán, miembro de la Red de comunicaciones wayuu Putchimajanaa, rechazó el uso de imágenes compartida a través de sus redes sociales sean utilizadas para las campañas de las postulaciones de los candidatos o candidatas indígenas por el movimiento indígena unido de Venezuela (MIUVEN) que forma parte del partido socialista unido de Venezuela (PSUV).

La fuente reafirmó que la red de comunicadores wayuu Putchimajanaa no forma parte de ningún proceso político. Esta red la conforman periodistas de Venezuela y Colombia, y de igual manera explicó que las imágenes fueron creadas durante la campaña La Guajira se Protege con el objetivo de realizar campañas de prevención para evitar contagios de Coronavirus y de usos pedagógicos en el territorio de la Guajira no para tintes políticos y exigió respeto.

Ramírez Boscán señaló también:

-En esta campaña fue creada una mujer wayuu con sombrero, manta roja y con el rostro pintado la cual ha sido apropiada por varias organizaciones e instituciones, sin embargo, en su momento no tuvimos algún reparo debido a que fue utilizada con el fin que fue creada como es las contenciones del Coronavirus. La intención de este comunicado es para declarar nuestro rechazo ante el uso de nuestra imagen con campañas políticas del PSUV.

El deterioro de los Derechos Humanos

Todas las normas constitucionales en defensa de los pueblos indígenas son letra muerta en el socialismo del siglo XXI, a pesar de que la Constitución Nacional y otras leyes dirigidas a hacer realidad tales disposiciones son obra del proyecto político del teniente coronel (r) Hugo Chávez.

Un extenso artículo publicado en la Web por la Comisión Internacional de Justicia (CIJ) el 30 de septiembre de 2020 puso al descubierto el deterioro de la situación de derechos humanos en los pueblos indígenas, atribuida a la minería, la violencia y al COVID-19.

-Recientemente, -recordó- la ACNUDH presentó un informe al Consejo de Derechos Humanos que mencionó, entre otras cuestiones, los ataques a los derechos de los pueblos indígenas en el Arco Minero del Orinoco(...) Los pueblos indígenas han sido tradicionalmente olvidados por las autoridades gubernamentales venezolanas y condenados a vivir en la pobreza.

Durante la crisis humanitaria han sufrido nuevos abusos debido a la actividad minera y a la violencia que ocurre en sus territorios.

En los siguientes párrafos expresó:

-En 2016, el gobierno venezolano creó la Zona de Desarrollo Estratégico Nacional del Arco Minero del Orinoco a través del Decreto presidencial No. 2248, como un proyecto de megaminería enfocado, principalmente, en la extracción de oro en un área de 111.843.700 kilómetros cuadrados.

El AMO se ubica al sur del río Orinoco en los territorios amazónicos de Venezuela y abarca tres estados: Amazonas, Bolívar y Delta Amacuro. Es el hábitat de varios grupos étnicos indígenas a los que no se les consultó de manera adecuada antes de la implementación del proyecto.

El derecho a la tierra de los pueblos indígenas está reconocido en la Constitución de Venezuela. Sin embargo, como reportó la ONG Programa Venezolano de Educación- Acción en Derechos Humanos (PROVEA), las autoridades no han mostrado avances en la demarcación y protección de los territorios indígenas desde 2016.

Varias organizaciones indígenas y otros movimientos sociales han expresado su preocupación y rechazo al proyecto del AMO.

La implementación de este proyecto ha impactado de manera negativa los derechos de los pueblos indígenas a la vida, la salud y un medio ambiente seguro, saludable y sostenible.

El propio chavismo, autor de normas legales en defensa de los pueblos originarios, es responsable de las agresiones contra su hábitat y de toda índole.

La CIJ apuntó en otra parte del artículo:
-Human Rights Watch, Business and Human Rights Resource Center,

organizaciones no gubernamentales locales, movimientos sociales y la ACNUDH, han documentado la destrucción de la tierra y la contaminación de los ríos debido a la deforestación y la actividad minera, que también está contribuyendo al aumento del paludismo y otras enfermedades.

Las mujeres y los niños indígenas están entre los más afectados. La Organización Panamericana de la Salud (OPS) ha reportado que "los pueblos indígenas que viven en la zona fronteriza de Venezuela son sumamente vulnerables a las enfermedades epidémicas", y ha planteado una preocupación especial sobre el pueblo Warao (que vive en la frontera entre Venezuela y Guyana), y el pueblo Yanomami (que vive en la frontera entre Venezuela y Brasil).

Y agregó:

−Las mujeres y los niños también corren grandes riesgos de explotación sexual, laboral y violencia de género en el contexto de las actividades mineras. El reciente informe de la Alta Comisionada menciona que desde 2016 hay un fuerte incremento "en prostitución, explotación sexual y tráfico en áreas mineras, incluyendo a niñas adolescentes".

La Oficina de Coordinación de Asuntos Humanitarios de las Naciones Unidas (OCHA) y el Fondo de las Naciones Unidas para la Infancia (UNICEF) han determinado una tendencia entre los adolescentes a abandonar la escuela, en particular entre los 13 y los 17 años. Los adolescentes indígenas se ven gravemente afectados, ya que muchos niños se van a trabajar en las minas.

Los dirigentes indígenas y los defensores de derechos humanos han sido objeto de ataques y amenazas; además, persisten las denuncias de casos de desapariciones forzadas y ejecuciones extrajudiciales y arbitrarias.

La CIJ señaló además que el régimen declaró estado de emergencia el 13 de marzo y estableció un confinamiento obligatorio y medidas de distanciamiento social. −Sin embargo, −indicó− las actividades mineras han continuado sin protocolos sanitarios adecuados para prevenir la propagación de la pandemia.

El Estado Bolívar, el más grande del país y que está ubicado en el Arco Minero del Orinoco, tiene entre el mayor número de casos confirmados de COVID-19 que incluye a miembros de pueblos indígenas.

La respuesta de las autoridades venezolanas a la pandemia en estos territorios no ha considerado medidas culturalmente apropiadas para las poblaciones indígenas.

Después precisó:

-Adicionalmente, aunque las autoridades establecieron un grupo de hospitales e instalaciones médicas llamados "hospitales centinela" para atender a personas con síntomas de COVID-19, estos se encuentran en las ciudades y las comunidades indígenas viven lejos de ellas.

Los conquistadores españoles, aunque la historia oficial del socialismo del siglo XXI lo niegue, fueron más benignos con los pueblos indígenas que los regímenes dictatoriales del teniente coronel(r) Hugo Chávez y su heredero político, Nicolás Maduro.

Basta recordar que los grupos negros provenientes de África fueron traídos a lo que hoy es Venezuela para aliviar las penurias de los pueblos originarios.

El 14 de marzo de 2021 Frank Tovar, del portal Costa del Sol, reportó:

-El Foro Derechos Humanos en la Amazonia Venezolana recoge algunas de las tantas vulneraciones hacia pueblos y comunidades indígenas de los estados Amazonas, Delta Amacuro y Bolívar.

Indígenas de la etnia Waraos, actualmente migran al Municipio Paracaima y Boa Vista, Republica Federal del Brasil, a consecuencia de la situación política y económica que vive Venezuela.

Costa del Sol apuntó después:

-La legislación venezolana y los derechos indígenas establecidos en la Constitución, en la práctica, son letra muerta por las constantes violaciones de derechos humanos, tanto por acción como por omisión del Estado.

Este viernes se realizó el Foro Derechos Humanos en la Amazonía Venezolana, evento promovido por la Dirección de Extensión Social Universitaria y la Oficina del Centro de Derechos Humanos de la Universidad Católica Andrés Bello (UCAB), en Ciudad Guayana.

El foro contó con las ponencias de Olnar Ortiz, representante del Foro Penal para los pueblos indígenas; Mariela Molero, asesora de la organización Kapé; y Eumelis Moya, directora de Extensión Social Universitaria de la UCAB.

Ortiz empezó por recordar el avance que tuvo Venezuela con la Constitución de 1999 en el reconocimiento de los derechos indígenas, pero conforme pasaron los años, el Estado comenzó a frenar esa iniciativa hasta el punto de quitarles el poder de participación, como ocurrió en las elecciones del 6 de diciembre de 2020, donde las votaciones para estas comunidades pasaron a ser de segundo grado.

Para este ponente, uno de los derechos más importantes a rescatar es "la libre determinación de los pueblos indígenas con el cual los pueblos indígenas puedan hacer ese ejercicio real de definir su forma de gobierno, de economía, social. Engloba el derecho a la titulación y jurisdicción especial indígena, también consagrada en el artículo 270 de la Constitución.

Por su parte Mariela Molero se refirió a la situación de los waraos y el fenómeno de la migración desde 2016.

–Los waraos –afirmó– son viajeros empedernidos, pero la migración que se está presentando desde 2016 se debe a un conjunto de condiciones de vida deprimentes de las comunidades y pueblos indígenas, precisamente por la presencia de agentes externos a la comunidad que viene a afectar la cosmovisión del indígena.

Igualmente recordó que en la década de los años 60 se produjo un cierre hidrográfico de la cuenca del caño Manamo, que produjo la acidificación y salinización de los suelos y agua, lo que trajo como consecuencia la pérdida aproximada de 5 mil vidas waraos.

–Este hecho –observó– no tuvo un control y registro por parte del Estado venezolano.

Ello es un indicativo de que el Estado venezolano se encuentra en deuda con las comunidades y pueblos indígenas.

Además, el extractivismo impulsado por el Arco Minero del Orinoco ha obligado a los indígenas a dedicarse a la actividad minera, y son víctima de esclavitud laboral por grupos mineros armados.

Citó también que "Entre los inconvenientes que Kapé Kapé ha podido registrar sobre la migración warao hacia Brasil, Acnur y el Gobierno brasileño reportan que cuando tienen el ingreso de población warao, que es predominante, pero también le siguen las etnias pemón, e'ñepá y kariña están teniendo un problema de identidad nacional, es decir están migrando sin documentación, lo cual les hace cuesta arriba como oficina de las Naciones Unidas poder llevar un control respectivo de la identidad de esos waraos".

Asimismo, estimó que desde 2002 los caciques de las comunidades perdieron el control de llevar los registros de las actas de nacimiento y actas de defunción. Esto implica que hay una gran cantidad de personas indígenas venezolanas sin identidad. En consecuencia, el Estado venezolano no los incluye en las políticas gubernamentales porque no forman parte del censo nacional, advirtió la asesora de Kapé Kapé.

Del mismo modo precisó que los registros de Acnur Brasil reportan que hasta febrero de este año ingresaron 5.512 personas, un 2% más que octubre de 2020, y los waraos representan el 67% de esa población, seguido de los pemones en un 27%, y con 1% las etnias E'ñepá, Kariña y Wayú.

El 24 de marzo del mismo año El Nacional reportó:

-El senador colombiano y líder indígena Feliciano Valencia denunció que el pueblo indígena Makaguán está en riesgo de desaparecer por los conflictos armados que están ocurriendo en el Estado Apure desde hace dos días.

El líder señaló que más de 200 indígenas se desplazaron forzosamente desde su comunidad en La Soledad hacia Colombia en los últimos días.

El grupo tuvo que huir de los enfrentamientos armados entre la Fuerza Armada Nacional Bolivariana (FANB) y una facción disidente de las FARC.

"Entre los más de 3.000 desplazados como consecuencia de los enfrentamientos armados en la frontera entre Colombia y Venezuela, en el Estado Apure, se encuentran 40 familias (200 personas) del pueblo indígena Makaguán.

Desde el 22 de marzo la población desplazada está concentrada en las instalaciones del Centro Educativo Indígena El Vigía, del municipio de Arauquita. A la amenaza de la pandemia se suma el conflicto armado que pone en riesgo la desaparición física y cultural del pueblo Makaguán", advirtió.

El 5 de abril de 2021 Reporte Confidencial informó:

-El director de FundaRedes, Javier Tarazona compartió un video de una reunión de miembros de las Farc-EP con indígenas de la comunidad Piaroa en Puerto Ayacucho. Los indígenas manifestaron a la comandante Yulianny Alias «Gata» que rechazan la presencia guerrillera.

En el audiovisual publicado por FundaRedes en Twitter, se observa como la «Gata» exige a los habitantes de esa comunidad indígena que deben «reconocer a la guerrilla de las Farc como una fuerza beligerante como lo ordenó Hugo Chávez».

"Tenemos diferencias, pero somos humanos, somos personas, somos gente. Ustedes tienen sus principios éticos, se los acepto. Yo tengo los míos, Es respetable", dice Yulianis frente a representantes piaroas.

Viste pantalón de camuflaje y porta un fusil mientras intenta persuadir a los indígenas para que le cedan el territorio.

"La gata" aseguró que en Colombia existe un Estado burgués, y señaló que el gobierno de su país "nunca van a hablar bien de una organización revolucionaria".

"No es alentador vea, van 540 líderes sociales que nos han matado. Indígena: porque digo esto, porque cuando lo pasan en la noticia porque es verdad lo que pasa en Colombia yo no sé por cual motivo lo están haciendo, pero lo que yo sé es lo que han dicho por televisión", dice la integrante de las FARC.

A lo que el líder indígena respondió: el finado Chávez hizo el convenio, pero el finado no nos anunció a nosotros, no nos dijo nada.

Al comentar el video, Tarazona destacó que son los indígenas quienes defienden la soberanía, «contrario a la Fanb que entró en sociedad con estos miembros de la guerrilla para la actividad del narcotráfico, la extracción de coltán, de oro y de diamante».

Según FundaRedes, la mujer pertenece al Décimo Frente de las disidencias de las FARC liderado por alias Ferley. Este grupo de las FARC es el que se ha enfrentado en La Victoria con miembros de la FANB para tomar el control total del territorio.

Por otro lado, conforme a un reporte de ABC, la historia no oficial del conflicto armado entre disidencias de las FARC y el Ejército Venezolano que inició este 21 de marzo, tendrían como propósito despejar el terreno a Iván Márquez -quien en 2019 rompió su compromiso con el Acuerdo de Paz, firmado en 2016, para retomar las armas y conformar la llamada "Nueva Marquetalia".

-Los guerrilleros de Márquez, que se han ido instalando en Venezuela, -agregó ABC- lo han hecho con la connivencia de Maduro, que también ha dado continuidad al discurso de Chávez, al decir que eran líderes de paz. Todo esto ha dejado traslúcida la evidencia de que Venezuela es un santuario para los miembros de las FARC; pero esos supuestos "líderes de paz" realmente adelantan una guerra interna por el control de las rutas del narcotráfico, del contrabando de todo lo posible, desde reses hasta minerales, pasando por personas, insumos químicos, gasolina, armas y mercadería.

El 7 de abril del mismo año La Patilla reportó:

-Varios pueblos indígenas del estado venezolano Amazonas exigieron a las autoridades que "desalojen" a la guerrilla colombiana Ejército de Liberación Nacional (ELN) y a grupos disidentes de las FARC "que ocupan territorios propios de las etnias", denunció este miércoles el Observatorio de Derechos Humanos de la ONG FundaRedes.

La denuncia la hizo la organización en su cuenta de Twitter, donde no detalló qué pueblos hicieron la exigencia ni tampoco en qué zona del Amazonas, fronterizo con Brasil y Colombia, residen esas etnias dentro del amplio territorio del estado.

Según FundaRedes, los miembros del ELN y los disidentes de las FARC "ocupan territorios propios de las etnias y alteran por completo la convivencia, incluso obligándolos a desplazarse de los lugares donde han vivido desde sus ancestros".

Dos días después Madelen Simó, de El Diario, reportó:

-Tras conocerse la semana pasada un presunto enfrentamiento entre miembros del pueblo indígena Uwotuja por desacuerdos en torno a la minería ilegal que se ha denunciado en la zona de Sipapo, Municipio Autana del Estado Amazonas, los directivos de la Organización Indígena del Pueblo Uwotuja de Sipapo (OIPUS) se pronunciaron al respecto.

En consecuencia:

-Este viernes 9 de abril se dirigieron a la opinión pública e informaron que solicitaron medidas precautelares ante el Ministerio Público y la representación de la Defensoría del Pueblo en el Estado Amazonas. Esto en favor de proteger el medio ambiente y la integridad del territorio ancestral, según detalló Alirio López, miembro de la comisión de educación de OIPUS, quien estuvo acompañado del coordinador de la organización Otilio Santos y del coordinador de la Organización Regional de los Pueblos Indígenas de Amazonas (Orpia), Eligio Dacosta.

En la asamblea insistieron en que las Fuerzas Armadas deben desalojar de manera inmediata a los mineros ilegales de Cerro Quemado, en el sector Alto Guayapo. Así como medidas de protección a los líderes de las comunidades, a los jóvenes que integran la guardia indígena y a la Junta Directiva de OIPUS, por las amenazas que han tenido hacia su integridad física en el marco de los hechos", detalló López.

Además, denunciaron que "estos mineros y sus grupos patrocinantes amenazaron con quemar próximamente la comunidad de Caño Guama si no se les permite realizar su actividad minera".

El coordinador de Orpia por su parte expresó:

-Debemos reflexionar sobre este punto, porque no solo corresponde al pueblo Uwotuja, sino a todo Amazonas y al Estado venezolano tomar cartas en el asunto".

Todos estos reclamos, que se han venido haciendo desde hace varios años sin obtener respuesta del Estado venezolano, se apoyan en el Decreto Presidencial 269 publicado en la Gaceta Oficial Extraordinaria 4.106 de 1989, que prohíbe la explotación minera en Amazonas.

Alirio López indicó que desde el año 2013 hasta la fecha han manifestado públicamente la presencia de grupos armados en el territorio ancestral. Y en el tiempo más reciente, la presencia de la minería ilegal.

En efecto, desde abril de 2020 se introdujeron las primeras máquinas para la extracción de oro en el sector Alto Guayapo y desde ese momento los problemas se intensificaron.

-En este sentido, -afirmó- hemos tratado a través del diálogo manifestar a estos actores externos nuestro desacuerdo con estas actividades, ya que deterioran el ambiente y están trayendo impacto sociocultural negativo, que apunta a la destrucción de la cultura ancestral.

Asimismo, insistió en que esto se ha denunciado de manera constante y sistemática ante los organismos de seguridad del Estado.

-Como la Zona Operativa de Defensa Integral (ZODI), -precisó- el Ministerio Público y la Defensoría del Pueblo. Todo sin haber logrado el desalojo por parte del Estado de los mineros en su territorio ancestral.

Una de las acciones que se logró concertar a finales de 2020 fue entre el Ministerio Público y la Organización de Protección Ambiental Guardia Indígena Uwotuja, dedicada a cuidar la naturaleza y su tierra, para frenar el paso de combustible y provisiones que se trasladan al Alto Guayapo. Esto con la intención de incentivar y continuar con el trabajo de minería ilegal", señaló.

Adicionalmente, el vocero sostuvo que, ante la inacción de los organismos de seguridad, "se han sentido huérfanos del Estado venezolano". Por ello se creó la guardia indígena, la cual se ha "criminalizado por personas ajenas a nuestra organización". Algo que también están denunciando.

El 11 de abril de 2021 El Nacional reportó la denuncia hecha por FundaRedes sobre el asesinato de dos indígenas de la etnia Jiwi en el Estado Amazonas, presuntamente asesinados presuntamente por los grupos armados irregulares que hacen vida en esa jurisdicción.

La fuente agregó, con información publicada en Twitter por FundaRedes, que "Comunidades indígenas del Municipio Atabapo del Estado Amazonas rechazaron el asesinato del profesor José Dacosta y del menor Luis Charlot Cariban de 17 años, pertenecientes a la etnia Jiwi".

Por su parte el director de la referida ONG, Javier Tarazona, luego preso político de la narcodictadura explicó que Dacosta y Cariban recibieron torturas por grupos guerrilleros de las minas del Parque Nacional Cerro Yapacana.

Asimismo, destacó que los indígenas del municipio Atabapo se pronunciaron en contra de "la presencia perversa de guerrilla FARC y ELN en la zona", recordando que las comunidades de Amazonas ya han denunciado que este tipo de situaciones que ocurren de manera constante.

FundaRedes apuntó también que los pobladores rechazaron la presencia de los grupos armados irregulares FARC y ELN en sus territorios ancestrales y afirman que son estos quienes asesinan a los ciudadanos. Del mismo modo informó que varias comunidades indígenas realizaron reuniones con las autoridades del estado para lograr que los grupos armados se retiren del sector, pero hasta ahora no han obtenido respuesta.

Además, la comunidad Caño Guama, por otro lado, denunció que fue amenazada por las bandas irregulares con quemar sus hogares si no les permitían seguir minando ilegalmente en Amazonas.

El 21 de mayo de 2021 El Nacional publicó el artículo "Derechos de pueblos indígenas en Venezuela: promesas incumplidas, dignidades atropelladas", de Betilde Muñoz Pogosian.

En ese texto se lee:

–Están en la primera línea de los impactos sociales, económicos y ambientales de la actividad minera en el sur de Venezuela. Han sufrido pobreza extrema y discriminación durante siglos. Han sido el blanco de la propaganda chavista y aunque recibieron algún reconocimiento en la Constitución de 1999, los beneficios no lograron materializarse en mejoras en su vida diaria. Son los pueblos indígenas de Venezuela: el grupo con los peores indicadores en materia de salud e inseguridad alimentaria.

Un breve repaso de la situación de las personas indígenas en Venezuela revela dos cosas. Por un lado, hay muy poca información pública sobre las estadísticas de pobreza de los pueblos indígenas, el acceso a bienes y servicios, a programas sociales de alimentación y los indicadores de salud o educación. Por el otro, no existen políticas públicas diferenciadas para abordar los desafíos clave que enfrentan.

En el siguiente párrafo la autora apunta:

–A partir de la información disponible, ¿cuál es la situación actual sobre dos derechos básicos: el acceso a la salud y el acceso a una alimentación adecuada? Vale decir que estos derechos básicos están contenidos en el Protocolo de San Salvador, instrumento interamericano de derechos humanos para la protección de los derechos económicos, sociales, derechos culturales y ambientales que Venezuela suscribió el 27 de enero de 1989, y que ratificó el país bajo la presidencia interina de Juan Guaidó, el 24 de julio de 2020.

Con respecto al derecho a la alimentación, ha habido serios desafíos de movilidad debido a la falta de transporte público y combustible, y como resultado de las limitaciones inherentes que enfrentan los pueblos indígenas que generalmente viven en áreas remotas. La posibilidad de intercambiar alimentos, e incluso producirlos en sus comunidades, también se ha visto afectada por la falta de combustible.

Y por supuesto, el colapso económico en Venezuela, la hiperinflación, el desempleo y la dolarización de la economía han golpeado duramente a todos los venezolanos, pero los indígenas que viven en las zonas rurales se han visto afectados de manera diferenciada y más profunda. Las personas que están enfermas a menudo mueren porque están varados en sus comunidades remotas sin combustible para ser transportados a recibir asistencia médica.

Luego observa:

-Si miramos al programa de alimentación social conocido como las bolsas CLAP, por ejemplo, muchos pueblos indígenas temen la persecución política si no se alinean con las autoridades del régimen a nivel local y por tanto aceptan las provisiones de alimentos sacrificando sus derechos políticos; Provea ha documentado ampliamente el uso de los CLAP por parte del régimen para fines electorales y políticos. Por su parte, el Programa Mundial de Alimentos informa que los mayores indicadores de inseguridad alimentaria se encuentran en los estados de Delta Amacuro (21%), Amazonas (15%), Falcón (13%), Zulia (11%) y Bolívar (11%), los estados con mayor presencia de población indígena en el país.

En salud, una serie de intervenciones humanitarias en 2019 ayudó a reducir el número de infecciones y muertes por malaria, difteria y sarampión, que están afectando a una gran cantidad de venezolanos, con prevalencia específica en pueblos indígenas. A pesar de los avances, la situación sigue siendo preocupante. Aquellos que están enfermos a menudo mueren porque están varados en sus comunidades remotas sin combustible para ser transportados a recibir asistencia médica. En las comunidades de Caura y Arebato, en Bolívar, donde viven los pueblos Sanemá y Yekuana, hay relatos de que algunos de ellos murieron por complicaciones asociadas con la malaria durante la cuarentena COVID-19 porque no tuvieron como ser transportados.

Después se lee:

-Existe otra dimensión del impacto de la crisis humanitaria en el derecho de los pueblos indígenas a la salud vinculado a las infecciones por el VIH. Hay una mayor incidencia de VIH entre los pueblos indígenas venezolanos debido a diversas razones culturales; sin embargo, han tenido un acceso muy restringido a los tratamientos antirretrovirales para la enfermedad. Esto amenaza la propia existencia de los waraos en el Delta del Orinoco, en el oriente de Venezuela, comprometiendo también los indicadores de salud de estos pueblos en el mediano y largo plazo.

Y hay mucho más que decir sobre la situación que enfrentan con la explotación de los recursos naturales en Bolívar, y la invasión de la zona por parte de grupos armados ilícitos (incluido el ELN colombiano) con la bendición de las fuerzas de seguridad de Maduro, y cómo eso impacta a los indígenas o las promesas incumplidas en cuanto a sus derechos civiles y políticos y su representación, pero eso lo dejamos para otro artículo. En este momento, no existen planes reales para atender o dar respuesta a sus necesidades de salud o seguridad alimentaria, salvo los reflejados en el Plan de Respuesta Humanitaria desarrollado por OCHA, PNUD y agencias de cooperación internacional en el tema particular de las enfermedades transmisibles (malaria, difteria y fiebre amarilla), o algunos de los puntos cubiertos por el esfuerzo de Plan País.

Necesitamos datos para conocer la situación de nuestros pueblos indígenas con mayor precisión, y utilizando esos datos, necesitamos desarrollar políticas diferenciadas para restaurar sus derechos humanos y sus derechos a la autodeterminación. Esta fue una promesa incumplida de los últimos 20 años, y si queremos preservar esa parte de nuestra historia contenida en sus vidas, tiene que ser una promesa que debe cumplir una transición democrática.

Maduro enterró los Derechos Políticos de los Indígenas

En el marco de la elección de los representantes indígenas a la Asamblea Nacional (AN), la parlamentaria Mauligmer Baloa, representante de los pueblos originarios, aseguró que el régimen de Nicolás Maduro enterró "definitivamente" los derechos políticos por los que tanto han luchado los pueblos aborígenes del país.

Así lo publicó *TalCual*, añadiendo que, en este sentido, la parlamentaria explicó que el poder electoral "conducido por el régimen" escogió una muestra de 3.558 personas, supuestamente indígenas y de manera fantasma, quienes tendrán el deber de elegir tres diputados a la Asamblea Nacional para que figuren como representantes de las comunidades indígenas del país.

Según Mauligmer Baloa, "Estas personas fueron seleccionadas anulando sus propios derechos constitucionales consagrados en nuestra Carta Magna apoyándose en una elección de segundo grado que se hizo en un centro electoral dentro de unas instalaciones militares".

También manifestó que *"los derechos por los que tanto hemos luchado para los pueblos indígenas serán anulados por la dictadura, puesto que anulan a los verdaderos indígenas, al pueblo indígena que tiene cédula indígena y anula a todos los venezolanos que votamos por la Constitución de 1999".*

De la misma manera, detalló, a través de una gráfica, que "distribuyeron o mejor dicho como cuadraron para sacar a estos falsos representantes, designando, por ejemplo, a unos 319 electores de segundo grado por el Estado Amazonas dejando por fuera a la verdadera diversidad de los pueblos indígenas que existen en Venezuela solo para garantizar tener unos jarrones chinos, solo de utilería en esa Asamblea Nacional".

El 16 de julio de 2021 el periodista Melquiades Ávila reportó:

-Tucupita. - Jesús Jiménez y Fanis María Hernández, miembros de la Organización Socialista Indígena Bolivariana Unida (OSIBU), se pronunciaron este 16 de julio sobre el Reglamento Especial para regular la elección de la representación indígena en los próximos comicios regionales.

En su diagnóstico señalaron que el Consejo Nacional Electoral (CNE), con la resolución N° 210526-00027, impone un modo de elección de segundo grado y eso supone una franca contradicción con la Constitución Nacional.

Los representantes de la organización aseguran que esta resolución establece un proceso en el cual una comunidad debe reunirse en asamblea y escoger a unos voceros y son estos quienes en conjunto con los voceros de las otras comunidades deben en asamblea general y mediante el voto escoger a los candidatos.

Ávila explicó luego:

-Además, aseguraron que se viola el derecho electoral de los pueblos indígenas. "El CNE no hizo consulta previa a ningún pueblo originario para la aprobación de la resolución dada su magnitud y repercusión en la dinámica social".

De igual forma, OSIBU reafirmó en su pronunciamiento que la resolución lesiona los principios de La Ley Orgánica de Pueblos y Comunidades Indígenas (LOPCI) establecidos en su Capítulo II, de la consulta previa e informada en los artículos 11, 13, 14, 15, y 16, que especifican todos los procesos para la aprobación de cualquier proyecto que afecte a comunidades indígenas.

Cabe advertir que el 24 de mayo del mismo año el ilegítimo Consejo Nacional Electoral ratificó la normativa referida a la elección de segundo grado para los representantes indígenas en asambleas populares, violando la Constitución y afectando los 48 pueblos indígenas del país, al impedirles el voto directo, universal y secreto.

El 29 de julio de 2020, un despacho de *Associated Press* reportó

-Las autoridades electorales de Venezuela eliminaron la votación directa para la elección de los representantes indígenas a la Asamblea Nacional que se aplicó hace cincos años y establecieron un proceso de sufragio de segundo grado que ha acrecentado las críticas y dudas en torno a los comicios legislativos del 6 de diciembre.

La decisión del Consejo Nacional Electoral (CNE) generó cuestionamientos de dirigentes indígenas y analistas que estiman que la reforma va en contra de la Constitución y las leyes porque vulnera el secreto al voto y la regulación que prohíbe hacer reformas seis meses antes de una elección.

La fuente añadió:

-El CNE, de mayoría oficialista, anunció el 24 de julio un reglamento que prevé que las poblaciones indígenas se reunirán en "asambleas comunitarias" para seleccionar a sus voceros que luego participarán en "Asambleas Generales" para elegir a "mano alzada" a los diputados de los pueblos indígenas que irán al Congreso que se instalará en el 2021, según señala el texto del documento.

Las autoridades electorales defendieron la normativa alegando que el nuevo sistema de elecciones se da en "consonancia con los usos y costumbres ancestrales de estas comunidades" y "reivindica las costumbres, usos y prácticas de las comunidades indígenas, a través de un procedimiento inclusivo, participativo y directo", señala un comunicado de prensa del CNE.

Sin embargo, la ONG Observatorio Electoral Venezolano (OEV) rechazó la imposición de una elección de segundo grado de los representantes indígenas a la Asamblea Nacional y dijo en un comunicado que la votación a mano alzada "no respeta el secreto del voto".

A los cuestionamientos se sumó el diputado opositor Virgilio Ferrer, miembro y dirigente de la etnia wayuu, que consideró la nueva normativa como un "adefesio" e indicó que "viola los derechos humanos de los pueblos indígenas y de cualquier pueblo".

Ferrer dijo a *The Associated Press* que los indígenas "no tenemos claro quiénes van a elegir a nuestros representantes" al Congreso, y planteó que será muy complicado y riesgoso que en medio de la pandemia del nuevo coronavirus las comunidades indígenas se puedan movilizar en los remotos lugares donde viven para reunirse y votar. Los indígenas representan cerca del 3% de la población venezolana de 32 millones de habitantes.

"Ellos (el oficialismo) hacen eso para tener control de los indígenas porque no lo pueden tener democráticamente", agregó el dirigente indígena.

AFP recordó, asimismo:

–Desde diciembre del 2015, luego que la oposición logró la mayoría en la Asamblea Nacional, el Tribunal Supremo de Justicia anuló la elección de tres representantes indígenas del estado sureño de Amazonas alegando supuestas irregularidades, pero nunca convocó nuevos comicios en ese caso, lo que desató las primeras pugnas entre el Congreso y el máximo tribunal.

El enfrentamiento entre los poderes públicos escaló en junio cuando el Tribunal Supremo, que controla el gobierno, limitó a la Asamblea Nacional para nombrar a las nuevas autoridades electorales, como lo establece la constitución, y designó a los cinco directores del CNE.

Tras esa sentencia la mayoría opositora anunció que no reconocería al nuevo CNE ni las acciones que tome ese cuerpo sobre los comicios parlamentarios del 6 de diciembre.

En otra parte del reporte AFP, señaló:

-En una entrevista publicada por la oficina de prensa de la Asamblea Nacional, Ygarza asegura que "la creación del reglamento especial por parte del CNE elimina la votación directa para la elección de los representantes indígenas a la Asamblea Nacional que se aplicó hace cincos años y establecieron un proceso de sufragio de segundo grado".

Considera que el nuevo reglamento es inconstitucional porque "borra los derechos políticos de los pueblos originarios consagrados en la Constitución Bolivariana de Venezuela, al sustituir el voto directo, secreto y universal del pueblo por Asambleas Comunitarias a manos alzadas. Estos no son ni usos, ni costumbres de nuestros pueblos originarios, cada pueblo tiene sus propias culturas, cosmovisión, la manera de elegir a sus autoridades propias".

El hecho de que en Amazonas haya más de 4 mil comunidades y más de 20 pueblos indígenas hace imposible que se realicen las asambleas de las que habla el nuevo reglamento. Eso aunado a las limitantes que hay por las medidas sanitarias ante el COVID-19, la falta de combustible para el transporte, entre otras limitantes.

Ygarza resalta que además esa decisión del CNE de aumentar el número de diputados de 167 diputados a 277, "además de ilegal e inconstitucional, discrimina a los pueblos originarios", dice al reclamar que, aunque haya 110 diputados nacionales, la representación indígena sigue siendo solo de 3 diputados al parlamento.

Por otro lado, el 30 de julio, Armando Obdola, presidente de la asociación Kapé-Kapé, emitió respuesta al Reglamento Especial emitido por el Directorio del CNE el 24 de julio de 2020, destacando que en él "impone a los pueblos originarios a unas votaciones de segundo grado, completamente contrarias a lo que establece el artículo 63 de Constitución de la República Bolivariana de Venezuela, donde se establece que el voto es un derecho que se ejercerá de manera libre, universal, directa y secreta".

A juicio de la ONG, el reglamento "reduce considerablemente la representación indígena en la Asamblea Nacional para las próximas elecciones parlamentarias", destacando que "impone a los pueblos originarios a unas votaciones de segundo grado, con una Asamblea General a Mano Alzada con observadores del Consejo Nacional Electoral, para escoger los Diputados que los van a representar en el Parlamento".

Además, aseveró que "sin duda alguna, las comunidades indígenas nunca fueron consultadas para tomar esta decisión contraria a la misma Constitución, por lo que la nueva modalidad deriva en un retraso considerable a los derechos alcanzados por los pueblos indígenas, quienes tienen derecho a la libre determinación".

Del mismo modo asentó que "En virtud de ese derecho determinan libremente su condición política y persiguen libremente su desarrollo económico, social y cultural" y, por lo tanto, "Los pueblos indígenas, en ejercicio de su derecho de libre determinación, tienen derecho a la autonomía o el autogobierno en las cuestiones relacionadas con sus asuntos internos y locales, así como a disponer de los medios para financiar sus funciones autónomas".

Los Derechos de los Pueblos Indígenas se traducen en Promesas Incumplidas y Dignidades Atropelladas

E l 1 de mayo de 2021 Betilde Muñoz-Pogossian dio a la publicidad en *El Nacional* el texto que sigue:

-Están en la primera línea de los impactos sociales, económicos y ambientales de la actividad minera en el sur de Venezuela. Han sufrido pobreza extrema y discriminación durante siglos. Han sido el blanco de la propaganda chavista y aunque recibieron algún reconocimiento en la Constitución de 1999, los beneficios no lograron

materializarse en mejoras en su vida diaria. Son los pueblos indígenas de Venezuela: el grupo con los peores indicadores en materia de salud e inseguridad alimentaria.

Un breve repaso de la situación de las personas indígenas en Venezuela revela dos cosas. Por un lado, hay muy poca información pública sobre las estadísticas de pobreza de los pueblos indígenas, el acceso a bienes y servicios, a programas sociales de alimentación y los indicadores de salud o educación. Por el otro, no existen políticas públicas diferenciadas para abordar los desafíos clave que enfrentan.

Luego, a partir de la información disponible se preguntó: ¿Cuál es la situación actual sobre dos derechos básicos: el acceso a la salud y el acceso a una alimentación adecuada? Y aclaró al respecto:

–Vale decir que estos derechos básicos están contenidos en el Protocolo de San Salvador, instrumento interamericano de derechos humanos para la protección de los derechos económicos, sociales, derechos culturales y ambientales que Venezuela suscribió el 27 de enero de 1989, y que ratificó el país bajo la presidencia interina de Juan Guaidó, el 24 de julio de 2020.

Con respecto al derecho a la alimentación, ha habido serios desafíos de movilidad debido a la falta de transporte público y combustible, y como resultado de las limitaciones inherentes que enfrentan los pueblos indígenas que generalmente viven en áreas remotas. La posibilidad de intercambiar alimentos, e incluso producirlos en sus comunidades, también se ha visto afectada por la falta de combustible.

Y por supuesto, el colapso económico en Venezuela, la hiperinflación, el desempleo y la dolarización de la economía han golpeado duramente a todos los venezolanos, pero los indígenas que viven en las zonas rurales se han visto afectados de manera diferenciada y más profunda. Las personas que están enfermas a menudo mueren porque están varados en sus comunidades remotas sin combustible para ser transportados a recibir asistencia médica.

Aparte de ello expresó:

–Si miramos al programa de alimentación social conocido como las bolsas CLAP, por ejemplo, muchos pueblos indígenas temen la persecución política si no se alinean con las autoridades del régimen a nivel local y por tanto aceptan las provisiones de alimentos sacrificando sus derechos políticos; PROVEA ha documentado ampliamente el uso de los CLAP por parte del régimen para fines electorales y políticos. Por su parte, el Programa Mundial de Alimentos informa que los mayores indicadores de inseguridad alimentaria se encuentran en los estados de Delta Amacuro (21%), Amazonas (15%), Falcón (13%), Zulia (11%) y Bolívar (11%), los estados con mayor presencia de población indígena en el país.

En cuanto a salud mencionó:

...una serie de intervenciones humanitarias en 2019 ayudó a reducir el número de infecciones y muertes por malaria, difteria y sarampión, que están afectando a una gran cantidad de venezolanos, con prevalencia específica en pueblos indígenas. A pesar de los avances, la situación sigue siendo preocupante. Aquellos que están enfermos a menudo mueren porque están varados en sus comunidades remotas sin combustible para ser transportados a recibir asistencia médica. En las comunidades de Caura y Arebato, en Bolívar, donde viven los pueblos Sanemá y Yekuana, hay relatos de que algunos de ellos murieron por complicaciones asociadas con la malaria durante la cuarentena COVID-19 porque no tuvieron como ser transportados.

Pero observó también:

-Existe otra dimensión del impacto de la crisis humanitaria en el derecho de los pueblos indígenas a la salud vinculado a las infecciones por el VIH. Hay una mayor incidencia de VIH entre los pueblos indígenas venezolanos debido a diversas razones culturales; sin embargo, han tenido un acceso muy restringido a los tratamientos antirretrovirales para la enfermedad. Esto amenaza la propia existencia de los waraos en el Delta del Orinoco, en el oriente de Venezuela, comprometiendo también los indicadores de salud de estos pueblos en el mediano y largo plazo.

Otra terrible situación enfrentan nuestros indígenas con la explotación de los recursos naturales en Bolívar y la consiguiente invasión de la zona por parte de grupos armados ilícitos (incluido el ELN colombiano) con la bendición de las fuerzas de seguridad de Maduro, y cómo eso impacta a los indígenas o las promesas incumplidas en cuanto a sus derechos civiles y políticos y su representación, pero eso lo dejamos para otro artículo.

—En este momento, –alertó– no existen planes reales para atender o dar respuesta a sus necesidades de salud o seguridad alimentaria, salvo los reflejados en el Plan de Respuesta Humanitaria desarrollado por OCHA, PNUD y agencias de cooperación internacional en el tema particular de las enfermedades transmisibles (malaria, difteria y fiebre amarilla), o algunos de los puntos cubiertos por el esfuerzo de Plan País.

La autora del texto aclaró que las opiniones allí emitidas son personales y, por lo tanto, no representan las de la Organización de Estados Americanos.

Los Indígenas no quieren votación en Segundo Grado

E l 18 mayo de 2021 Héctor Antolínez, de *Crónica.Uno* reportó:

-Cuatro de los seis partidos indígenas nacionales reconocidos por el CNE para las parlamentarias de 2020 introdujeron un documento ante el órgano electoral para que elimine el reglamento que según ellos "fue impuesto de manera inconsulta".

Caracas. El nuevo directorio del Consejo Nacional Electoral heredó una amplia lista de deudas que dejó pendiente la directiva anterior, y una de esas es con los partidos indígenas y la población que estas organizaciones representan, personas que desde el año 2020 y por la imposición de un reglamento indígena particular, perdieron su derecho constitucional a una votación directa, secreta y universal, para en cambio sufragar a través de una votación en segundo grado.

Fue a finales de julio de 2020 cuando el CNE, en ese momento presidido por Indira Alfonzo, publicó un reglamento especial para la votación de los pueblos originarios, por ende, la elección de los candidatos de los partidos indígenas. Entre las cosas que este reglamento planteaba era que los ciudadanos que viven en estas comunidades no podrían votar directamente por los aspirantes, sino que se escogía un vocero y este era el que finalmente votaba en una Asamblea General.

> *Este sistema de votación en segundo grado es violatorio de la Constitución de la República que señala que el voto es un derecho de todos los ciudadanos y que la votación debe ser directa secreta y universal (artículos 63 y 186).*

En efecto, el artículo 63 reza:

> *El sufragio es un derecho. Se ejercerá mediante votaciones libres, universales, directas y secretas. La ley garantizará el principio de la personalización del sufragio y la representación proporcional.*

En cambio, el artículo 186 establece:

> *−La Asamblea Nacional estará integrada por diputados y diputadas elegidos o elegidas en cada entidad federal por votación universal, directa, personalizada y secreta con representación proporcional, según una base poblacional del uno coma uno por ciento de la población total del país. Cada entidad federal elegirá, además, tres diputados o diputadas.*
>
> *Los pueblos indígenas de la República Bolivariana de Venezuela elegirán tres diputados o diputadas de acuerdo con lo establecido en la ley electoral, respetando sus tradiciones y costumbres.*

Antolínez señaló después:

-Tras la imposición de este reglamento, que los partidos indígenas aseguraron fue hecho de manera inconsulta, a pesar de que el entonces rector Rafael Simón Jiménez aseguró que sí se hicieron las conversaciones respectivas, estas organizaciones acudieron en agosto de 2020 al Tribunal Supremo de Justicia (TSJ) buscando la restitución de sus derechos, e inclusive amenazaron con boicotear las elecciones si no se les escuchaba.

Sin embargo, "Para el 9 de diciembre de 2020, fecha en la que se realizaron las elecciones de representantes indígenas a la Asamblea Nacional, el TSJ no se había pronunciado ante el recurso. Ese silencio se mantiene hasta el día de hoy",

Wilson Espinoza, presidente del partido indígena Evolución, introdujo un comunicado en la sede principal del CNE, en el que se solicita a los nuevos rectores que revisen su situación, algo que creen puede darse con los nuevos integrantes de la directiva.

Se equivocaron los dirigentes de los partidos indígenas al creer que los nuevos directivos del funesto CNE revocarían la anticonstitucional norma aprobada por el anterior directorio para afectar los derechos políticos de los pueblos originarios

El dirigente de Evolución declaró a *Crónica Uno*:

-Estamos reiterando nuestra solicitud como partidos indígenas ante esta nueva directiva. Queremos que quede sin efecto esa normativa que la anterior nos impuso de manera unilateral y de forma inconsulta.

Además del referido partido, el documento que se llevó a la sede del CNE está firmado Parlive, OSIBU y Mopive

Espinoza comentó que una de las cosas que los impulsó a reabrir este tema es que han escuchado las declaraciones de los nuevos rectores y han sentido que con ellos se puede lograr que el reglamento especial sea revocado.

-Creemos –dijo- que estos rectores tienen la disposición de hacer las cosas bien, por eso hacemos este llamado público como partidos indígenas, en especial porque hoy más que nunca Venezuela necesita reafirmar la confianza en las instituciones.

El 27 de mayo del mismo año Antolínez reportó sobre el mismo tema:

–Desde las elecciones parlamentarias del 2020, el órgano comicial estableció un reglamento que acabó con el derecho constitucional de los ciudadanos indígenas a votar de forma directa y secreta. Este jueves el nuevo directorio del CNE publicó un nuevo reglamento que reitera la violación de la Constitución venezolana.

Se trata de la Normativa Especial para los Procesos de Elección de Representantes Indígenas ante consejos legislativos de estado y concejos municipales a efectuarse el 21 de noviembre de 2021.

En su artículo 2, el nuevo reglamento ratificó que los ciudadanos indígenas no podrán votar directamente por los candidatos, sino que deberán en cambio votar en asambleas populares para elegir delegados quienes, a su vez, en otras asambleas, serán los que emitan el voto.

Esa normativa, señaló Crónica Uno, viola el artículo 63 de la Constitución Nacional que reza: "El sufragio es un derecho. Se ejercerá mediante votaciones libres, universales, directas y secretas. La ley garantizará el principio de la personalización del sufragio y la representación proporcional".

El Informe de la Alta Comisionada de la ONU para los DDHH

El jueves 4 de julio de 2019, la oficina de la Alta Comisionada de las Naciones Unidas para los Derechos Humanos publicó el informe sobre la violación de los derechos humanos en Venezuela, reportó *El Pitazo* agregando que, en ese sentido, la ONG Provea recordó el seguimiento que desde su organización le han hecho a los derechos indígenas.

También señaló:

–La situación humanitaria ha perjudicado desproporcionadamente los derechos económicos y sociales de muchos pueblos indígenas, especialmente sus derechos a un nivel de vida digno, incluido el derecho a la alimentación y su derecho a la salud, detalla el informe difundido este jueves en el portal web de la Oficina de la Alta Comisionada para los Derechos Humanos y que, a su vez, coincide con las denuncias que viene realizando PROVEA.

En su informe anual 2018, PROVEA constató el aumento de manifestaciones en comunidades indígenas por la exigencia de derechos. Sólo en La Guajira, estado noroccidental de Zulia, la organización Comité de Derechos Humanos de la Guajira contabilizó 80 manifestaciones pacíficas realizadas por los pueblos Wayüu y Añú, relacionadas con la exigencia de derechos económicos, sociales y culturales, específicamente alimentos, medicinas y servicios básicos como transporte, gas, agua y electricidad.

La fuente igualmente indicó:

—Por otra parte, la Organización Panamericana de la Salud (OPS) registra, en 2018, 8.943 casos sospechosos de sarampión y 6.370 confirmados. De estos últimos, 341 casos se presentaron en Delta Amacuro, en comunidades habitadas por indígenas Warao.

En otra parte del reporte se lee:

—Hay violaciones de los derechos colectivos de los pueblos indígenas a sus tierras, territorios y recursos tradicionales. Han perdido el control de sus tierras, incluso debido a la militarización por parte de los agentes del Estado. Su presencia ha provocado violencia e inseguridad en sus territorios en los últimos años, a lo que se suma la presencia de bandas criminales organizadas y grupos armados», también se destaca en el informe.

En este sentido, desde 2013 PROVEA ha insistido permanentemente en los graves riesgos que conlleva la militarización de territorios y comunidades indígenas, sin previa consulta, libre e informada como dicta la Constitución y los estándares internacionales, con los pueblos afectados.

Desde la organización aseguran que el despojo de territorios y las condiciones de exclusión derivadas de una situación de Emergencia Humanitaria Compleja, pone en riesgo la existencia de poblaciones en condición de vulnerabilidad como los pueblos indígenas Pemón, Warao, Wayúu y Añú, entre otros.

La Jurisdicción Especial Indígena

El 12 de abril de 2021 *El Nacional* reportó la aparición del libro **La jurisdicción especial indígena en Venezuela como derecho propio**, producto de una investigación coordinada por el profesor Vladimir Aguilar Castro, el abogado Guillermo Marciales y el líder indígena Vercilio Mejías (Waayama). Fue publicado por el sello editorial Ediciones Dabánatá, gracias al trabajo manco-munado del Grupo de Trabajo de Asuntos Indígenas-ULA y las organizaciones indígenas Wataniba, Orpia y COICA.

-Este libro −se lee en la nota− es el resultado de procesos de acom-pañamientos prácticos y teóricos de los autores y coautores. En consecuencia, es un grito de urgencia frente a un derecho positivo reconocido en tensión y disputa con el derecho propio indígena.

De acuerdo con la Constitución de Venezuela, podemos afirmar que la jurisdicción especial indígena tiene un sentido amplio (artículo 119) y un sentido estricto (artículo 260). Ambas se complementan y una determina la otra. Para administrar justicia se debe tener territorio, y su existencia es consustancial con el ejercicio de derechos reconocidos en los espacios ocupados de manera ancestral y tradicional por los pueblos indígenas del país.

Por lo tanto:

-El libro pretende ser un aporte a las maneras de armonizar derecho posi-tivo con derecho propio en espacios ricos en diversidad cultural y biológica. Se trata de un diálogo jurídico de saberes interculturales normativos.

Una lectura desde la diferencia jurídica es clave para que un contrato social contentivo de derechos distintos pueda hacerse efectivo ya que, hasta ahora, tenemos una carta magna pendiente de materialización.

El Nacional advirtió después:

-Como invitación a leer el libro, con autorización del Observatorio Socio Ambiental Wataniba, reproducimos un artículo de uno de los autores, Vladimir Aguilar, al leerlo se ve la profundidad del planteamiento, y una mezcla de esperanza con gusto a certidumbre que descansa en la sabiduría ancestral que recoge este diálogo de saberes. Diálogo que Wataniba intenta y hace en todo momento y que Pablo Kaplún, como coordinador de este espacio, no hace sino desear que se extienda más allá del marco de la cuenca del inmenso río Orinoco, para alcanzar el extremo occidental del país, allí donde dejó la vida tendida Sabino Romero, líder yukpa a quien está dedicado, entre otros, este trascendental libro.

Luego cita el Capítulo VIII de la Constitución Nacional, contentivo de normas en defensa de los derechos de los pueblos indígenas.

-Muestra de estos avances –señala- se aprecian a través de la ratificación por parte del Estado venezolano del Convenio 169 de la OIT (2001), y de la promulgación de la Ley de Demarcación y Garantía del Hábitat y Tierras de los Pueblos Indígenas (2001).

Además:

-Con la adopción del Convenio 169 de la Organización Internacional del Trabajo (OIT) sobre pueblos indígenas y tribales en países independientes en el año 1989, se abrió un panorama en donde los conceptos de derechos consuetudinarios, derecho propio, derecho mayor, ley de origen y jurisdicción especial, como los elementos que conforman el sistema de justicia indígena, progresivamente se han venido consolidando en el orden jurídico internacional, y en las legislaciones internas de los Estados de América Latina (Ávila, 2013, 65).

Por otro lado:

-Los avances en el texto constitucional se expresan en el reconocimiento de la sociedad venezolana como multiétnica y pluricultural reconociéndose ya no en un régimen de excepción, sino directamente los derechos de los pueblos indígenas a mantener su cultura, su idioma y su hábitat, entre otros.

Igualmente:

-Los idiomas indígenas son considerados oficiales de estos pueblos (art. 9), garantizándose el derecho de estos pueblos a mantener y desarrollar su cultura, con un ordenamiento político, social y religioso acorde con su sabiduría ancestral, sobre la base de un sistema económico, de educación y de salud propios y con derecho a definir sus propias prioridades de desarrollo (arts. 119, 121, 123 respectivamente). Se garantiza también el derecho a la propiedad colectiva de sus conocimientos y se prohíbe el registro de patentes sobre sus recursos y conocimientos (art. 124), reconociéndose el derecho consuetudinario indígena (art. 260), así como la representación política a través de tres diputados indígenas en la Asamblea Nacional (art. 186).

Del mismo modo:

-A nivel internacional, el mandato de la Relatoría Especial de Derechos de los Pueblos Indígenas se ha referido reiteradamente a la cuestión de los sistemas de justicia propios de los pueblos indígenas. Las principales preocupaciones planteadas por los pueblos indígenas son la falta de reconocimiento y apoyo efectivos a sus sistemas de justicia por parte de las autoridades locales, regionales y nacionales; la existencia de discriminación y prejuicios contra los pueblos indígenas y sus sistemas de justicia; y la falta de métodos eficaces de cooperación y coordinación entre sus sistemas de justicia y las autoridades de la justicia ordinaria del Estado. El cumplimiento de los estándares internacionales de derechos humanos por parte de los sistemas de justicia tanto ordinarios como indígenas, en particular en relación con los derechos de las mujeres, los niños y las personas con discapacidad, es también un asunto de preocupación de la Relatoría.

Asimismo:

-La Relatoría ha venido examinando los estándares internacionales relativos a la justicia indígena consuetudinaria, el acceso a la justicia y el derecho a un juicio justo; las lecciones aprendidas de las legislaciones nacionales y sentencias judiciales sobre justicia indígena; y las observaciones y recomendaciones realizadas por los organismos internacionales de derechos humanos, entre otros.

Tanto el Convenio 169 de la Organización Internacional del Trabajo (OIT) como la Declaración de las Naciones Unidas sobre los Derechos de los Pueblos Indígenas (2007), reconoce el derecho de los pueblos indígenas a conservar y reforzar sus propias instituciones políticas, jurídicas, económicas, sociales y culturales (artículo 5) y a promover, desarrollar y mantener sus estructuras institucionales, incluyendo sus costumbres o sistemas jurídicos, de conformidad con las normas internacionales de derechos humanos (artículo 34).

En consecuencia:

-Lo anterior constituyen importantes elementos de su derecho a la libre determinación (artículo 3). Además, la Declaración afirma el derecho de los pueblos indígenas "a procedimientos equitativos y justos para el arreglo de conflictos y controversias con los Estados u otras partes, y a una pronta decisión sobre sus controversias, así como a una reparación efectiva de toda lesión de sus derechos individuales y colectivos" teniendo debidamente en cuenta "las costumbres, las tradiciones, las normas y los sistemas jurídicos de los pueblos indígenas interesados y las normas internacionales de derechos humanos" (artículo 40).

En el intertítulo el artículo señala:

-Sin territorio no hay justicia. La premisa de esta doble dimensión de la jurisdicción especial indígena está establecida y reconocida en la Constitución de Venezuela. En efecto, es en el contenido de los artículos 119 y 260 de la CRBV donde se encuentra estatuido que la administración de los territorios Indígenas es consustancial con la administración de justicia. Una conlleva a la otra aún, cuando la demarcación de los hábitats indígenas en el país sea un derecho pendiente.

La Jurisdicción Especial Indígena es un espacio de justiciabilidad, es decir, implica la facultad y la posibilidad de hacer valer derechos propios lo cual es un derecho colectivo reconocido a los pueblos indígenas tanto por la Declaración de las Naciones Unidas sobre los Derechos de los Pueblos Indígenas, como en el Convenio 169 de la OIT. De igual manera, el Estado venezolano reconoce el derecho propio de los pueblos indígenas ya que ellos pueden aplicar sus propias formas de justicia dentro de sus hábitat y tierras a través de sus autoridades legítimas, y estas sólo deben involucrar a sus habitantes, siempre que no sean incompatibles con los derechos humanos establecido en la CRBV (1999), los tratados, pactos y convenciones internacionales.

Pero hay una diferencia abismal entre el articulado de la Constitución chavista y otras leyes, así como en tratados internacionales firmados por el Estado venezolano en la materia analizada en el referido libro, y la realidad que demuestran los abusos y arbitrariedades de la narcodictadura contra los derechos de los indígenas, muchos de los cuales, por primera vez en toda la historia venezolana, han tenido que emigrar a Colombia o Brasil para salvaguardar sus vidas de las balas letales de generales y otros oficiales corruptos y violadores de las leyes de los pueblos originarios

Al final del artículo citado por El Nacional, su autor resalta entre los aspectos más apremiantes para el desarrollo de las jurisdicciones especiales indígenas en Venezuela, tenemos:

1. – Llamar la atención a la forma como, a través de distintas sentencias, la Sala Constitucional desconoce a las Jurisdicciones Especiales Indígenas constituidas en sus comunidades.
2. – Debe entenderse que, al haber contextos culturales y territoriales diferenciados, la gobernanza, gestión territorial y el desarrollo económico entre otros, son también de carácter diferenciados.
3. – Se destaca la importancia de cómo las Jurisdicciones Especiales Indígenas han logrado incluir, dentro de su competencia territorial, a casi toda la totalidad de los pueblos originarios.
4. – Producir y provocar un dialogo intercultural judicial para que los Circuitos Judiciales de los estados con población indígena publiquen todas las sentencias que le envíen los tribunales de la Jurisdicciones Especiales Indígenas, sin discriminar ninguna.
5. – En el marco de un diálogo pluricultural y de reconocimiento mutuo, solicitar que el Tribunal Supremo de Justicia (TSJ), la creación de una instancia de coordinación que permita el diálogo intercultural judicial entre la Jurisdicción Especial Indígena y la jurisdicción ordinaria respectivamente, así como con los Organismos de Seguridad del Estado, Ministerio Publico, Defensa Publica y Defensoría del Pueblo, entre otros.
6. – Crear las condiciones para el impulso de una Sala Constitucional Intercultural Especial en materia indígena, con el fin de tratar asuntos relativos a conflictos de jurisdicción, control concentrado de la constitución en materia indígena, conflictos territoriales, control intercultural difuso, entre otros.
7. – Solicitar a los aliados de los pueblos y comunidades indígenas, así como a los órganos y entes del Estado en materia indígena, sistema de justicia ordinaria, TSJ, universidades públicas y privadas, a coadyuvar

para que la Jurisdicción Especial Indígena pueda contar con talleres de formación del sistema de justicia ordinario y en materia de derechos humanos y ambientales entre otros, en aras de tener criterios para ser más eficientes como operadores de justicia indígena en los territorios ancestrales y tradicionales.

8. – Las Jurisdicciones Especiales Indígenas, además de impartir justicia en los territorios indígenas de acuerdo con sus usos y costumbres, son instancias que juegan un papel clave y fundamental en la protección del territorio, la gobernanza y en la reactivación de la economía propia de los pueblos y comunidades indígenas.

Notes

ACKNOWLEDGEMENT

1   **INFOBAE-Sebastiana Barráez**, *Armas de fuego contra arcos y flechas en Venezuela: a los yanomamis los mataron por el oro de sus territorios*, jueves 24 de marzo de 2022, tomado de internet el 9 de abril de 2022, disponible en: http://www.sebastianasinsecretos.com/2022/03/?m=0

YANOMAMIS ASESINADOS POR LA FANB

2   **INFOBAE-Sebastiana Barráez**, *Armas de fuego contra arcos y flechas en Venezuela: a los yanomamis los mataron por el oro de sus territorios*, jueves 24 de marzo de 2022, tomado de internet el 9 de abril de 2022, disponible en: https://www.infobae.com/america/venezuela/2022/03/24/armas-de-fuego-contra-arcos-y-flechas-en-venezuela-a-los-yanomamis-los-mataron-por-el-oro-de-sus-territorios/

3   **Prensa OEA Comunicado 074**, *CIDH condena la muerte de cuatro personas indígenas Yanomami en Venezuela, 8 de abril de 2022*, Tomado de Internet en fecha: 10 de abril de 2022, Disponible en: https://www.oas.org/es/CIDH/jsForm/?File=/es/cidh/prensa/comunicados/2022/074.asp

4   **Portal Web runrun.es**, *Amnistía Internacional urge información sobre el paradero de testigos de asesinato de yanomamis*, 7 de abrl de 2022, tomado de internet en fecha: 10 de abril de 2022, disponible en: https://runrun.es/noticias/471155/amnistia-internacional-urge-informacion-sobre-el-paradero-de-testigos-de-asesinato-de-yanomamis/

About the Author

Nació en el caserío **Marabal**, hoy en día parroquia homónima del Municipio Mariño del **Estado Sucre**, **Venezuela**.

Es Licenciado en Periodismo, Trabajador Social, Investigador Cultural y Poeta.

Todo cuanto escribe, en prosa o verso, lo firma con sus dos apellidos, **Rodulfo González**.

Publica diariamente los Blogs: "Noticias de Nueva Esparta" y "Poemario de Eladio de Eladio Rodulfo González", Es miembro fundador del Colegio Nacional de Periodistas, Seccional Nueva Esparta. Pertenece a la Sociedad Venezolana de Arte Internacional.

En formato digital ha publicado los libros:
    Poesía:
    La Niña de Marabal
    Poesía Política
    Elegía a mi hermana Alcides
    Cien Sonetillos

Mosaicos Líricos

Alegría y tristeza

Covacha de sueños

¡Cómo dueles, Venezuela!

Encuentros y desencuentros

Ofrenda lírica a Briceida

Antología de poemas comentados y destacados Partes I al IV

Guarumal

Brevedades líricas

Poemas disparatados

Investigación Cultural:

Dos localidades del Estado Sucre

El Municipio Marcano del Estado Nueva Esparta

Patrimonio Cultural Mariñense

Cristo en la devoción religiosa católica neoespartana

Festividades Patronales Mariñenses

La Quema de Judas en Venezuela

El Municipio Gómez del Estado Nueva Esparta

Festividades patronales del Municipio Antolín del Campo

La Virgen María en la devoción religiosa de Margarita y Coche

Festividades patronales del Municipio García del Estado Nueva Esparta, Venezuela

Festividades patronales del Estado Nueva Esparta

Nuestra Señora de Los Ángeles, patrona de Los Millanes

La Quema del Año Viejo en América Latina

La Quema de Judas en Venezuela, 2013-2014

La Quema de Judas en Venezuela 2015

Grandes compositores del bolero

Grandes intérpretes del bolero

Investigación Periodística:

Textos Periodísticos Escogidos 1 y 2

La libertad de prensa en Venezuela

Cuatro periodistas margariteños

La historia de Acción Democrática en tres reportajes periodísticos

La Hemeroteca Loca Tomos 1 al 7

La guerra del dictador Hugo Chávez contra comunicadores sociales y medios desde 2004 hasta 2012

La guerra del dictador Nicolás Maduro contra comunicadores sociales y medios desde 2013 hasta 2018

Catorce años de periodismo margariteño

Gobernadores contemporáneos del Estado Nueva Esparta.

Entre sus publicaciones en papel se cuentan

Poesía:

Ofrenda Lírica a Briceida

Marabal de Mis Amores

La Niña de Marabal

Elegía a mi Hermana Alcides

Trípticos literarios A Briceida en Australia, Colorido, Elevación, Divagaciones y Nostalgias

Mis mejores Versos en Prosa

Incógnita

Mis mejores poemas en prosa

Añoranzas y otros poemas escogidos

Mosaicos Líricos

Entre Sueños, Cuitas a la Amada

¡Cómo dueles, Venezuela!

Noche y otros poemas breves

Poemas Políticos escogidos

Sonetillos Escogidos

Alegría y Tristeza

Covacha de Sueños

Incógnita

Investigación Cultural:

El Gallo en el Arte, la Literatura y la Cultura Popular

Pelea de Gallos, Patrimonio Cultural Mariñense

Festividades Patronales Mariñenses

Festividades Navideñas

Manifestaciones Culturales Populares de la Isla de Coche

Manifestaciones Culturales Populares del Municipio Gómez

Manifestaciones Culturales Populares del Municipio Marcano

Dos Localidades del Estado Sucre

Nuestra Señora de los Ángeles patrona de Los Millanes

El Bolero en América Latina

Historia de los Primeros Periódicos de América Latina

La Quema de Judas en Venezuela 2013-2014

La Quema del Año Viejo en algunos países de Latinoamérica

Festividades Patronales del Estado Nueva Esparta

Grandes Intérpretes del Bolero

Nuestra Señora de los Ángeles patrona de Los Millanes

Investigación Periodística:

La Desaparición de Menores en Venezuela

Problemas Alimentarios del Menor Venezolano

Niños Maltratados

Háblame de Pedro Luis

Siempre Narváez

Estado Nueva Esparta:1990-1994

Caracas sí es gobernable

Carlos Mata: Luchador Social

Así se transformó Margarita

Margarita y sus personajes (cinco volúmenes)

Vida y Obra de Jesús Manuel Subero

La Mujer Margariteña

Breviario Neoespartano

Margarita Moderna

Cuatro Periodistas Margariteños

Morel: Política y Gobierno

Francisco Lárez Granado El Poeta del Mar

El Padre Gabriel

La guerra del dictador Hugo Chávez contra comunicadores sociales y medios desde 2004 hasta 2012

La guerra del dictador Nicolás Maduro contra comunicadores sociales y medios desde 2013 hasta 2018

La Hemeroteca Loca Tomos 1 al 7

Los Ojos Apagados de Rufo

El Asesinato de Oscar Pérez

Gobernadores contemporáneos del Estado Nueva Esparta

Imprenta y Periodismo en Costa Rica

Rómulo Betancourt: más de medio siglo de historia

Chávez no fue Bolivariano

El asesinato de Fernando Albán

El Asesinato del Capitán de Corbeta Acosta Arévalo

Morir en Socialismo Tomos I, II, III, IV y V.

En formato CD ha publicados los libros Publicaciones en CD. La Libertad de Prensa en Latinoamérica y otros textos, Festividades Patronales Mariñenses, Elegía a mi Hermana Alcides, La Niña de El Samán, Marabal de Mis Amores, Festividades Patronales del Municipio Villalba y Festividades Patronales del Municipio Antolín del Campo.

You can connect with me on:

🌐 https://cicune.org

🐦 https://twitter.com/mauritoydaniel

📘 https://www.facebook.com/cicune

🔗 https://amazon.com/author/rodulfogonzalez

Subscribe to my newsletter:

✉ https://cicune.org/contact

Also by Rodulfo González

Eladio Rodulfo González, quien firma sus textos en prosa o en verso con los dos apellidos, nació en el caserío Marabal, luego parroquia homónima del Municipio Mariño, Estado Sucre, Venezuela, el 18 de febrero de 1935.

Es licenciado en Periodismo egresado de la Universidad Central de Venezuela, trabajador social, poeta e investigador cultural.

Morir en el Socialismo del Siglo XXI: Tomo V

https://cicune.org

Insistiremos en este trabajo hasta el cansancio que la pena de muerte fue abolida legalmente en 1863 por el presidente Juan Crisóstomo Falcón. Ninguna Constitución, ni siquiera la chavista del 15 de diciembre 1999 la restableció; sin embargo, ello no es óbice para que los cuerpos de exterminio tanto del dictador teniente coronel (r) Hugo Chávez, como del narcodictador Nicolás Maduro, asesinen a mansalva, bajo el silencio cómplice del mal llamado defensor del pueblo y del Ministerio Público, a millares de venezolanos, especialmente de los sectores populares, que alguna vez fueron bastiones del chavismo, simulando resistencia a la autoridad.

Morir en el Socialismo del Siglo XXI: Tomo IV

https://cicune.org

No resulta ocioso asegurar que las manifestaciones de los sectores democráticos son pacíficas hasta el momento en que llegan las mal llamadas fuerzas de seguridad a disparar a diestra y siniestra contra los protestantes, al inicio o al final de ellas. Esos funcionarios, pagados con el dinero de todos los venezolanos, muchas veces se retiran del lugar cuando llegan los colectivos del terror a asesinar, a maltratar, a ofender y amenazar a quienes disienten de la narcodictadura. En ocasiones trabajan con esos criminales, pagados también con dinero público, al servicio del régimen y del Partido Socialista Unido de Venezuela.

Morir en el Socialismo del Siglo XXI: Tomo III

https://cicune.org

Millares de folios suman los informes levantados "in situ" por los expertos de la Alta Comisionada de las Naciones Unidas para los Derechos Humanos, Michelle Bachelet, sobre los crímenes de lesa humanidad cometidos por las fuerzas de exterminio de la corporación criminal instalada fraudulentamente en el Palacio de Miraflores, cuyos resultados prácticos el pueblo no percibe y las recomendaciones consignadas en esos documentos en modo alguno son acatadas, al contrario, los autores materiales de esos crímenes identificados en los mismos, en vez de ser sancionados penalmente el régimen los asciende jerárquicamente.

Morir en el Socialismo del Siglo XXI: Tomo II

https://cicune.org

Venezuela ostenta entre las naciones del mundo el nada envidiable puesto número 15 en lo que respecta a **femicidio**, según denunció la diputada a la Asamblea Nacional Mary Mora. Datos publicados en la Web informan: Cada 38 horas hay un femicidio en Venezuela, 83,3% de los casos sucedieron en el hogar.44,5% de las víctimas estaba en edades comprendidas entre 22 a 42 años.

Morir en el Socialismo del Siglo XXI: Tomo I

https://cicune.org

El Estado, conforme a la Constitución, es el garante de la vida de toda persona, independientemente de su condición social, política, cultural, religiosa, racial, etc. En el socialismo del siglo XXI ocurre como en la película de Pedro Infante, donde la vida no vale nada. En consecuencia, quienes constitucionalmente están obligados a velar por la vida de las personas, son los principales asesinos.

El Bolero en América Latina

https://cicune.org

El 18 de agosto de 2013 José Fefo Pérez escribió respecto a la historia del bolero que ésta se pierde en el tiempo *"tan atrás como el 1792, pero no es hasta 1902 cuando aparece el bolero rítmico"*, que comienza "su transformación", *"Nació en Cuba tras lograr este país su independencia, precisamente en Santiago de Cuba, según algunos historiadores, con el bolero "Tristezas", de José Pepe Sánchez en el año 1886"*.